느헤미야 영성 따라가기

| 박동국 지음 |

쿰란출판사

 머리말

느헤미야 영성 따라가기

그동안 많은 학자와 설교자들이 느헤미야를 연구하고 설교하였습니다. 특히 그의 '리더십'에 관한 책들이 많이 발간되었습니다. 왜냐하면 느헤미야는 그 시대의 상황에서 실패한 이스라엘의 정치, 경제, 문화 그리고 종교 부분의 많은 문제들을 탁월하게 해결했기 때문입니다.

느헤미야는 그 시대, 그 상황에서 그 누구도 가능하다고 생각지 않았던 문제들, 단지 슬퍼하기만 했던 사람들 앞에서 가능한 생각과 행동을 보이고 격려하며 동력을 일으킴으로써 그들에게 큰 힘과 기쁨을 주었습니다. 그는 도저히 불가능할 것 같았던 예루살렘 성벽 재건을 성공적으로 이루었습니다. 더구나 그는 1,400킬로미터 떨어진 페르시아에서부터 이 일을 시작하였습니다. 이것만으로도 그의 리더십은 대단히 탁월합니다.

그러나 필자는 느헤미야의 탁월한 리더십을 그의 영성에서 다시 한 번 찾아보고자 했습니다. 그것은 그의 신앙에서 출발하는 성품입니다. 그는 일반적인 지도자들과는 달리 나라와 민족의 어려움 앞에서 고뇌하며 슬퍼합니다. 그 고뇌와 슬픔을 숨기지 않습니다. 이것이 그의 영성입니다.

그는 지금까지 예루살렘 성벽 재건의 노력과 실패(스룹바벨, 에스라)를 알고 있음에도 불구하고, 지금 또다시 예루살렘의 지배자 아닥사스다 왕에게 '예루살렘의 성벽 재건'을 간청합니다. 예루살렘을 지배하고 있는 적장에게 폐허가 된 예루살렘 성벽을 재건하겠다고 하는 그의 의지……. 이것이 그의 무모함인지 아니면 리더십인지 쉽게 판단이 서지 않습니다. 그러나 그는 예루살렘 성벽 재건의 가능성을 아닥사스다 왕에게서 시작하지 않고 하나님에게서 시작하였습니다. 이것은 영성입니다.

그가 예루살렘 본국에 돌아왔을 때 그를 환영해 주는 사람은 없었습니다. 오히려 괜한 일을 한다는 불평을 들었고, 심지어 방해꾼과 협박꾼도 있었습니다. 그럼에도 그가 지치거나 두려워하지 않고 성공할 수 있었던 것은 그의 능력 때문이었을까요? 그는 어떤 상황에서도 '하나님 중심'이었습니다. 그의 하나님 중심은 때로 어렵고 힘들 때 '기도'로 표현되었고, 삶의 현장에서는 '성실'과 '정직' 그리고 '희생과 섬김'으로 나타났습니다. 그리고 그는 대중 앞에서 깊은 영향력을 줄 수 있도록 '말씀 중심'에 서 있었으며, 흐트러지는 이스라엘 백성들 앞에서는 단호하게 '말씀을 따라서' 살 수 있는 능력의 소유자였습니다. 이것이 그의 영성입니다.

그는 성벽 재건의 꿈을 이루었습니다. 그는 예루살렘의 총독으로서 그 목적을 달성했습니다. 그의 리더십은 훌륭했습니다. 그러나 그는 성벽 재건으로 끝나지 않았습니다. 오히려 이스라엘 백성들의 신앙 회복을 꿈꾸었습니다. 보이지 않는 영성이 있었기 때문입니다. 성벽을 재건하여 그들의 삶과 자존감을 지키는 것은 매우 중요합니다. 그러나 그들의 정체성과 자존감은 '하나님 중심의 신앙'에서부터 시작됩니다. 이것이 그의 영성입니다.

필자는 그의 영성을 연구하며 설교하면서 많은 분들의 도움을 받았습니다. 그분들은 이미 느헤미야를 연구하신 선배님들과 설교자들입니다. 그들의 깊은 학식과 경건의 능력에 많은 감동과 도움을 받았습니다. 그리고 바쁜 목회 일정을 마다하지 않고 도와주신 부목사님(윤청규, 황기훈, 서윤숙, 이요셉)에게 감사드립니다. 또한 제주극동방송국(FEBC)의 〈성경 산책〉 시간을 통해 '느헤미야 영성 따라가기'를 독려해 주신 방송국 관계자님께 감사드립니다. 더불어 대한예수교장로회 제주노회 신학원 학생들에게도 감사드립니다. 그들은 바쁘고 힘든 상황에서도 함께 공부하면서 본인의 연구와 설교를 많이 도와주었습니다.

2013년 1월 5일
서귀포 바다 위에서 태평양을 바라보면서
박동국

 목차

머리말 - 느헤미야 영성 따라가기 _ 2

1. 하나님과 함께 거룩한 동행에 참여하라(느 1:1-3) _ 8

2. 그들의 아픔, 그들의 시대를 공감하라(느 1:1-4) _ 20

3. 느헤미야처럼 기도하라(느 1:4-11) _ 30

4. 두려움, 믿음으로 이겨라(느 2:1-8) _ 43

5. 하나님께 합당한 사람으로 거듭나라(느 2:11-20) _ 56

6. 모두 힘을 내어 이 선한 일에 동참하자(느 2:17-3:2) _ 71

7. 사탄을 대적하라(느 2:12, 4:1-6) _ 86

8. 비전을 위해 노력하고 헌신하라(느 4:15-18) _ 97

9. 사탄의 습성, 원망과 노여움을 대적하라(느 5:1-5) _ 112

10. 예수님처럼 사탄을 대적하라(느 6:1-9) _ 132

11. 우리 함께 걸읍시다(느 7:1-4) _ **146**

12. 거룩한 성에서 말씀으로 회복하라(느 8:1-2) _ **157**

13. 여호와 하나님께 부르짖어라(느 9:4) _ **173**

14. 여호와의 말씀을 실천하라(느 9:38) _ **187**

15. 너희 하나님 여호와를 찬양하라(느 9:5) _ **200**

16. 여호와의 모든 계명과 규례와 율례를 지켜 행하라
    (느 10:28-39) _ **210**

17. 너의 이름을 거룩한 곳에 기록하라(느 11:1-2) _ **221**

18. 하나님께 올바른 예배자가 되라(느 12:43) _ **229**

19. 구원, 그 이후의 삶을 지켜라(느 13:4-5) _ **243**

미주 _ **255**

느헤미야
영성 따라가기

1. 하나님과 함께 거룩한 동행에 참여하라

하가랴의 아들 느헤미야의 말이라 아닥사스다 왕 제이십년 기슬르 월에 내가 수산 궁에 있는데 내 형제들 가운데 하나인 하나니가 두어 사람과 함께 유다에서 내게 이르렀기로 내가 그 사로잡힘을 면하고 남아 있는 유다와 예루살렘 사람들의 형편을 물은즉 그들이 내게 이르되 사로잡힘을 면하고 남아 있는 자들이 그 지방 거기에서 큰 환난을 당하고 능욕을 받으며 예루살렘 성은 허물어지고 성문들은 불탔다 하는지라(느 1:1-3).

미 해병대 병장 출신인 다코타 마이어[1]는 2009년 아프가니스탄 간즈갈 계곡 전투에서 동료 시신 4구와 아군 36명을 구한 공로를 인정받아 15일 명예 훈장을 받았습니다. 그는 훈장 수여자로 결정됐다는 사실을 알려 주려는 버락 오바마 대통령의 전화를 근무 중이라는 이유로 받지 않아 화제가 되었습니다.

현재 훈장 관련 행사에 참석하기 위해 서부 해안 도시에 머물고 있는 그는 "나는 특별한 대접을 받을 자격이 없으며 아프간에서 보여준 용기는 예외적인 것일 뿐"이라고 말했습니다. 그는 동료를 구하는 용기뿐 아니라 동료를 위한 희생정신과 원칙 준수, 겸손함도 가지고 있었습니다.

▲ 다코타와 오바마

믿음은 실천할 때 능력이 나타납니다

우리는 이런 '위대한 사람'을 보면 참으로 존경스럽고 감사하지 않을 수 없습니다. 그가 믿음으로 행한 일들을 보면 참으로 우리에게 은혜가 되고 격려와 용기를 얻습니다. 그러나 우리는 '나도 저렇게 했으면 좋겠다. 나도 저런 능력을 행했으면 좋겠다'고 생각만으로 만족할 때가 많습니다.

믿음은 실천과 밀접한 관계가 있습니다. 쉽게 말해, 침 한 번 꿀꺽 삼키고 호흡을 가다듬고 실천하는 믿음, 이것이 '단호한 믿음' 입니다.

출애굽기 4장 17절에 보면, 하나님께서 모세에게 "너는 이 지팡이를 손에 잡고 이것으로 이적을 행할지니라"라고 말씀하십니다.

하지만 모세는 애굽의 바로를 두려워했고, 이스라엘 백성을 두려워했습니다. 한 사람은 자신을 죽이려고 했기 때문이며, 또 다른 이들은 자신을 신뢰하지 않았기 때문입니다. 그럼에도 하나님께서는 모세에게 지팡이를 주시며 애굽으로 가라고 말씀하셨습니다. 그런데 만약 모세가 계속해서 애굽으로 내려가기를 주저했다면 어떤 일이 생겼을까요? 아마도 하나님이 주신 지팡이는 막대기에 지나지 않았을 것입니다. 그러나 모세는 두려움에도 불구하고 믿음으로 하나님의 지팡이를 손에 잡고(출 4:20) 갔기 때문에 바로와 그 백성들 앞에서 이적을 행할 수 있었습니다. 믿음은 능력을 낳습니다.

하나님은 믿음 있는 사람을 찾으십니다

역대하 16장 9절에서 "여호와의 눈은 온 땅을 두루 감찰하사"라고 기록되어 있습니다.

하나님은 우리 가운데서도 '거룩한 일들을 믿음으로 행할 수 있는 사람들'을 찾으십니다. 하나님은 위기의 순간에 사람을 찾으십니다. 사회의 도덕성이 무너져내릴 때 하나님은 무너진 벽을 쌓아 올리듯이 사회를 지탱해 줄 수 있는 사람을 찾으십니다.

그렇다면 우리는 이런 하나님의 찾으심에 대해 어떻게 반응하기를 원합니까? 흔히 사람들은 "이 사람이 했으면 좋겠다, 저 사람이 했으면 좋겠다……"라고 추천만 할 뿐입니다.

하나님은 느헤미야에게 패망한 조국의 암울한 소식을 그의 형제 하나니와 두어 사람으로부터 "그들이 내게 이르되 사로잡힘을 면하고 남아 있는 자들이 그 지방 거기에서 큰 환난을 당하고 능욕을 받으며 예루살렘 성은 허물어지고 성문들은 불탔다 하는지라"(느 1:3)라는 소식을 듣게 합니다. 아닥사스다 왕이 재위해 있던 당시에 그는 수산 궁에 있었습니다(느 1:1-2).[2]

사실상 지금 먼 이국 땅의 궁궐[3]에서 그가 들은 조국의 큰 환난과 능욕의 소식이 그와 무슨 상관이 있단 말입니까? 또한 지금 그가 여기서 할 수 있는 일이 무엇이 있단 말입니까? 그는 소식을 전해 들은 것 외에, 그저 마음 아파하는 것 외에 할 수 있는 것이 없는 상황입니다. 그때 그는 하나님께 조용히 다가갑니다.

▲ 페르시아의 행정 중심지 중 하나인 수사에서 발견된 부조. 유약을 바른 벽돌로 만들었으며, 메대 군사들이 궁정 수비대에서 복무하는 모습을 묘사하고 있다.[4]

1. 하나님과 함께 거룩한 동행에 참여하라 11

그는 그 소식을 "듣고 앉아서 울고 수일 동안 슬퍼하며 하늘의 하나님 앞에 금식하며 기도하여 이르되 주를 사랑하고 주의 계명을 지키는 자에게 언약을 지키시며 긍휼을 베푸시는 주여 간구하나이다"(느 1:4-5)라고 기도합니다.

사실 우리도 여기까지의 슬픔을 가질 수는 있을 것 같습니다. 사실 우리도 여기까지의 기도는 할 수 있을 것 같습니다. 느헤미야가 조국의 패망에 대해 슬퍼하는 것 이상의 무엇을 하지 않았다고 해서 그 누구도 그를 비난할 수는 없습니다.

믿음은 동참하는 것입니다

그런데 느헤미야는 조국의 환난과 능욕을 자기의 아픔으로 알고 믿음의 기도를 하기 시작합니다. 그의 기도를 통해 하나님의 마음을 가지고 그 나라를 위해 구체적으로 할 수 있는 일들을 찾기 시작하였습니다. 느헤미야 1장 11절 말씀을 보면, "주여 구하오니 귀를 기울이사 종의 기도와 주의 이름을 경외하기를 기뻐하는 종들의 기도를 들으시고 오늘 종으로 형통하여 이 사람들 앞에서 은혜를 입게 하옵소서"라고 기도한 후에, "그때에 내가 왕의 술 관원이 되었느니라"(느 1:11)라고 설명하였습니다. 그러나 그의 비전은 술 관원이 되는 것이 아닙니다. 그의 비전은 조국을 구하는 것입니다.

느헤미야는 믿음으로 왕 앞에 나아가 자기의 사정을 설명하고자 했습니다. 그는 하나님이 도와주시기를 소원했습니다. 그래서 그는 믿음을 가지고 왕 앞으로 나아갔습니다. 느헤미야는 하나님이 어떤 놀라운 역사를 이루실지 알지 못했습니다. 하지만 그는 자신이 하나님의 계획 속에 포함되어 있다는 사실을 확신했습니다.

정말로 "믿음은 바라는 것들의 실상이요 보이지 않는 것들의 증거"(히 11:1)입니다. 믿음은 눈으로 볼 수 없는 것들을 믿는 것입니다. 눈으로는 먹이를 찾아다니는 사나운 사자를 보지만 믿음으로는 다니엘과 함께 있었던 천사를 봅니다. 눈으로는 폭풍우를 보지만 믿음으로는 노아의 무지개를 봅니다. 눈으로는 인간의 한계를 바라보지만 믿음으로는 하나님의 무한한 가능성을 봅니다. 우리 눈으로는 무너진 성벽밖에 보이지 않지만 믿음으로는 세워진 성벽을 보고 하나님으로 기뻐하는 것입니다.

믿음은 용기를 필요로 합니다

하지만 느헤미야는 두려워할 수밖에 없었습니다. 그가 그날 왕의 기분을 언짢게 만들 수도 있었기 때문입니다. 모든 신하는 왕을 기쁘게 해야 했습니다. 술 관원은 특히 그래야 했습니다. 왕의 기분에 따라 사람의 목숨이 왔다갔다했으니, 항시 왕을 기쁘게 해드리고 술을 권해야 했던 것 같습니다. 만약 왕의 기분을 불쾌하게 만들면 누가 되었든지 즉시 사형에 처해질 수 있었습니다.

우리도 마찬가지입니다. 믿음을 가지고 어떤 계획을 실천하려고 할 때, 자연히 두려움이 따를 수밖에 없습니다. 어쩌면 두려움을 느끼는 것은 당연합니다. 하나님의 뜻에 복종하려면 자기 시간과 물질을 희생해야 하며 주어진 재능을 사용해야 합니다. 그렇기 때문에 자연히 두려운 생각이 들 수밖에 없습니다.

대개의 경우, 두려운 마음이 생기면 하나님께 헌신을 해야 하나 말아야 하나 주저하게 됩니다. 정말로 믿음이 있어도 이런 생각이 듭니다. 하지만 우리는 이럴 때일수록 다시 한 번 확인해야 할 것이 있습니다. 아무리 큰 두려움이라고 할지라도 하나님 앞에서는 아무것도 아니라는 믿음입니다.

그러므로 하나님을 의지하는 한 결코 두려워할 필요가 없습니다. 느헤미야는 현실을 볼 때는 두려웠지만 믿음으로 실천했습니다. 믿음으로 행동했습니다. 믿음이란 두려움에도 불구하고 기꺼이 행동에 임하는 것입니다.

믿음은 준비하는 것입니다

느헤미야는 두려웠지만 이렇게 말합니다. "왕은 만세수를 하옵소서 내 조상들의 묘실이 있는 성읍이 이제까지 황폐하고 성문이 불탔사오니 내가 어찌 얼굴에 수심이 없사오리이까"(느 2:3).

왕 앞에서 감히 이런 말을 한다는 것은 목숨을 내놓고 하는 행동이었습니다. 이것이 바로 실천하는 믿음입니다. 그는 이렇게 말하고 나서 그저 기다릴 뿐입니다. 대개의 경우 왕은 이렇게 말할 것입니다. "가까운 곳에서 일어난 일이든 먼 곳에서 일어난 일이든 상관없다. 느헤미야, 너는 이곳 내 왕궁에 있지 않느냐? 나는 네가 항상 웃는 얼굴을 하기 원한다. 여기서 나와 함께 있으면 됐지, 뭣하러 그것에 관심을 갖느냐? 다시는 이런 얼굴로, 이런 말로 나의 심기를 불편하게 말라……."

사실 다시 한 번 이런 말을 했다간 목숨을 부지할 수 없습니다.

느헤미야가 아닥사스다 왕의 녹을 먹고 있는 경호원적인 술 관원으로서 아닥사스다 왕에게 유다 땅의 형편과 상황을 설명하면서 내 나라와 민족을 구하러 가겠다고 했다면 아마도 왕은 반역이라고 분노하며 허락하지 않았을지도 모릅니다. 그러나 느헤미야는 믿음이 있었기에 그 믿음을 실천에 옮기기 위하여 매우 지혜롭게 말하는 모습을 볼 수 있습니다. 왕이 어찌하여 얼굴에 수심이 있느냐고 물을 때, 느헤미야는 왕에게 이렇게 대답합니다.

"왕은 만세수를 하옵소서 내 조상들의 묘실이 있는 성읍이 이제까지 황폐하고 성문이 불탔사오니 내가 어찌 얼굴에 수심이 없사오리이까"(느 2:3).

▲ 당시의 돌인장에 새겨진 아닥사스다 1세의 모습 5)

1. 하나님과 함께 거룩한 동행에 참여하라

느헤미야는 '내 조상들이 묘실이 있는 성읍이 이제까지 황폐하고 성읍이 불탔사오니 어찌 근심이 없겠으며 어찌 내 얼굴에 수색이 없겠습니까? 내 조상, 내 아버지와 어머니가 묻혀 있는 묘실이 다 파헤쳐졌습니다. 성문이 불타서 황폐해져 있습니다. 그러니 후손 된 제가 어찌 마음에 근심이 없겠습니까?' 라고 부모를 공경하는 '효'를 말함으로써 왕의 마음을 얻으려고 조상의 묘실을 강조하며 말했습니다.

어느 나라와 민족이든 부모와 조상을 공경하는 효를 행하겠다고 할 때, 그것에 감동 없는 나라와 사람은 없을 것입니다. 아닥사스다 왕도 느헤미야의 말을 좋게 여겨 은혜를 베풉니다. 왕은 '느헤미야는 충성된 신하일 뿐 아니라 자기 부모와 조상을 공경할 줄 아는 효성이 지극한 사람이로구나' 하고 생각하고 그것을 좋게 여긴 것입니다.

하지만 이 모든 역사는 믿음을 가지고 기도하며 준비하는 자를 사용하시는 하나님의 놀라우신 경륜이라고 말할 수 있습니다. 느헤미야는 하나님의 사람으로서 나라와 민족을 사랑하는 마음뿐 아니라 왕 앞에서도 충성된 신하이며, 부모와 형제 그리고 조상을 생각하며 선한 일을 하는 사람입니다.

"왕의 마음이 여호와의 손에 있음이 마치 봇물과 같아서 그가 임의로 인도하시느니라"(잠 21:1)라는 말씀대로, 하나님이 아닥사스다 왕의 마음을 주관하셨습니다. 왕은 매우 이례적으로 느헤미야에게 "그러면 네가 무엇을 원하느냐"고 물었습니다.

왕은 무슨 의도로 느헤미야에게 이런 질문을 했을까요? 단순히 동기를 떠보려고 그랬을까요? 아니면 느헤미야의 소원이 무엇이든 들어 주겠다는 의도로 물었을까요?

이때 느헤미야가 다시 말합니다. 침이 바짝바짝 마릅니다. "왕이 만일 좋게 여기시고 종이 왕의 목전에서 은혜를 얻었사오면 나를 유다 땅 나의 조상들의 묘실이 있는 성읍에 보내어 그 성을 건축하게 하옵소서"(느 2:5).

왕이 어떤 반응을 보일까요? '예루살렘 성을 다시 복원한다는 것은 반역을 꾀하겠다는 소리가 아닌가?' 이렇게 오해할 수 있는 것이 아닙니까? 그런데 느헤미야는 어떻게 왕 앞에서 이렇게 말할 수 있었을까요? 바로 믿음입니다.

느헤미야는 그의 보장된 삶을 내려놓고 희생과 섬김을 준비했습니다. 마치 예수님께서 인류의 구원을 위해 십자가 나무를 준비한 것처럼 말입니다. 예수님께서는 꼭 그렇게 준비할 필요가 있었을까요? 느헤미야도 그렇게 자기의 삶을 포기하면서 예루살렘의 회복을 위해 준비할 필요가 없었습니다. 그러나 그는 그렇게 준비하였습니다. 희생이 있음에도 불구하고 준비하는 것, 이것이 믿음입니다.

믿음은 계속 실천하는 것입니다

왕은 느헤미야의 말을 듣고 다시 묻습니다. "그때에 왕후도 왕의 곁에 앉아 있었더라 왕이 내게 이르시되 네가 몇 날에 다녀올 길이며 어느 때에 돌아오겠느냐"(느 2:6).

느헤미야의 경우처럼 생사가 걸린 문제는 그리 흔치 않습니다. 하지만 안락한 삶을 포기할 때는 많든 적든 희생이 뒤따르기 마련입니다. 하나님이 부르신 길을 걷는 '거룩한 동행'에는 순교의 각오와 희생이 있습니다. 그러나 그 결과는 하나님께 드리는 거룩하고 순전한 제사가 됩니다. 하나님은 모세에게 이렇게 말씀하십니다. "내 백성이 고통을 당하고 있다. 모세야, 가겠느냐? 내 백성이 위기에 처해 있다."

하나님은 에스더에게도 이렇게 물으셨습니다. "에스더야, 가겠느냐?"

하나님은 바울에게도 다메섹 길 위에서 물으셨습니다. "바울아, 가겠느냐? 이방인들이 복음을 필요로 한다."

오늘 하나님께서는 우리에게도 이렇게 물으십니다. "나와 거룩한 동행을 하지 않겠느냐?" 바로 이때 실천하는 믿음이 필요한 순간입니다.

성경에 나오는 신앙의 위인들은 개인적인 희생과 위험을 감수하고 하나님의 뜻에 복종했습니다. 그 결과 하나님의 놀라운 역사를 체험할 수 있었습니다. 그런 사람들이 변화의 주역이 될 수 있습니다.

우리는 지금 어려운 세상에 살고 있습니다. 사회적인 위기, 전쟁, 가뭄 등 온갖 문제들 때문에 사람들은 정신적으로, 육체적으로 극도의 괴로움을 당하고 있습니다. 하나님은 과거에도 그러하셨듯이 오늘날에도 "나는 성을 쌓아 무너진 데를 막아 줄 사람을 찾고 있다.

변화의 도구가 되어 줄 사람을 찾는다. 실천하는 믿음으로 자기의 생명을 바쳐 일해 줄 사람이 누구냐?"라고 물으십니다.

하나님은 하나님을 가장 필요로 하고, 모든 면에서 하나님을 믿고 의지하고 신뢰하는 사람들을 사랑하십니다. 우리가 그동안 예수님을 핍박하던 사울처럼 살았는지, 아니면 요한처럼 순전하게 살았는지, 아니면 막달라 마리아처럼 죄를 짓고 살았는지는 크게 신경쓰지 않으십니다. 가장 중요한 것은 하나님을 신뢰하는 우리의 믿음입니다.

믿음 있는 사람들은 말이 아닌 행동으로 보여줍니다. 그리스도인들의 믿음은 곧 말씀의 실천이며, 우리의 삶을 통해 그것을 보여줄 수 있습니다. 성령이 충만하고 말씀을 실천하는 삶에는 곧 하나님의 능력이 따릅니다. 믿음의 실천으로 인정받는 그리스도인이 되십시오.

믿음으로 행동할 때, 우리는 하나님의 놀라운 역사를 반드시 체험할 수 있습니다. 이는 우리가 특별히 잘나서가 아니라 하나님과 그분의 약속을 믿는 믿음 때문입니다. 하나님은 우리를 사용하실 것입니다. 우리가 먼저 앞장서 나가면 다른 신자들도 우리의 뒤를 따라올 것입니다. 그렇게 되면 상상을 초월하는 일이 일어납니다. 하나님을 위해 믿음을 실천하는 신앙인이 되십시오. 그러면 결코 실망하지 않는 결과를 얻게 될 것입니다.

2. 그들의 아픔, 그들의 시대를 공감하라

하가랴의 아들 느헤미야의 말이라 아닥사스다 왕 제이십년 기슬르 월에 내가 수산 궁에 있는데 내 형제들 가운데 하나인 하나니가 두어 사람과 함께 유다에서 내게 이르렀기로 내가 그 사로잡힘을 면하고 남아 있는 유다와 예루살렘 사람들의 형편을 물은즉 그들이 내게 이르되 사로잡힘을 면하고 남아 있는 자들이 그 지방 거기에서 큰 환난을 당하고 능욕을 받으며 예루살렘 성은 허물어지고 성문들은 불탔다 하는지라 내가 이 말을 듣고 앉아서 울고 수일 동안 슬퍼하며 하늘의 하나님 앞에 금식하며 기도하여(느 1:1-4).

우리가 살고 있는 풍요롭기 그지없는 지금의 시대가 과연 언제까지 지속될 수 있을까요? 현재 우리가 살고 있는 세계는 매일 3조 2천억 달러가 자본 시장에서 교환되고 있고, 하루에도 4만 9천여 대의 비행기가 하늘을 가르며 불과 몇 시간 내에 사람과 화물을 지구 곳곳에 내려놓고 있습니다. 2,500대가 넘는 인공위성은 지구 주위를 돌면서 69억 이상의 인간에게 정보를 보내 줍니다.

반면에 해마다 증가하는 예측 불허의 기상 이변과 피크 오일의 시대 속에서 그 어느 때보다 불확실한 세계에 직면해 있습니다. 따라서 세계적인 미래학자들은 인류의 생존 자체에 대해 경고하기 시작하였고, 지금도 세계 곳곳에서는 기아와 전염병으로 수많은 사람들이 죽어가고 있습니다. 이러한 현장에서 우리에게 가장 필요한 것은 무엇일까요?

그것은 '공감' 입니다. 이러한 공감은 단순히 상대방을 측은하게 여기는 정도가 아닌 상대에 대한 배려, 이해, 참여, 그리고 상대를 제대로 인식하는 일련의 실천입니다.[1)]

예수님도 일찍이 우리의 세대를 이렇게 표현하신 적이 있습니다. "……아이들이 장터에 앉아 제 동무를 불러 이르되 우리가 너희를 향하여 피리를 불어도 너희가 춤추지 않고 우리가 슬피 울어도 너희가 가슴을 치지 아니하였다 함과 같도다"(마 11:16-17).

지금 우리 세대는 함께하는 '우리' 가 없고 오직 '나' 만 있는 세대가 되어버렸습니다. '시대 공감' 이 없는 세대가 되어버렸습니다. 그렇기 때문에 '함께 기뻐하지 못함' 은 물론이거니와 '함께 슬퍼하지 못함' 이 더욱 그러합니다. 그래서 함께 꿈도 나눌 수 없는 세대가 되어버렸습니다.

그들의 아픔을 공감했습니다

그러므로 우리가 지금 예수님 말씀처럼 '함께 공감' 할 수 있는 마음이 필요합니다. 동무가 피리를 불 때 춤을 출 수 있는 마음이 있어야 합니다. 동무가 슬피 울 때 함께 울어 줄 수 있는 마음이 필요합니다. 이와 같이 함께하는 마음을 예수님께서 원하시기 때문입니다.

고난 가운데서 하나님께 이런 질문을 한 경험이 있을 것입니다. "내가 고통받을 때, 하나님은 어디 계셨나요? 내가 불면증으로 병원에서 괴로워하며 밤을 새울 때, 하나님은 어디 계셨나요?"

정말로 하나님은 어디에 계십니까? 하나님은 바로 그 자리에 함께 계십니다. 하나님께서는 고통을 보기 위해 오신 것이 아니라 고통을 제거하기 위해 오셨습니다. 그것을 증명하기 위해 제자들에게 못 자국 난 손과 피로 물든 얼굴을 보여주셨습니다. 우리가 고통받을 때 하나님도 우리와 함께 고통을 받으십니다.

예수님은 우리가 도움을 구할 때 우리에게로 달려오십니다. 그 이유는 우리의 아픔을 이해하실 뿐만 아니라 함께 그 고통을 나누기 위해서입니다. 다른 사람의 아픔을 공감하는 것이 바로 신앙인의 자세이며, 하나님 앞에 서 있는 사명자의 자세입니다. 하나님은 아파하는 마음을 가진 사람을 통해 그분의 뜻을 성취하십니다.

성경의 인물 가운데 느헤미야가 그렇습니다. 그는 나라 때문에 아파하고, 백성 때문에 아파했습니다. 그러나 지금은 '함께 아파할 수 있는 사람'이 없다는 아픔이 더 큰 것 같습니다. 그는 하나님 앞에서 그 시대의 동료와 민족의 아픔을 공감하였습니다.

느헤미야서를 보면, 당시의 역사적 배경을 알 수 있는 짧은 내용이 소개된 후 느헤미야가 느꼈던 영적 아픔이 자세히 묘사되어 있습니다. 당시 느헤미야는 왕궁에서 편안한 삶을 살고 있었습니다. 그는 하인들의 시중을 받으며, 경제적으로 안정된 생활을 누리고 있었습니다. 그런데 어느 날 갑자기 예루살렘으로부터 일어난 끔찍한 소식을 듣게 됩니다. 예루살렘의 형편을 살피러 갔다 온 느헤미야의

형제와 몇몇 사람들이 돌아와 전한 소식은 그의 마음을 찢어 놓기에 충분했습니다.[2]

그는 그 소식을 듣고 앉아서 슬피 울었습니다. 슬피 우는 것으로 충분하지 않아 하늘의 하나님 앞에서 금식하며 기도하였습니다. 믿음은 그리고 진리는 객관적이거나 주관적인 것이 아닙니다. 여기에는 공통의 경험적 기반을 만들기 위해 주변 사람이나 주변 세계와 공감하는 경험이 반드시 있어야 합니다.

사실 느헤미야의 삶은 지금 그곳으로부터 들려온 아픈 소식과는 전혀 상관없는 곳에 있습니다. 느헤미야는 지금 자신의 축복을 누리고 있습니다. 어쩌면 그 소식을 깊이 들을 필요도 없었습니다. 그렇지만 하나님의 도성 예루살렘이 폐허가 되었다는 소식을 듣는 순간 그는 지금까지 즐거웠던 마음, 축복을 누렸던 모든 삶을 내려놓기로 결단합니다. 이것이 그의 '공감의 시작'입니다.

그렇다면 느헤미야는 그곳에서 듣게 된 가슴 아픈 소식에 대해 어떻게 공감했을까요?

슬프고 아픈 절망의 소식을 갖고 금식하며 기도했습니다

그는 슬프고 아픈 절망의 소식에 주저하지 않았습니다. 그는 불행한 소식을 듣고 즉시 반응했습니다. 마치 아버지 하나님의 마음처럼 그도 함께하였습니다. 더 놀라운 것은, 단지 어려운 소식을 듣고 격한 감정을 표현하는 것으로 그치지 않았다는 것입니다. 느헤미야는 무려 4개월 동안 이 사실에 대해 아픔을 갖고 금식하며 기도했습니다.

이때 느헤미야는 아닥사스다 왕의 재위 20년에 바사 왕국의 술 관원이라는 중요한 직책을 맡아 일하게 되었습니다.[3]

물론 살다 보면 어려움이나 갈등이 있을 수도 있지만, 대부분의 사람들은 자신의 안락을 포기하지 않습니다. 그렇기 때문에 주변에서 일어나는 문제에 대해 의도적으로 무감각하려고 하고, 때로는 세상의 어려운 현실을 돌아보려고 하지 않습니다. 아이티 지진, 아프리카의 굶주림, 우리의 선교 지역, 미자립 교회 등의 문제가 그렇습니다.

▲ 당시 술 관원의 모습과 술잔[4]

물론 우리 힘으로 세상이 안고 있는 엄청난 문제를 모두 해결할 수는 없습니다. 하지만 하나님께서 관심을 기울이라고 요청하시는 문제마저도 등한시해버릴 때가 있습니다. 그렇기 때문에 이웃의 절실한 요청이나 필요나 불행조차도 외면해버리기 쉽습니다.

또 하나의 문제는, 이런 일들은 매우 큰일들이라고 생각하면서 내가 아닌, 우리보다 좀더 여유 있고 관심 많은 사람들이나 그런 일을 할 수 있다고 생각하는 것입니다. 그렇기 때문에 그 문제를 쳐다보지만 동감하지 못합니다. 아니, 동감하기를 거부하는 것입니다. 우리는 세계를 향한 하나님의 계획에 기꺼이 동참하려는 태도를 지녀야 합니다. 우리에게 절실히 필요한 것은 바로 공감이며, 이웃을 향하여 아파하는 마음을 갖는 것입니다.

예수님도 동족에 대한 구원의 아픔을 가지고 계셨습니다. 예수님은 예루살렘이 강퍅해지는 것을 보시면서 "예루살렘아 예루살렘아……"(마 23:37) 하면서 안타까워하셨습니다.

사도 바울도 그 동족에 대한 아픔이 있었습니다. "내가 그리스도 안에서 참말을 하고 거짓말을 아니하노라 나에게 큰 근심이 있는 것과 마음에 그치지 않는 고통이 있는 것을 내 양심이 성령 안에서 나와 더불어 증언하노니 나의 형제 곧 골육의 친척을 위하여 내 자신이 저주를 받아 그리스도에게서 끊어질지라도 원하는 바로라"(롬 9:1-3).

이것이 동감하여 아파하는 마음인 '공감'입니다. 그 슬픔과 함께하는 마음입니다. 그 아픔과 연합하는 믿음입니다. 그렇다면 어떻게 해야 더욱 적극적이며 효과적으로 '공감'할 수 있을까?

하나님의 목적과 비전에 공감했습니다

느헤미야서는 "내가 이 말을 듣고 앉아서 울고 수일 동안 슬퍼하며 하늘의 하나님 앞에 금식하며 기도하여"(느 1:4)라고 말합니다.

왜 그랬을까요? 그 이유는 단지 예루살렘에 있는 사람들의 슬픔과 굴욕 때문만이 아닙니다.

예루살렘이 황폐한 채로 남아 있는 한 그 수치를 하나님께서 받으시기 때문입니다. 분명 하나님께서는 "이스라엘을 지키시는 이는 졸지도 아니하시고 주무시지도 아니하시리로다"(시 121:4)라고 말씀하셨습니다. 그런데 왜 이스라엘 백성들과 예루살렘 성벽이 이렇게 무너졌습니까? 원수들은 이렇게 말할 것입니다. "너희를 지키시는 하나님께서 주무셨는가? 하나님께서 조셨는가?" 얼마나 치욕적인 모욕입니까? 이런 상황이 답답하고 속상한 것입니다.

예루살렘은 하나님께서 자신의 이름을 두시려고 택하신 '거룩한 성'이었습니다(느 1:9). 모세는 그런 장소가 있게 될 것이라고 이미 예언했습니다(신 12:4-8). 하나님께서도 예루살렘 성전 봉헌식에서 솔로몬에게 이곳이 바로 그 장소라고 선언하셨습니다(대하 7:12-16). 그러나 지금 예루살렘은 폐허가 되었고, 성전의 예배가 불가피하게 중단되었습니다.

그렇기 때문에 느헤미야는 예루살렘에 관하여 하나님이 계시하신 뜻에 대한 깨달음과, 하나님께서 자신에게 허락하신다면 예루살렘에서 하나님을 크게 존귀하게 해드리고 싶은 강한 열망을 가지고 있었습니다.

하나님께서 주시는 시간과 환경에 순종했습니다

우리는 '하나님께 시간과 환경을 달라'고 구할 때가 있습니다. 오직 내게 맞는 시간과 환경만을 말입니다. 그러나 하나님께서 내게 주신 시간과 환경이 내게 맞지 않는다면 어떻게 하시겠습니까?

느헤미야는 하나님께서 주시는 시간과 환경에 순종하였습니다. 그가 갖고 있는 슬픔과 굴욕에 대한 감정은 일시적이지 않았습니다. 그는 계속해서 자기를 성찰하면서 기도하였습니다. 그 이유는 하나님의 뜻을 구하며 찾고 두드리기 위함이었습니다. 과연 하나님의 뜻은 무엇일까요? 그것은 수억만 리에 있는 동족과 민족을 치유하며 회복시키는 것이었습니다. 느헤미야는 이렇게 하나님의 뜻을 구하고 찾고 두드리는 것에 조급해하지 않았습니다. 오직 하나님의 때, 하나님의 시간에 맞추어지길 소원했습니다. 이것이 느헤미야의 기도의 특징입니다.

이 기도는 '주님께서 가르쳐 주신 기도'와 같은 맥락입니다. 이 기도는 자신을 비우고 정화한 뒤에 오직 하나님께 모든 것을 맡기는 기도입니다. '나'라는 주체를 부정하지는 않으나 '나'에 대한 집착이 없을 때 이런 기도를 할 수 있습니다. 어린아이의 마음으로 하나님을 깊이 신뢰할 때 이런 기도를 할 수 있습니다. 기도에서 중요한 것은 솔직한 마음입니다. 우리의 모든 것을 솔직하게 주님께 아뢸 때 하나님이 원하시는 모습으로 우리를 이끄심을 믿으십시오.

그는 "수일 동안 슬퍼하며 하늘의 하나님 앞에 금식하며 기도"하였지만, 철저히 하나님의 마음과 시기에 맞추기를 바라며 끈기 있게 3~4개월간 기도를 하였습니다. 기도하는 동안 찾아오는 회의감도 있었을 것이고, 기다림의 지루함도 있었을 것입니다.

그러나 그는 그 기다림 속에서 한순간의 슬픔과 아픔 때문에 하나님 앞에서 조급해하지 않았습니다. 더불어 그는 그동안 하나님께서 자신에게 원하시는 것이 무엇인지 진지하게 생각할 수 있었습니다. 이러한 그의 행동은 마치 자신을 버리는 신앙 행위와 같습니다. 나의 계획, 나의 시간보다 하나님의 것을 찾으려는 그의 행위는 '나의 뜻을 아버지의 뜻에 맡기는 예수님'의 마음과 같은 것입니다.

이것이 우리가 가져야 할 마음이며 믿음입니다. 느헤미야의 마음, 느헤미야의 믿음은 우리 시대에 우리 교회가 가져야 할 마음이며 믿음입니다. 나라를 회복하는 일은 잠깐의 감정으로 되는 것이 아니었습니다. 교회를 세우는 것 또한 내 뜻으로 간단히 이루어지는 것이 아닙니다. 무엇보다도 느헤미야의 존재는, 우리의 존재는 이미 공통의 경험적 기반을 갖고 있었습니다. 그렇기 때문에 공감할 수 있었습니다.

또한 느헤미야는 그의 마음을 세상을 통치하시는 하나님의 마음과 일치시킵니다. 그러기 위해 느헤미야가 했던 기도는 '수일을 금식하며 하나님 앞에서 마음과 시기'를 맞추는 거룩함의 공감이었습니다.

느헤미야의 믿음은 오늘 이 시대 우리의 환경, 우리의 지역에서 하나님 나라를 세우기를 원하는 모든 사람에게 많은 것을 생각하게 하는 동시에 공감의 시대를 어떻게 맞이해야 하는가에 대한 해답을 보여주고 있습니다. 이제 우리는 다시 한 번 나라와 민족 그리고 교회를 세우기 위해 이 느헤미야의 마음과 믿음을 따르는 거룩한 동행을 해야 할 것입니다.

3. 느헤미야처럼 기도하라

내가 이 말을 듣고 앉아서 울고 수일 동안 슬퍼하며 하늘의 하나님 앞에 금식하며 기도하여 이르되 하늘의 하나님 여호와 크고 두려우신 하나님이여 주를 사랑하고 주의 계명을 지키는 자에게 언약을 지키시며 긍휼을 베푸시는 주여 간구하나이다 이제 종이 주의 종들인 이스라엘 자손을 위하여 주야로 기도하오며 우리 이스라엘 자손이 주께 범죄한 죄들을 자복하오니 주는 귀를 기울이시며 눈을 여시사 종의 기도를 들으시옵소서 나와 내 아버지의 집이 범죄하여 주를 향하여 크게 악을 행하여 주께서 주의 종 모세에게 명령하신 계명과 율례와 규례를 지키지 아니하였나이다 옛적에 주께서 주의 종 모세에게 명령하여 이르시되 만일 너희가 범죄하면 내가 너희를 여러 나라 가운데에 흩을 것이요 만일 내게로 돌아와 내 계명을 지켜 행하면 너희 쫓긴 자가 하늘 끝에 있을지라도 내가 거기서부터 그들을 모아 내 이름을 두려고 택한 곳에 돌아오게 하리라 하신 말씀을 이제 청하건대 기억하옵소서 이들은 주께서 일찍이 큰 권능과 강한 손으로 구속하신 주의 종들이요 주의 백성이니이다 주여 구하오니 귀를 기울이사 종의 기도와 주의 이름을 경외하기를 기뻐하는 종들의 기도를 들으시고 오늘 종이 형통하여 이 사람들 앞에서 은혜를 입게 하옵소서 하였나니 그때에 내가 왕의 술 관원이 되었느니라(느 1:4-11).

지난 여름(2010년) 장로회신학대학교에서 열린 선교대회에 참석한 적이 있습니다. 그곳에서 함께 신학 수업을 받았던 목사님이자 선교사님을 만났습니다. 몇 해 전에는 거의 쓰러질 듯하시더니만 지금은 조금 괜찮아 보였습니다. 사모님의 건강, 자녀의 교육 문제 등……. 이런 것들도 영적인 것임을 새삼 느끼게 됩니다.

또 다른 지역에서 오신 선교사님도 만날 수 있었습니다. 나라 전체가 불교와 힌두교이고 이제는 이슬람 지역도 늘어만 가며 교회에 대한 핍박도 심해지고 있다고 합니다. 그곳은 문화와 기후 그리고 사역의 대상이 워낙 힘들기 때문에 선교사님들에게 무엇보다도 안식이 필요했습니다.

항상 그렇지만 선교사님을 만나면 먼저 하는 인사가 이렇습니다. "요즈음 어떠세요? 건강하세요? 사모님은 안녕하세요……?" 그때 나는 이런 질문이 너무 무책임하고 형식적이라는 생각이 들었습니다. 내가 상대방에게 물어 본다는 것은 책임지겠다는 의미와 같은 것 아닙니까? 그렇지만 너무 형식적인 인사만 나누었던 것 같아 후회를 하였습니다.

세계 곳곳에서 전쟁과 자연재해로 많은 사람들이 고통 가운데 있다는 소식을 자주 접합니다. 이때 '나만 괜찮으면 되지' 라는 생각을 할 때가 있습니다. '나와는 아무 상관이 없는데 내가 사서 고생할 필요가 있을까?' 라는 생각을 할 때가 있습니다. 그리고 이내 내 자신이 그리스도인으로서 부끄럽다는 생각이 듭니다. 모든 민족을 제자 삼는 비전을 가진 사람이라면 이런 생각은 바르지 않습니다. 하나님이 내게 이런 자리를 주신 것은 이때를 위함이 아니겠습니까? 하나님이 이곳에서 지금 내게 이런 능력(달란트)을 주신 것은 바로 이 사건을 해결하기 위함이 아니겠습니까?

느헤미야는 비록 고국으로부터 먼 나라, 이방 땅에 있었지만 아닥사스다 왕 제이십년 기슬르 월[1]에 수산 궁(느 1:1)[2]에서 '왕의 술 관원'이라는 권력을 잡고 생활을 하고 있었습니다. 그때 고향을 다녀온 형제에게서 한 소식을 듣게 됩니다. "그들이 내게 이르되 사로

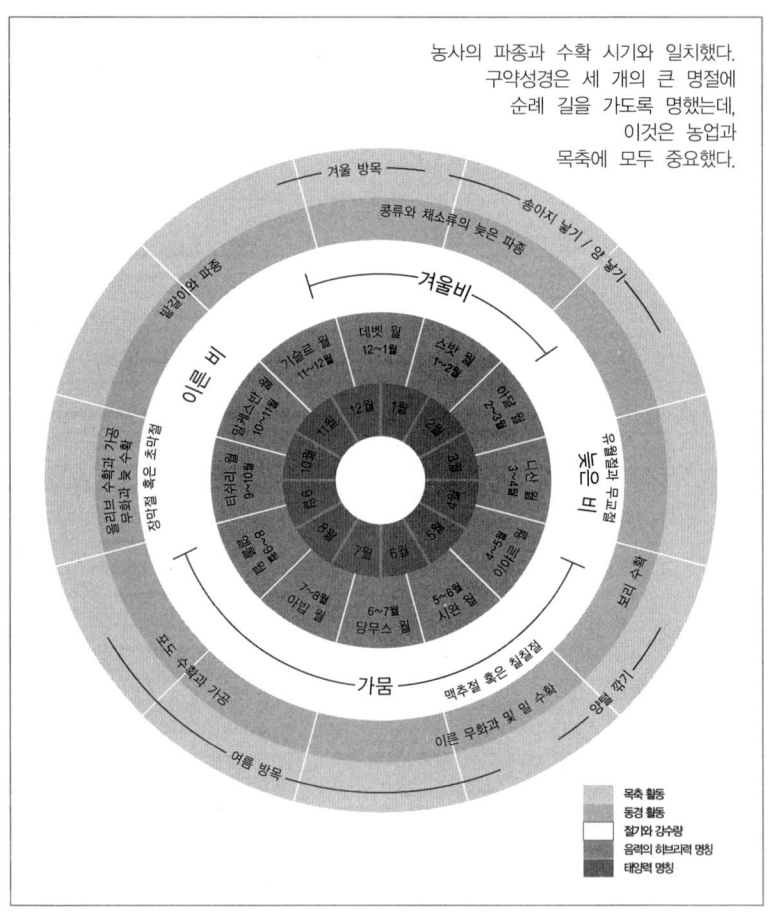

▲ 고대 근동 지역의 달력

잡힘을 면하고 남아 있는 자들이[3] 그 지방 거기에서 큰 환난을 당하고 능욕을 받으며 예루살렘 성은 허물어지고 성문들은 불탔다 하는지라"(느 1:3).[4]

그러나 느헤미야가 예루살렘의 형편에 대한 소식을 처음 들었을 때, 그 상황을 해결하기 위해 그가 할 수 있는 일은 없었습니다. 아무것도 없었습니다. 생각해 보면 그는 타국의 엉뚱한 곳에서, 엉뚱한 사람을 위해, 엉뚱한 일을 하고 있었습니다.

그는 자신의 조국을 무너뜨린 나라의 장관이 되었습니다. 그러므로 그는 이방 나라에서 자기의 지위에 만족하고 고국의 현실을 외면해버릴 수도 있었습니다. 걱정을 해서 무엇을 하겠습니까? 이방 나라의 장관으로서 어떻게 해서든지 잘 버텨 왕 앞에서 이곳에 있는 유대 나라의 백성들을 변호하는 것이 더 큰 책임이라고 생각할 수도 있을 것입니다. 그는 이런 자기 합리화를 통해 자기 주변에서 일어나고 있는 자기 동족들의 모든 형편에 대해 눈을 감고 귀를 막아 자기만 잘살고 잘 먹을 수도 있었습니다.

기도는 문제 해결의 시작입니다

그러나 성경은 느헤미야가 "이 말을 듣고 앉아서 울고 수일 동안 슬퍼……"(느 1:4)했다고 증언합니다. 그런데 그는 울고 슬퍼하는 것만으로 끝내지 않았습니다. 만일 그런 식으로 끝냈다면 아무런 변화도 일어나지 않았을 것입니다. 느헤미야는 삶의 비밀을 알고 있었던 사람입니다. 그는 "……하나님 앞에 금식하며 기도"(느 1:4)하였습니다.

삶의 슬픔과 고통의 비밀을 해결하는 가장 좋은 것은 기도입니다.

기도는 이 땅에서 문제를 해결할 수 있는 가장 강력한 영적 재산이며 무기입니다. 기도는 이 세상과 이 세상의 모든 문제 그리고 온 우주를 다스리시는 주님을 인정하는 것이기 때문입니다. 즉 기도는 이제부터 내 문제를 하나님의 문제로 옮기는 것입니다.

그렇다면 느헤미야는 이 나라의 큰 환난과 능욕의 문제를 가지고 어떻게 기도했을까요? 그는 하나님 앞에서 금식하며 어떤 기도를 했을까요? 그리고 그때 온 우주의 주인이신 하나님께 어떤 응답을 받았을까요? 또한 그는 하나님이 주신 응답을 통해 어떤 삶을 살았을까요?

기도는 하나님을 알아가는 것입니다

느헤미야의 기도를 보면 항상 하나님께서 누구이시며 어떤 분이신가에 대한 시각이 명확하였습니다. 그는 "하늘의 하나님 여호와 크고 두려우신 하나님이여 주를 사랑하고 주의 계명을 지키는 자에게 언약을 지키시며 긍휼을 베푸시는 주여 간구하나이다"(느 1:5)라고 기도합니다.

기도는 분명한 대상이 있습니다. 기도는 자기에게 하는 '암시'

가 아닙니다. 기도는 벽을 향해서 외치는 '독백'이 아닙니다. 기도는 '108번의 자기 도를 닦는 것'도 아닙니다. 우리의 기도는 분명히 살아 계신 하나님, 인격적인 하나님을 향해 드리는 것입니다. 바로 느헤미야가 그 기도의 대상으로 삼았던 '하늘의 하나님'이며, 나는 그의 종이라는 것입니다.

그렇다면 그는 하나님을 어떻게 부르고 있습니까? 1장 5-9절에서 그가 부르는 하나님을 살펴보면 이렇습니다. 그는 하나님의 성품에 기초를 두고 기도하고 있습니다.

느헤미야에게 그의 하나님은 첫째 크고 두려우신 하나님, 둘째 주를 사랑하고 주의 계명을 지키는 자에게 언약을 지키시며 긍휼을 베푸시는 하나님, 셋째 용서하시는 하나님, 넷째 기억하시는 신실하신 하나님입니다.

그는 하나님의 여러 성품을 인정하며, 하나님께서 이런 성품에 호소한 간청에 응답해 주시기를 기도하였습니다.

찬송가 96장 "예수님은 누구신가"에서는 예수님을 20가지의 성품으로 분류해 놓았습니다. 예를 들면, 그분은 '우는 자를 위로해 주시는 자'입니다. 또한 그분은 '약한 자에게 강함을 주시는 자'입니다. 그분은 '우리의 기쁨, 생명, 평화 그리고 영광이 되시는 분'입니다. 주님을 바르게 알고 고백하는 것은 우리 신앙의 기초입니다.

느헤미야는 참으로 어려운 시기의 사람이었습니다. 따라서 느헤미야의 개인적인 삶은 하나님께 대한 헌신, 하나님께 대한 의존, 그리고 하나님의 영광을 바라는 열망이 함께 표현되는 간절한 기도의 습관으로 흠뻑 젖어 있습니다. 또한 그러한 기도에 의해 구체화되어 있습니다. 바로 이런 기도의 삶 가운데 느헤미야는 우리 앞에 한 모범으로 섭니다.

기도는 하나님의 주권을 인정하는 자세입니다

느헤미야는 하나님의 주권을 인정하는 기도를 하였습니다. 우리의 인생은 하나님의 주권 아래 놓여 있습니다. 나의 인생뿐 아니라 나를 통치하고 있는 바사 왕의 권력 또한 하나님의 권세 아래 있습니다. 하나님은 온 나라의 통치자이시며, 온 우주의 왕이십니다. 그렇기 때문에 그는 천하만국을 다스리는 하나님의 응답이 그 사람 앞에서도 이루어지도록 기도했던 것입니다.

> "주여 구하오니 귀를 기울이사 종의 기도와 주의 이름을 경외하기를 기뻐하는 종들의 기도를 들으시고 오늘 종이 형통하여 이 사람들 앞에서 은혜를 입게 하옵소서 하였나니 그때에 내가 왕의 술 관원이 되었었느니라"(느 1:11)

그의 기도는 너무도 지혜로웠습니다. 어떻게 이렇게 기도할 수 있었을까요? 급하고 간절한 소원을 하나님께 기도하면서도 하나님의 주권을 인정하는 그 자세가 어떻게 나올 수 있단 말입니까?
누가복음 7장 2-10절 말씀에 보면, 백부장이 자기 종의 치유를 위해 예수님께 드린 간구는 그리스도의 주권에 근거를 둔 것입니다.

그는 예수님께 "오셔서 그 종을 구해 주시기를" 청했습니다. 이 상황에서 유대인 장로와 몇 사람들이, 유대 민족을 위해 그리고 회당을 지어 준 그의 선한 일을 예수님께 고하면서 동시에 치료해 달라고 간청하였습니다. 예수님께서 허락하시면서 그의 집으로 향할 때, 백부장은 벗들을 보내어 이렇게 말했습니다.

"주여 수고하시지 마옵소서 내 집에 들어오심을 나는 감당하지 못하겠나이다 그러므로 내가 주께 나아가기도 감당하지 못할 줄을 알았나이다 말씀만 하사 내 하인을 낫게 하소서 나도 남의 수하에 든 사람이요 내 아래에도 병사가 있으니 이더러 가라 하면 가고 저더러 오라 하면 오고 내 종더러 이것을 하라 하면 하나이다"(6-8절).

이에 대한 예수님의 반응은 놀라웠습니다. "이스라엘 중에서도 이만한 믿음은 만나 보지 못하였노라"(9절). 결국 '믿음' 이었습니다.

기도는 공동체의 문제와 나를 동일시하는 것입니다

느헤미야는 공동체와 함께하는 회개 기도를 하였습니다. 그는 예루살렘의 정치적 · 경제적인 상황에 빠지지 않고 영적 문제에 초점을 맞추었습니다. 그는 다른 사람들의 '허물과 실수'에 집착하지 않았습니다. 물론 그는 분명히 "우리 이스라엘 자손이 주께 범죄한 죄들"(느 1:6)을 언급하였습니다. 그러나 동시에 그는 "나와 내 아버지의 집이 범죄"(느 1:6)하였다고 고백하였습니다.

그는 유다에 다녀온 형제로부터 "유다와 예루살렘 사람들의 형편"(느 1:2)을 들었습니다. 분명 이러한 소식을 듣고 난 후 두 가지 반응을 생각해 볼 수 있습니다. 혹자는 이렇게 말할 수 있을 것입니다. "다 자기 복이야……. 다 자기 팔자지……." 느헤미야에게도 이런 가능성이 있을 수 있습니다. 분명 그는 유다가 왜 이렇게 되었는지, 예루살렘이 왜 이렇게 되었는지 알고 있었습니다. 그것은 주를 향하여 크게 악을 행하여 주께서 주의 종 모세에게 명령하신 계명과 율례와 규례를 지키지 아니하고 죄를 범하였기 때문이었습니다(느 1:7-8).

느헤미야는 '유다와 예루살렘의 범죄', '조상의 불순종', '너희의 죄'를 언급합니다. 오히려 느헤미야는 그들의 삶과 비교하면서 자신의 의를 드러낼 수도 있습니다. 오히려 자신의 경건을 자랑할 수도 있습니다. 그들의 이러한 현실이 분명 죗값을 받고 있다는 식으로 말할 수도 있습니다.

보통 사람들은 자신을 세우기 위해서 상대방을 넘어뜨리지 않습니까? 타인과의 비교를 통해 만족감을 얻을 수 있는 방법은 타인을 무시하거나 멸시하거나 조롱하는 것 아닙니까?

누가복음 18장 9절 이하에서 예수님께서는 '바리새인과 세리의 비유'를 통해 이러한 죄인의 마음, 즉 타인과의 비교를 통해 자기의 우월성을 나타내고 상대방을 멸시하는 죄를 분명하게 지적하십니다. 성전에 두 사람이 기도하러 왔는데, 한 사람은 죄인이고 또 한 사람은 바리새인이었습니다. 그들이 따로 기도하는데 기도 소리가 들렸습니다. 세리는 자기가 죄인임을 자백했습니다. "멀리 서서 감히 눈을 들어 하늘을 쳐다보지도 못하고 다만 가슴을 치며 이르되 하나님이여 불쌍히 여기소서 나는 죄인이로소이다"(13절).

반면에 바리새인은 이렇게 기도했습니다. "하나님이여 나는 다른 사람들 곧 토색, 불의, 간음을 하는 자들과 같지 아니하고 이 세리와도 같지 아니함을 감사하나이다 나는 이레에 두 번씩 금식하고 또 소득의 십일조를 드리나이다"(11-12절).

예수님께서는 그들의 기도와 삶을 보시고 결론적으로 평가하셨습니다. "내가 너희에게 이르노니 이에 저 바리새인이 아니고 이 사람이 의롭다 하심을 받고 그의 집으로 내려갔느니라 무릇 자기를 높이는 자는 낮아지고 자기를 낮추는 자는 높아지리라 하시니라"(눅 18:14).

하나님이 참으로 미워하시는 것이 있습니다. 개인이든 집단이든 이런 사람들을 미워하십니다. 잠언 18장 3절에서 "여호와를 경외하는 것은 악을 미워하는 것이라 나는 교만과 거만과 악한 행실과 패역한 입을 미워하느니라"라고 했습니다. 야고보서 4장 6절에서도 "하나님이 교만한 자를 물리치시고 겸손한 자에게 은혜를 주신다"고 말씀하셨습니다.

하나님은 교만한 자에게 결코 은혜를 베풀지 않으십니다. 하나님은 항상 교만한 자들을 미워하십니다.

느헤미야에게도 이런 유혹과 시험이 있었습니다. 그렇지만 그는 바리새인처럼 기도하지 않았습니다. 그는 오히려 조상의 허물과 죄를 자신의 죄로 인식했습니다. 그리고 "나와 내 아버지의 집이 범죄하여 주를 향하여 크게 악을 행하여"(느 1:6-7)라고 고백했습니다.

철저히 자신과 죄인을 동일하게 표현하고 있습니다. 그에게는 그들의 죄를 고발하는 것이 아니라 자신의 죄를 고발하는 겸손이 있었습니다. 하나님은 이런 사람을 사랑하십니다. 하나님은 이런 사람의 기도를 들으십니다.

기도는 하나님의 길로 걷는 것입니다

느헤미야는 하나님의 인도하심을 간구하였습니다. 그러기에 그는 하나님을 의뢰하는 일을 우선시하고 있습니다.

우리는 계획을 세우고 실천하는 일에 더 익숙합니다. 그래서 달력에 온통 빨간색 표시를 해놓기도 하고, 빡빡한 일정에 흥분을 하기도 합니다. 그러나 이런 모든 계획과 경영이 하나님 없이 계획되고 실행될 때가 얼마나 많습니까? 그래서 결국 파국에 이르렀을 때 "하나님, 어떻게 해야 합니까?"라고 묻지 않습니까? 실패는 내가 해놓고, 문제 해결은 하나님이 하라는 것과 같은 것입니다.

느헤미야는 스스로 어떤 계획을 먼저 세우지 않았습니다. 그는 하나님 앞에서나 왕 앞에서 특정 목적을 두고 기도하지 않았습니다. 오직 하나님의 은혜를 받고자 했고, 하나님의 인도하심을 바랐습니다. 그리고 이렇게 기도했습니다. "……종이 형통하여 이 사람들 앞에서 은혜를 입게 하옵소서"(느 1:11). 그리고 놀랍게도 "그때에 내가 왕의 술 관원이 되었느니라"(느 1:11)라고 고백했습니다.

이것이 기도의 응답이었습니다. 그는 술 관원으로서 최고의 권력자 앞에 설 수 있는 사람이었습니다. 하나님께서는 그가 왕의 신뢰를 듬뿍 받을 수 있도록 환경을 이루어 주셨습니다. 하나님께서는 이미 우리의 구할 바를 알고 계시는 것입니다.

하나님은 우리를 위해 계획을 세우시고 또 그 계획에 따라 경영도 하십니다. 그러나 우리는 스스로 계획하고 경영하려고 합니다. 하지만 결국은 망합니다.

예수님은 제자 가운데 '빌립'을 시험하고자 이런 사명을 주셨습니다. 예수님은 빌립에게 유월절이 다가오는 시기에 많은 군중과 병자들이 예수님께로 모여들자 이들을 위해 먹을 것을 준비하라고 하셨습니다(요 6:5-13). 이때 빌립은 스스로 계획을 세우며 경영하려고 하지만 결과는 '불가능'이었습니다. 그리고 예수님께 대답하기를 "각 사람으로 조금씩 받게 할지라도 이백 데나리온의 떡이 부족하리이다"(요 6:7)라고 하였습니다. 빌립은 이 문제에 대하여 주님의 인도하심에 따르지 않고 스스로 계획을 세웠던 것입니다. 그리고 사람들이 너무 많기 때문에 불가능하다고 스스로 결론을 내렸습니다. 이미 빌립은 제자들과 함께 가장 가까이에서 예수님의 표적(요 6:2)을 보았음에도 불구하고 '계획과 경영'은 자신에게 맞추었습니다.

시몬의 형제 '안드레'도 마찬가지입니다. 그는 한 어린아이가 가지고 온 보리떡 다섯 개와 물고기 두 마리를 예수님께 건네드리면서 이렇게 말합니다. "그러나 그것이 이 많은 사람에게 얼마나 되겠사옵니까." 이들 모두 문제와 상황에만 집중하고 '자기의 계획과 경영'에만 의지하였습니다. 결국 '불가능'입니다. 이미 많은 표적을 가장 가까이에서 보았음에도 불구하고 '주님께 의뢰함'이 없었던 것입니다. 그들은 단지 문제와 상황에만 집착했습니다. 사실 이것이 우리의 문제가 아니겠습니까? "믿습니다"라고 말하지만 문제와 상황 앞에서는 누구를 믿는지도 헷갈립니다.

하나님을 의뢰하십시오. 그러면 기회가 오고 은혜를 받게 됩니다. 느헤미야는 하나님을 의뢰하는 기도를 통해 결국 아닥사스다 왕 앞에 설 수 있었습니다. 이 점을 생각해 보십시오. 하나님께서 아닥사스다 왕을 움직여서 예루살렘 주위의 성벽을 재건하는 역사를 후원하게 하실 수 있었다면, 하나님이 주신 비전과 우리 사이에 서 있는 사람들의 마음도 능히 변화시켜 주실 수 있습니다. 인간적으로 말하자면, 아닥사스다 왕이 느헤미야의 비전을 도울 길은 전혀 없었습니다. 그러나 하나님을 의뢰하는 기도는 사람이 할 수 없는 일을 가능하게 만드는 힘이 있습니다.

기도는 하나님을 기대하며 갈망하는 것입니다

이제 하나님께 기대하십시오. 이제 하나님을 갈망하십시오. 우리는 하나님이 무엇을 하실지 모릅니다. 그렇지만 하나님께서는 우리 앞에서 기회를 주십니다. 하나님은 우리 앞에 그분의 긍휼하심과 은혜를 베풀어 주십니다.

어떤 반대와 역경과 장애물이 있어도 이 일을 계속하기로 결심하십시오. 이 기도의 과정에서 하나님은 우리 앞에서 홍해가 갈라지는 것처럼 우리의 삶을 열어 주실 것이며, 산이 주저앉는 것처럼 우리 앞에 높이 쌓인 문제들이 무너져내릴 것입니다. 하나님은 우리 앞에서 계획하시고 경영하십니다. 그분을 따르는 거룩한 동행에 참여하십시오.

4. 두려움, 믿음으로 이겨라

아닥사스다 왕 제이십년 니산 월에 왕 앞에 포도주가 있기로 내가 그 포도주를 왕에게 드렸는데 이전에는 내가 왕 앞에서 수심이 없었더니 왕이 내게 이르시되 네가 병이 없거늘 어찌하여 얼굴에 수심이 있느냐 이는 필연 네 마음에 근심이 있음이로다 하더라 그때에 내가 크게 두려워하여 왕께 대답하되 왕은 만세수를 하옵소서 내 조상들의 묘실이 있는 성읍이 이제까지 황폐하고 성문이 불탔사오니 내가 어찌 얼굴에 수심이 없사오리이까 하니 왕이 내게 이르시되 그러면 네가 무엇을 원하느냐 하시기로 내가 곧 하늘의 하나님께 묵도하고 왕에게 아뢰되 왕이 만일 좋게 여기시고 종이 왕의 목전에서 은혜를 얻었사오면 나를 유다 땅 나의 조상들의 묘실이 있는 성읍에 보내어 그 성을 건축하게 하옵소서 하였는데 그때에 왕후도 왕 곁에 앉아 있었더라 왕이 내게 이르시되 네가 몇 날에 다녀올 길이며 어느 때에 돌아오겠느냐 하고 왕이 나를 보내기를 좋게 여기시기로 내가 기한을 정하고 내가 또 왕에게 아뢰되 왕이 만일 좋게 여기시거든 강 서쪽 총독들에게 내리시는 조서를 내게 주사 그들이 나를 용납하여 유다에 들어가기까지 통과하게 하시고 또 왕의 삼림 감독 아삽에게 조서를 내리사 그가 성전에 속한 영문의 문과 성곽과 내가 들어갈 집을 위하여 들보로 쓸 재목을 내게 주게 하옵소서 하매 내 하나님의 선한 손이 나를 도우시므로 왕이 허락하고(느 2:1-8)

우리는 이 땅에서 살면서 기쁘고 좋은 소식을 몇 번이나 들을 수 있을까요? 또 우울하고 슬픈 소식은 몇 번이나 듣습니까? 우리는 살면서 기쁜 소식을 많이 듣습니까, 슬픈 소식을 더 많이 듣습니까? 아마도 기쁜 소식보다는 우울하고, 슬프고, 두려운 소식이 우리 주변에 더 많이 있을 것입니다.

우리 시대는 역사상 문제가 가장 많은 시대라는 생각이 듭니다. 하늘의 날씨가 이상하게 변해 가고 있습니다. 확실히 미래에는 대단한 환난이 있을 것 같습니다. 이러한 기상 이변으로 우리의 자연은 더욱 참담합니다. 야생 독수리들, 바다의 물고기들이 떼죽음을 당하고 있습니다. 대책이 전혀 없는 전염병들이 퍼져 가고 있습니다. 세속주의 물결 속에서 자기 이익만을 추구하는 시대에 해결책은 있지만 함께할 수 없는 현실입니다.

이것 말고도 세상에서 일어나는 끔찍한 사건들과 점점 심해지는 악이 얼마나 지겹도록 많은지 모릅니다. 우리는 애써 외면해 보지 않습니까? 어쩔 수 없다는 식으로 무관심해 보지 않습니까? 왜 그렇습니까? 그것은 바로 '두려움' 때문입니다. 두려움에는 이유가 있습니다.

느헤미야의 경우가 그렇습니다. 그가 '지금, 여기에서' 구체적으로 그 문제를 해결할 수 있는 능력이 없기 때문입니다. 그렇기 때문에 두려운 것입니다. 그런데 이것이 사탄의 공격 무기인 '두려움'입니다.

느헤미야의 경우, 그가 민족의 상황에 참여한다는 것은 여러 가지로 어려운 일입니다. 첫째는, 정치적 상황이 어렵습니다. 아닥사스다 왕의 신하로서 자국의 성벽을 재건하는 일은 잘못하면 반역자로 오해받을 수 있기 때문입니다. 둘째는, 수산 궁과 예루살렘의 거리[1]가 너무 멉니다. 너무 멀면 마음도 멀어질 수 있지 않겠습니까?

이것이 지금 느헤미야와 무슨 상관이 있단 말입니까? 셋째는, 이런 모든 상황에서 느헤미야가 홀로 할 수 있는 일은 없는 것 같습니다. 결국 그 누구도 내일에 대한 확실한 소망을 가질 수 없었습니다. 그렇기 때문에 두려운 것입니다.

그러나 우리가 이러한 두려움을 이길 수는 없습니까? 지금 우리가 근심하며 두려워하는 것이 최선입니까? 이럴 때 우리는 어떻게 해야 합니까? 이처럼 모든 사람들에게 두려움만 주는 골리앗과 같은 문제가 내 앞에 있을 때 어떻게 해야 합니까?

이때 믿음을 사용하는 것입니다. 이때가 내가 가진, 내게 주어진 믿음을 시험해 볼 수 있는 가장 좋은 기회입니다. 그러므로 그 믿음이 확인될 때, 오히려 우리에게 다가온 시련이 또 다른 축복의 기회가 될 것입니다. 결국 그 두려움이 주님께서 주신 믿음으로 말미암아 기쁨으로 변하게 될 줄 믿습니다.

우리는 오늘 본문에서 느헤미야가 '믿음'으로 두려움을 이기는 방법을 볼 수 있습니다. 고향에서 들려온 소식, 형제에게 전달받은 소식은 슬픈 것이었고, 근심스러운 것이었으며, 두려운 것이었습니다. 사실상 그가 정치적으로, 지리적으로, 경제적으로 해결할 수 있는 일은 전혀 없습니다. 그러나 그는 그 문제 앞에서 주저하거나 좌절하지 않고 믿음을 가지고 현장으로 나아가고 있습니다.

느헤미야는 믿음의 기도를 하는 사람이었습니다

그는 "주여 구하오니 귀를 기울이사 종의 기도와 주의 이름을 경외하기를 기뻐하는 종들의 기도를 들으시고 오늘 종이 형통하여 이 사람들 앞에서 은혜를 입게 하옵소서"라고 기도한 후에 "그때에 내가 왕의 술 관원이 되었느니라"(느 1:11)라고 말합니다.

믿음은 반드시 기도로 표현됩니다. 믿음은 입술로 "아멘"을 외치는 것만으로 되는 것이 아닙니다. 믿음의 기도는 하나님에 대한 믿음을 끝까지 갖는 것입니다.

평생 '5만 번'의 기도 응답을 받은 조지 뮬러를 연구한 사람들은 그의 기도에 이런 특징이 있다고 했습니다.

첫째, 축복의 근원이 되는 예수님의 공로에 대한 확신이 있습니다.

둘째, 기도 전에 먼저 마음에 떠오르는 모든 죄를 자백하는 회개가 있습니다.

셋째, 하나님의 말씀에 대한 확실한 믿음이 있습니다.

넷째, 자신의 생각이 아닌 하나님의 뜻을 따르려는 목적이 있습니다.

다섯째, 하나님을 신뢰하고 기다리는 끈기가 있습니다.

여섯째, 작고 사소한 일들도 기도하는 섬세함이 있습니다.

'믿고 구하는 것을 받는다'는 말씀이 사실인 것은 조지 뮬러의 삶을 통해 알 수 있습니다. 느헤미야의 기도가 그랬던 것처럼, 조지 뮬러의 기도가 그러했습니다. 하나님이 그들의 기도에 응답해 주신 것처럼, 우리의 기도도 응답해 주실 것입니다. 단지 5만 번 응답받은 조지 뮬러를 부러워할 것이 아니라, 우리도 그와 같은 믿음으로 기도해야 합니다.

느헤미야는 삶의 현장에서 믿음을 구체화했습니다

성도는 믿음으로 사는 실천적인 삶이 없다면, 믿음이 있는 사람인지 아닌지를 구분할 수 없습니다. 야고보는 믿음의 문제를 이렇게 말했습니다.

"내 형제들아 만일 사람이 믿음이 있노라 하고 행함이 없으면 무슨 유익이 있으리요 그 믿음이 능히 자기를 구원하겠느냐 만일 형제나 자매가 헐벗고 일용할 양식이 없는데 너희 중에 누구든지 그에게 이르되 평안히 가라, 덥게 하라, 배부르게 하라 하며 그 몸에 쓸 것을 주지 아니하면 무슨 유익이 있으리요 이와 같이 행함이 없는 믿음은 그 자체가 죽은 것이라 어떤 사람은 말하기를 너는 믿음이 있고 나는 행함이 있으니 행함이 없는 네 믿음을 내게 보이라 나는 행함으로 내 믿음을 네게 보이리라 하리라 네가 하나님은 한 분이신 줄을 믿느냐 잘하는도다 귀신들도 믿고 떠느니라 아아 허탄한 사람아 행함이 없는 믿음이 헛것인 줄을 알고자 하느냐…… 영혼 없는 몸이 죽은 것같이 행함이 없는 믿음은 죽은 것이니라"(약 2:14-20, 26).

4. 두려움, 믿음으로 이겨라

야고보의 믿음과 느헤미야의 믿음은 이와 같은 공통점이 있습니다. 그것은 단순히 생각만 하는 믿음, 말만 하는 믿음이 아니라 실천하는 믿음, 문제를 대면하는 믿음인 것입니다. 그리고 그 문제 앞에서 구체적인 계획과 실천을 할 수 있었던 것입니다. 마치 골리앗의 외침 속에 묻혀 있었던 이스라엘이 아니라 조약돌을 주워 그의 앞으로 달려가는 다윗처럼 말입니다.

느헤미야는 믿음으로 기도하는 동안 왕 앞에서 은혜 받기를 소원했습니다. 오직 이것만이 나라와 민족을 구할 수 있는 길이라는 것을 알고 있었습니다. 그리고 그는 이러한 은혜의 방법이 하나님의 손길에 있음을 인정하였습니다. 그때 느헤미야는 왕 앞에 설 수 있는 술 관원의 자리를 통해 하나님께 응답받았음을 인정하였습니다. 그리고 그 삶은 거기서 멈추지 않고, 술 관원으로서 왕 앞으로 나아갔습니다.

"아닥사스다 왕 제이십년 니산 월에 왕의 앞에 포도주가 있기로 내가 그 포도주를 왕에게 드렸는데 내가 왕 앞에서 수심이 없었더니 왕이 내게 이르시되 네가 병이 없거늘 어찌하여 얼굴에 수심이 있느냐 이는 필연 네 마음에 근심이 있음이로다 하더라 그때에 내가 크게 두려워하여"(느 2:1-2).[2]

느헤미야는 마음 속 깊이 숨어 있는 근심과 두려움을 숨길 수 없었습니다. 이곳에서 들은 나라와 민족의 소식 때문에 슬픔을 가질 수밖에 없었고, 이 문제를 해결하기 위한 모든 결심은 두려울 수밖에 없었습니다. 왜냐하면 왕 앞에서 누구도 슬픔이나 나쁜 소식을 전하도록 되어 있지 않았기 때문입니다.[3] 이것으로 인해 그날 왕의 기분을 언짢게 만들 수도 있었기 때문입니다. 더구나 식민지였던 유다 왕국의 예루살렘에 대한 설명을 하고자 했던 결심은 거의 반역에 가까운 일이었습니다. 이것은 왕의 기분을 불쾌하게 만들 수 있는 충분한 이유가 되었고, 결과적으로 느헤미야는 그 즉시 직분을 박탈당할 수도 있거니와 그보다 더한 죽임을 당할 수도 있었습니다.

이런 사실로 미루어 보아 느헤미야가 두려움을 느낀 것은 당연합니다. 우리는 이렇게 생각하곤 합니다. '믿음이 좋으면 왜 두려워해…….' 하지만 그렇지 않습니다. 우리가 믿음으로 해야 할 때 자연히 두려움이 생깁니다. 안락한 삶을 버리고 하나님의 뜻에 복종하려면 시간과 물질을 희생해야 하며, 주어진 재능을 사용해야 합니다. 그렇기 때문에 자연히 두려운 생각이 들 수 있습니다.

베드로의 경우가 그렇습니다. 그는 예수님과 동고동락하면서 수많은 이적을 체험하였습니다. 그러나 그는 십자가 앞에서는 근심하고 두려워서 도망자가 되어버립니다.

예수님께 "무슨 선한 일을 하여야 영생을 얻으리이까"(마 19:16)라고 질문했던 젊은 부자 관원(막 10:17-31; 눅 18:18-30)이 있습니다. 그는 주님의 제자가 되려고 했지만 "재물이 많으므로……근심하며"(마 19:22) 예수님을 떠나버립니다.

예수님과의 거룩한 동행은 쉽지 않습니다. 예수님과 동행하려 할 때 근심이 생기기도 하고, 두려운 공포로 질리기도 합니다. 왜 베드로만, 왜 젊은 부자 청년(관원)만 그런 마음이 생기겠습니까? 느헤미야도, 우리도 마찬가지입니다.

　믿음이 무엇입니까? 믿음으로 산다는 것이 무엇입니까? 믿음이란 개인적인 위험이나 희생을 감수하고 하나님의 뜻에 복종하려는 의지를 말하는 것입니다. 느헤미야처럼 생사가 걸린 문제일 수도 있습니다. 안락한 삶을 포기해야 할 때도 있습니다. 희생이 뒤따를 수도 있습니다.

　모세는 애굽의 상처와 아픔을 잠시 뒤로 한 채 광야에서 가정을 꾸미고 안락한 삶을 살 때 하나님으로부터 다시 애굽으로 부름을 받습니다. 바울은 "팔 일 만에 할례를 받고 이스라엘 족속이요 베냐민 지파요 히브리인 중의 히브리인이요 율법으로는 바리새인"(빌 3:5)이었지만, 부활하신 주님께 다메섹으로 가는 길에서 이방인의 사도로 부르심을 받았습니다. 그의 과거 행적, 교회를 박해할 때를 생각한다면 그가 이방인의 사도로 부름받는다는 것은 그의 인생에 최대 위기였습니다. 애굽의 상처와 아픔이 여전히 있음에도 불구하고 애굽으로 간다는 모세나, 교회의 핍박자가 이방인의 사도로서 부활하신 주님과 거룩한 동행을 한다는 사도 바울은 믿음의 결단과 실천이 있어야 부르심에 응할 수 있었을 것입니다. 하나님은 이런 사람들을 축복의 통로로 사용하셨습니다.

　하나님은 하나님을 가장 필요로 하고, 모든 면에서 하나님을 믿고, 의지하고, 신뢰하는 사람들을 사랑하십니다. 우리가 그동안 요한처럼 순전하게 살았는지 아니면 막달라 마리아처럼 죄를 짓고 살았는지는 크게 신경 쓰지 않으십니다. 가장 중요한 것은 하나님을 신뢰하는 우리의 믿음입니다.

느헤미야는 자기 신앙을 고백했습니다

그는 그의 문제를 담대히 왕 앞에서 고백합니다. 이것은 느헤미야가 믿음으로 실천해야 할 부분이기도 합니다. 무엇보다도 느헤미야의 인생의 문제는 나라와 민족의 문제, 즉 "……나의 조상의 묘실이 있는 성읍이 이제까지 황폐하고 성문이 불탔사오니……"(느 2:3)라는 것입니다. '왕은 만세수를 하옵소서. 나의 열조의 묘실 있는 성읍이 이제까지 황무하고 성문이 소화되었사오니 내가 어찌 얼굴에 수색이 없사오리이까?' 과연 이런 느헤미야의 답변이 왕 앞에서 적당한 것일까요? 점령국 대왕 앞에서 '그 성읍이 불타 없어졌기 때문에 근심하여 얼굴빛이 이렇게 변했습니다' 하는 그는 마치 죽기를 작정한 것 같습니다. 그는 왕의 질문에 주저 없이 간단명료하게 대답했습니다.

예수님은 이 믿음과 실천의 부분에서 이렇게 말씀하셨습니다. "구하라 그리하면 너희에게 주실 것이요 찾으라 그리하면 찾아낼 것이요 문을 두드리라 그리하면 너희에게 열릴 것이니 구하는 이마다 받을 것이요 찾는 이는 찾아낼 것이요 두드리는 이에게는 열릴 것이니라"(마 7:7-8).

예수님께서는 믿음이 마음속에서만 존재하는 것도 아니고, 입술로만 고백하는 것도 아니며, 두드리며 찾는 실천이 있어야 하는 것이라고 말씀하셨습니다.

느헤미야는 믿음을 가지고 계속 노력했습니다

그는 "왕이 만일 좋게 여기시고 종이 왕의 목전에서 은혜를 얻었사오면 나를 유다 땅 나의 조상들의 묘실이 있는 성읍에 보내어 그 성을 건축하게 하옵소서"(느 2:5)라고 말했습니다.

그는 연이어 "왕이 만일 좋게 여기시거든 강 서쪽 총독들에게 내리시는 조서를 내게 주사 그들이 나를 용납하여 유다에 들어가기까지 통과하게 하시고 또 왕의 삼림 감독 아삽에게 조서를 내리사 그가 성전에 속한 영문의 문과 성곽과 내가 들어갈 집을 위하여 들보로 쓸 재목을 내게 주게 하옵소서……"(느 2:7-8)라고 요청했습니다.[4]

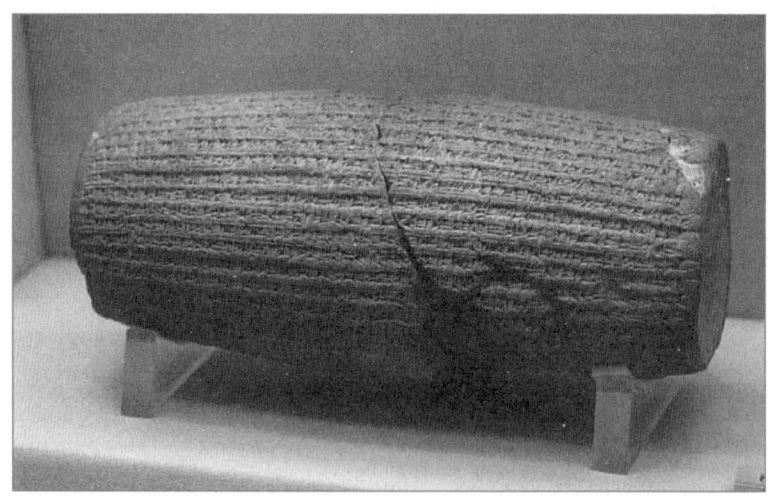

▲ 페르시아 시대의 원통 비문 – 고레스 원통 비문, 이 비문에는 민족들을 고국으로 돌려보내고 바벨로니아 통치 하에서 무시되었던 신전들을 재건하도록 하였다. [5]

과연 피지배족 출신인 신하가 왕에게 이런 요청을 한다는 것이 가능한 것일까요? 우리 인생의 문제가 이렇지 않습니까? 인생의 문제도 염려와 근심거리이지만 이것을 해결하기 위한 방법도 걱정거리입니다. 그러나 그 자리에서 염려와 걱정을 하기보다는 믿음으로 나아가는 것이 더 현명하지 않습니까? 느헤미야가 그렇게 하고 있습니다.

그리고 또 느헤미야는 어떻게 행동합니까? 이제 남은 것은 왕의 결정입니까? 느헤미야가 왕의 분위기를 살펴보았을까요? 사실 우리는 이런 것에 너무 신경을 씁니다. 그렇기 때문에 시험에 드는 것입니다. 믿음으로 시작했다가 불신으로 끝나는 것입니다. 그렇기 때문에 믿음이 흔들리는 것입니다.

실제로 느헤미야가 바라보는 대상은 아닥사스다 왕이기도 하지만 근본적으로는 하나님이십니다. 느헤미야는 물론 아닥사스다 왕에게 은혜 받기를 소원하였지만, 근본적으로는 온 우주의 주인이신 하나님을 의지하고 있는 것입니다. 그래서 그는 이렇게 고백합니다. "……내 하나님의 선한 손이 나를 도우시므로 왕이 허락하고"(느 2:8).

느헤미야의 열정이 이것을 이룬 것이 아니라 하나님의 은혜로 이룬 것입니다. 우리에게 필요한 것은 "무릇 사람이 할 수 없는 것을 하나님은 하실 수"(눅 18:27) 있다는 믿음입니다.

느헤미야는 삶의 현장에서 믿음을 실천하였습니다

그러므로 믿음은 우리 삶에서 일어나는 모든 부분과 관계가 있습니다. 믿음은 반드시 고백이 있고, 그 고백대로 실천하는 삶이 있어야 합니다. 믿음은 마음으로 믿고, 입으로 고백하며, 삶으로 실천해야 합니다(롬 10:10; 약 2:17). 느헤미야는 믿음을 가지고 왕 앞에 나아가 자기 사정과 자기 민족의 사정을 알리고 설명하고자 했습니다. 그는 하나님이 도와주시기를 소원했습니다.

그렇지만 그는 가만히 앉아 있지 않았습니다. 느헤미야는 하나님께서 이 일을 어떻게 이루어 주실지 알지 못했지만, 자신이 술 맡은 장관의 자리에 있는 것이 이때를 위한 것이라는 믿음을 가지고 있었습니다. 그는 이 모든 것이 하나님의 계획 속에 포함되어 있다고 확신하고 있었습니다. 그리고 그는 믿음을 가지고 기도한 후 왕에게 나아갔습니다.

대개의 경우, 두려운 마음이 들면 결심했던 것들을 주저하게 됩니다. 하나님께 헌신하겠다던 결심이 가라앉고 맙니다. 이럴 때 사탄은 더욱 두려움을 줍니다. 그러나 분명한 것은, 두려움은 하나님께서 주시는 마음이 아니라는 것입니다. 그러므로 두려움을 느낄 수는 있지만 두려움에 빠져서는 안 됩니다. "하나님이 우리에게 주신 것은 두려워하는 마음이 아니요 오직 능력과 사랑과 절제하는 마음"(딤후 1:7)입니다.

이럴 때 우리는 우리 주님이 우리의 삶뿐 아니라 우리의 환경 또한 다스리신다는 믿음이 있어야 합니다. 또한 아무리 큰 파도일지라도 하나님은 그 파도에게 명령하시며 다스리신다는 사실을 믿어야 합니다. 예수님은 큰 물결이 이는 파도에게 이렇게 명령하셨습니다. "예수께서 깨어 바람을 꾸짖으시며 바다더러 이르시되 잠잠하라 고

요하라 하시니 바람이 그치고 아주 잔잔하여지더라"(막 4:39).

그러므로 하나님을 의지하는 한 결코 두려워할 필요가 없습니다. 느헤미야는 두려웠지만 담대히 왕에게 말해야 했습니다. 그는 이렇게 말했습니다. "왕은 만세수를 하옵소서 내 조상들의 묘실이 있는 성읍이 이제까지 황폐하고 성문이 불탔사오니 내가 어찌 얼굴에 수심이 없사오리이까"(느 2:3).

한번 생각해 보십시오. 이것은 왕 앞에서 선포하는 것과 다름없습니다. 점령국 대왕 앞에서 '그 성읍이 불타 없어졌기 때문에 근심하여 얼굴빛이 이렇게 변했습니다. 그러니 책임지십시오' 하는 것과 다를 것이 없는 대답입니다. 죽기를 작정한 것과 다름없습니다. 느헤미야는 왕의 질문에 주저 없이 간단명료하게 대답했습니다. 이것이 믿음입니다.

느헤미야가 왕에게 이 말을 하기까지 넉 달이 걸렸습니다.

그는 단지 앉아서 기회를 기다린 것이 아닙니다. 그는 하나님께 넉 달 동안 금식하며 기도했습니다. 그의 기도와 믿음의 결실이 열리게 된 것입니다. 왕은 그의 의견을 받아들였습니다. 이는 하나님의 놀라운 역사였습니다. 하나님은 신앙의 결단을 내린 느헤미야와 함께하셨습니다.

오늘 우리에게도 이런 믿음의 실천이 있어야 합니다.

오늘 우리에게도 이런 믿음의 결단이 있어야 합니다.

이 결단과 믿음 가운데서 하나님은 우리와 함께 계시고, 우리와 함께 일하시고, 우리를 축복의 통로로 만드셔서 많은 백성들을 구원하시며 제자 삼아 주실 줄 믿습니다.

5. 하나님에게 합당한 사람으로 거듭나라

내가 예루살렘에 이르러 머무른 지 사흘 만에 내 하나님께서 예루살렘을 위해 무엇을 할 것인지 내 마음에 주신 것을 내가 아무에게도 말하지 아니하고 밤에 일어나 몇몇 사람과 함께 나갈새 내가 탄 짐승 외에는 다른 짐승이 없더라 그 밤에 골짜기 문으로 나가서 용정으로 분문에 이르는 동안에 보니 예루살렘 성벽이 다 무너졌고 성문은 불탔더라 앞으로 나아가 샘문과 왕의 못에 이르러서는 탄 짐승이 지나갈 곳이 없는지라 그 밤에 시내를 따라 올라가서 성벽을 살펴본 후에 돌아서 골짜기 문으로 들어와 돌아왔으나 방백들은 내가 어디 갔었으며 무엇을 하였는지 알지 못하였고 나도 그 일을 유다 사람들에게나 제사장들에게나 귀족들에게나 방백들에게나 그 외에 일하는 자들에게 알리지 아니하다가 후에 그들에게 이르기를 우리가 당한 곤경은 너희도 보고 있는 바라 예루살렘이 황폐하고 성문이 불탔으니 자, 예루살렘 성을 건축하여 다시 수치를 당하지 말자 하고 또 그들에게 하나님의 선한 손이 나를 도우신 일과 왕이 내게 이른 말씀을 전하였더니 그들의 말이 일어나 건축하자 하고 모두 힘을 내어 이 선한 일을 하려 하매 호론 사람 산발랏과 종이었던 암몬 사람 도비야와 아라비아 사람 게셈이 이 말을 듣고 우리를 업신여기고 우리를 비웃어 이르되 너희가 하는 일이 무엇이냐 너희가 왕을 배반하고자 하느냐 하기로 내가 그들에게 대답하여 이르되 하늘의 하나님이 우리를 형통하게 하시리니 그의 종들인 우리가 일어나 건축하려니와 오직 너희에게는 예루살렘에서 아무 기업도 없고 권리도 없고 기억되는 바도 없다 하였느니라(느 2:11-20).

예수님은 공생애 사역을 시작하실 때 하나님 나라를 위해 혼자서 일하지 않으시고 제자들을 뽑으셨습니다. 우리의 관심은 '어떤 제자들을 뽑았을까?' 하는 것입니다.

예수님이 뽑은 제자들을 보면, 개인의 특징이 철저한 것 같습니다. 예를 들어, 베드로는 갈릴리 앞바다에서 열심히 일했던 사람입니다. 그리고 나라의 독립을 위해 희생을 감수했던 '열심당원'일 수도 있습니다. 반대로, 유다는 계산에 능한 사람인 것 같습니다. 긍정적으로 표현하자면 '판단 능력'이 앞선 사람일 수 있습니다. 요한은 예수님 곁에서 예수님의 말동무가 되어 주었던 것 같습니다. 즉 예수님의 생각을 들어 주고, 예수님의 의견에 동참해 주고, 예수님 가까이에서 그의 피로를 풀어 주었던 사람 같습니다. 요한은 십자가 위에서 고통받으며 돌아가시는 예수님의 부탁을 들었던 사람입니다. 이처럼 각 개인의 특징이 있습니다.

그런데 또 다른 관점에서 '예수님은 어떤 기준으로 이들을 부르셨을까?' 하는 것입니다. 분명 그들 각 개인의 역량도 있었겠지만, 분명히 예수님은 제자의 기준을 가지고 계셨음에 분명합니다.

"한 서기관이 나아와 예수께 아뢰되 선생님이여 어디로 가시든지 저는 따르리이다 예수께서 이르시되 여우도 굴이 있고 공중의 새도 거처가 있으되 인자는 머리 둘 곳이 없다 하시더라 제자 중에 또 한 사람이 이르되 주여 내가 먼저 가서 내 아버지를 장사하게 허락하옵소서 예수께서 이르시되 죽은 자들이 그들의 죽은 자들을 장사하게 하고 너는 나를 따르라 하시니라"(마

5. 하나님에게 합당한 사람으로 거듭나라

8:19-22).

"이에 예수께서 제자들에게 이르시되 누구든지 나를 따라오려거든 자기를 부인하고 자기 십자가를 지고 나를 따를 것이니라" (마 16:24).

예수님은 제자들을 부르실 때 그들의 인격, 그들의 실력, 그들의 나이, 그들의 직업 그리고 그들의 배경보다는 '예수님의 기준' 이 있었습니다. 그렇다면 예수님이 부르신 그 제자들은 어떤 특징이 있었을까요?

▲ 아브라함의 이동 경로 [1)]

하나님께서는 이 세상이 혼란스러울 때 사람을 부르셔서 잠잠케 하십니다. 우상으로 혼란스러운 갈대아 우르(창 11:24)에서 하나님은 아브람을 부르셨습니다. 그때 그 혼란스러운 상황에서도 아브람은 하나님의 부르심에 순종하여 갈대아 우르를 떠났습니다.[2]

미디안 광야에서 조용하게 숨어 지내던 모세에게 하나님께서 나타나셨습니다. 모세는 꿈에 그리던 '아브라함의 하나님, 이삭의 하나님, 야곱의 하나님'을 경험했습니다. 그러나 하나님은 모세에게 매우 두려운 사명을 전달하셨습니다. 모세는 애굽의 바로가 두려울 뿐 아니라 이스라엘 백성이 자신을 믿어 줄지에 대한 확신도 없었습니다. 이때 하나님께서 "너는 이 지팡이를 손에 잡고 이것으로 이적을 행할지니라"(출 4:17)라고 말씀하셨습니다. 그리고 모세는 "하나님의 지팡이를 손"(출 4:20)에 잡고 애굽으로 출발하였습니다.

조용하고 캄캄한 밤에 천사가 마리아를 찾아와 감당하기 어려운 이야기를 하였습니다. 하나님께서는 그녀에게 구원의 자초지종을 말씀하셨습니다. 그때 마리아는 "주의 여종이오니 말씀대로 내게 이루어지이다"라고 말했습니다. 그는 이렇게 하나님께 은혜를 받은 사람이 되었습니다.

혼란스럽다고 해서 순종하지 않는 것은 잘못된 일입니다. 모든 걸 알지 못한다고 순종하지 않는 것 또한 죄입니다. 아는 것만큼 시작하면 됩니다. 힘이 없다고 일을 접는 것은 하나님을 따르지 않는 것입니다. 하나님께서 부르실 때에는 힘과 능력을 주어서 감당하게

5. 하나님에게 합당한 사람으로 거듭나라

하십니다.

하나님은 우리에게도 똑같이 하실 수 있습니다. 하나님은 오늘날에도 아브람, 모세 그리고 마리아와 같은 사람을 찾으시는 것처럼 당신을 찾으십니다. 하나님이 세상에서 하셔야 할 일이 아직 끝나지 않았다고 믿는 사람들을 계속해서 부르십니다.

하나님은 이 세상에서 하나님 나라를 세우시기 위해 계속 그의 사람들을 부르고 계십니다. 하나님께서는 불타버려 황폐해진 예루살렘을 재건하기 위해 사람을 뽑으셨습니다. 어떤 사람을 뽑으셨을까요? 지원자들이 몇 명이나 몰렸을까요? 경쟁률은 몇 대 몇일까요? 예루살렘을 재건하기 위한 하나님의 부르심에 합당한 지원 자격은 어떤 것일까요?

우선적으로 '도시 재건'을 위한 일이기 때문에 '토목' 또는 '건축'에 분명한 지식과 경험과 능력이 있어야 할 것입니다. 그리고 그 지역 유력자들의 도움도 받아야 하니 '정치적 수완'도 있어야 합니다. 어떤 사람들은 요즈음에 이런 것이 없으면 일하기 힘들다고 말합니다. 또 어떤 재능이 필요할까요? 그 지역 사람들을 동원해야 하니까 어느 정도 '술수'도 쓰는 사람이어야 할 것입니다. 동네사람들과 잘 어울려 술도 먹고 같이 놀아 줄 줄 아는 사람이 적당할 것입니다. 그래야 어려운 문제들이 닥칠 때 동네 유지들의 도움을 받을 수 있지 않겠습니까?

과연 하나님은 무너진 예루살렘의 회복을 위해서 이런 사람들을 뽑으셨을까요? 하나님이 우르에서 아브라함을 뽑으실 때 그가 그런 사람이었습니까? 하나님이 광야의 떨기나무에서 모세를 부르셨을 때 모세에게 그런 기술이 있었습니까? 그 당시 아브라함은 동네를 떠나 본 적이 없는 사람이었고, 모세는 겁이 많은 사람이었습니다. 그들은 하나님의 부르심을 받은 후에도 실수를 반복한 사람들이었습니다. 그런데 하나님은 여전히 그들을 뽑으셨고 후회하지 않으셨습니다.

이제 다시 하나님은 무너진 예루살렘의 회복을 위해 어떤 사람을 뽑으셨을까요? 아니, 하나님의 재건 사업에 얼마나 많은 사람들이 지원서를 제출했을까요? 이미 오랫동안 예루살렘이 무너진 상태로, 성문이 불타 없어진 모습을 하고 있었습니다. 너무도 오랫동안 이런 일들이 있었음에도 불구하고 하나님은 왜 이 재건 사업에 사람을 뽑지 않으셨을까요? 아니, 실상은 이 사업에 '지원자가 없었다'고 말하는 것이 옳을 것입니다.

그런데 지금 느헤미야가 지원서를 하나님께 써냈고, 하나님께서는 그의 지원서를 보고 뽑으셨습니다. 하나님께서는 예루살렘 재건의 책임자로 느헤미야를 뽑으셨습니다. 그의 이력서에는 어떤 것들이 기록되었을까요? 그가 가지고 있었던 '페르시아의 권력', 아니면 그가 빌릴 수 있었던 '재력'이었을까요? 혹은 다른 어떤 능력이 또 있단 말입니까? 하나님은 무엇을 보시고 그를 뽑으셨을까요?

5. 하나님에게 합당한 사람으로 거듭나라

느헤미야는 '먼저 하나님의 나라와 그의 의를 구하는 사람'이며 '내일 일을 염려하지 않는 사람' 입니다(마 6:33-34)

'그리스도인들의 변하지 않는 행동 규칙 1호'가 있습니다. 우리 주님께서 "그런즉 너희는 먼저 그의 나라와 그의 의를 구하라 그리하면 이 모든 것을 너희에게 더하시리라 그러므로 내일 일을 위하여 염려하지 말라……"(마 6:33-34)고 하셨습니다. 왜냐하면 하나님께서 느헤미야와 함께하시는 것처럼 우리와도 함께하시기 때문입니다.

느헤미야는 분명히 고국의 문제, 즉 예루살렘 성벽과 성문을 재건하기 위해서 자기 목숨을 담보로 지금의 부귀와 영화를 포기해야 합니다. 아닥사스다 왕 곁에서 부귀와 권세를 누릴 수 있는 지금의 혜택은 일찌감치 포기해야 합니다. 이것은 분명 느헤미야의 믿음의 결심을 실천하려 할 때 걸림돌이 될 수 있는 문제였습니다. 우리가 하나님께 신속한 기도 응답을 받았음에도 불구하고 실천하지 못하는 이유가 바로 이런 것들 때문이 아닙니까?

그렇지만 느헤미야는 '인생의 형통'을 "종의 기도와 주의 이름을 기뻐하는 종들의 기도"에 대한 하나님의 응답으로 고백하고 있습니다. 그렇기 때문에 그는 지금의 형통을 내려놓고 앞으로의 일, 즉 하나님 나라와 의를 구하는 데 주저함이 없었습니다.

"주여 구하오니 귀를 기울이사 종의 기도와 주의 이름을 경외하기를 기뻐하는 종들의 기도를 들으시고 오늘 종이 형통하여 이 사람들 앞에서 은혜를 입게 하옵소서 하였나니……내가 곧 하늘의 하나님께 묵도하고 왕에게 아뢰되 왕이 만일 좋게 여기시고 종이 왕의 목전에서 은혜를 얻었사오면 나를 유다 땅 나의 조상들의 묘실이 있는 성읍에 보내어 그 성을 건축하게 하옵소서 하였는데 그때에 왕후도 왕 곁에 앉아 있었더라 왕이 내게 이르시되 네가 몇 날에 다녀올 길이며 어느 때에 돌아오겠느냐 하고 왕이 나를 보내기를 좋게 여기시기로 내가 기한을 정하고……내 하나님의 선한 손이 나를 도우시므로 왕이 허락하고"(느 1:11, 2:4-6, 8).

느헤미야와 비교해 볼 때, 우리는 하나님 나라와 의를 어떻게, 어디까지 구하고 있습니까? 우리의 영성의 한계는 어디까지일까요? '하나님의 나라와 의를 구하기' 위해서는 내가 세상적으로 쌓아 놓았던 부귀와 영화를 포기해야 할 때도 있고, 고급 관리직의 모든 혜택과 권리를 포기해야 할 상황도 있습니다. 이때 이렇게 할 수 있겠습니까?

하나님은 '영광'만을 즐기려는 사람을 찾으시는 것이 아닙니다. 느헤미야처럼 '하나님의 나라와 의'를 구하기 위해 지금의 나의 것을 내려놓을 수 있는 사람을 찾으시며, 그에게 영광을 부어 주십니다.

느헤미야는 당면한 문제를 해결하려고 노력하는 성실한 사람입니다

예루살렘 성벽 재건은 느헤미야 시대에 처음 있었던 일이 아닙니다. 일찍이 그의 신앙의 선배들이 하고자 했던 일이지만 실패하고 말았습니다. 오래 전 스룹바벨이 일단의 무리를 이끌고 예루살렘에 돌아와 성전을 재건했지만, 백성들은 성전을 사용하지 않았을 뿐 아니라 하나님을 잘 섬기지도 않았습니다.[3]

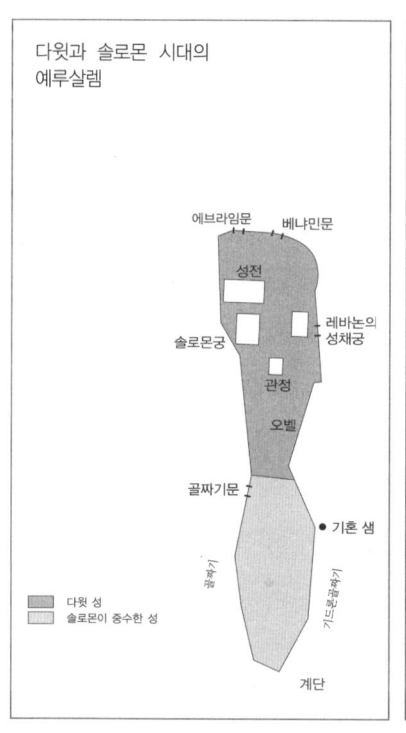 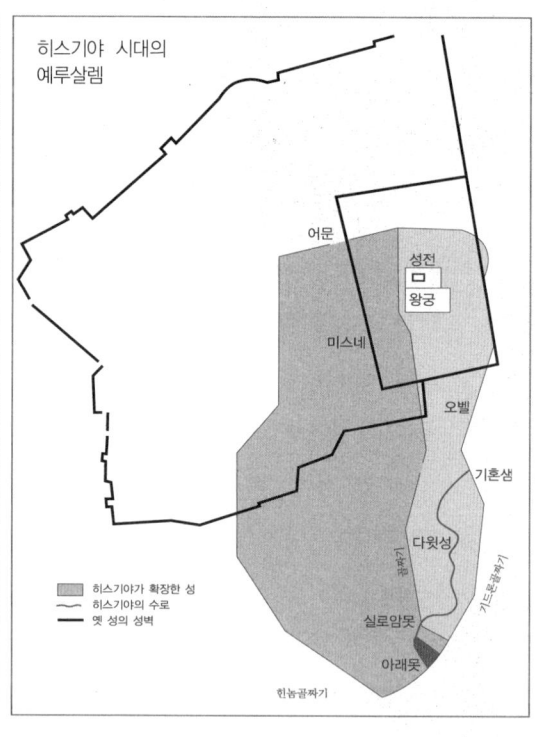

▲ 다윗과 솔로몬, 그리고 느헤미야 시대 성전 비교

에스라가 약 4년 동안 예루살렘에 거하면서 말씀을 가르쳤지만 소용없었습니다. 그들은 율법의 규례대로 안식일도 준수하지 않았으며, 십일조로 레위인들을 섬기지도 않았습니다. 이미 예루살렘 복원이라는 원대한 꿈을 가졌던 사람들은 실패했고, 그 주민들 또한 실패를 뼈저리게 경험했습니다.

그 결과 실패의 아픔이 남아 있었고, 하나님 말씀에 대한 경외심은 무너질 수밖에 없었습니다. 이런 상황 속에서 느헤미야가 예루살렘에 도착하였습니다. 과연 느헤미야는 여기서 어떻게, 언제부터, 누구와 함께, 예루살렘 성을 재건할 수 있을까요? 그러나 더 중요한 것은 보이는 성벽이 아니라 보이지 않는 신앙입니다.

예루살렘에 도착한 느헤미야는 예루살렘 사람들 앞에 3일 동안 나타나지도 않았습니다. 느헤미야가 꿈에 그리던 도시였습니다. 아마도 그는 처음으로 고향 땅을 밟았을 것입니다. 그는 예루살렘 사람들과 주위의 사마리아 사람들에게 성공한 사람으로, 권력이 있는 사람으로 보일 수 있었습니다. 페르시아 관리들의 호위를 받으며 승리의 입성을 하는 모습으로 들어올 수 있었습니다. 위풍당당하게 예루살렘 총독으로서 축하 잔치도 열 수 있었습니다. 그러나 그는 매우 침착하고 신중한 사람이었습니다.

그에게서 그런 계획과 모습은 찾아볼 수 없었습니다. 오직 그의 목표와 사명은 폐허가 된 예루살렘 성벽을 재건하는 것이었고, 또 하나 이스라엘 백성의 신앙 회복이었습니다. 그렇기 때문에 그에게 이런 것들은 의미가 없었습니다.

그는 도착하자마자 예루살렘 사람들에게 모습을 보이지 않았습니다. 오히려 예루살렘 성벽을 보았습니다. 예루살렘 사람들을 보았습니다. 그는 3일 밤낮을 현장을 찾아다니며 현실을 보았습니다(느 2:11-15). 그는 지역과 주민을 신중하게 살폈습니다.

느헤미야는 크게 광고하지도 않았습니다. 그는 기자회견을 요청하지도 않았습니다. 자신의 계획을 장황하게 늘어놓지도 않았습니다. 그는 다만 성벽을 돌아보며 살폈습니다. 그는 마치 자기의 신분을 감춘 암행어사처럼 예루살렘 주민들의 마음을 살피고, 그들의 동정을 살피고, 성문과 성벽을 살폈습니다.

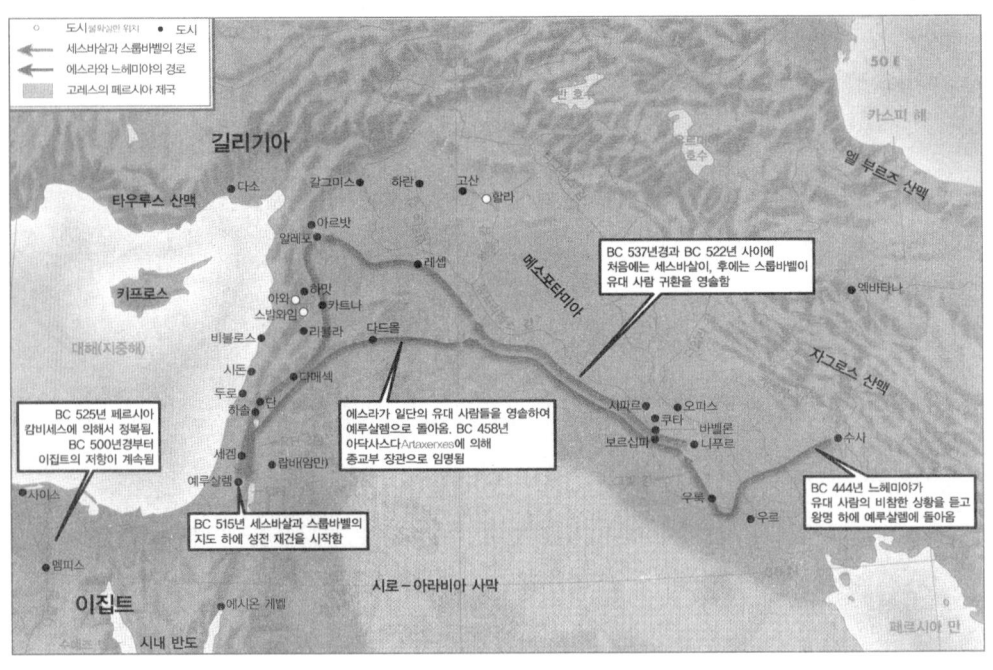

▲ 유대 사람들의 예루살렘 귀환 4)

하나님도 그러셨습니다. 하나님은 아브람(아브라함)을 방문하셨습니다. 아브람의 조카 롯을 위해 소돔과 고모라 성을 방문하셨습니다. 그곳의 도덕적 상황, 신앙적 상황……. 그러나 하나님은 그것을 지적하지 않으셨습니다. 하나님은 단순히 그들의 죄를 지적하신 것이 아닙니다. 다시금 소돔과 고모라를 살릴 수 있는 '의인 한 사람'을 찾으셨던 것입니다. 이것이 하나님의 방법입니다. 이것이 하나님의 보살핌입니다. 우리의 현장 속에 하나님이 임재하셨습니다. 하나님은 살피시고 도와주십니다. 지금 느헤미야는 이런 보살핌을 하고 있는 것입니다.

우리는 어떻습니까? 잘 살피고 있습니까? 우리 교회를 잘 살피고 있습니까? 우리 가정을 잘 살피고 있습니까? 우리 직장을 잘 살피고 있습니까? 우리 지역을 잘 살피고 있습니까?

느헤미야, 그는 하나님께 예배하는 자였습니다

하나님은 느헤미야의 기도를 들으시고 형통하게 하셨습니다. 하나님은 느헤미야에게 권력을 주셨습니다. 하나님은 느헤미야에게 사람을 주셨습니다. 하나님은 느헤미야에게 예루살렘을 주셨습니다. 그러나 느헤미야의 목적은 예루살렘 재건으로 만족하는 것이 아니라 하나님을 예배하는 하나님의 백성의 재건입니다.

요즈음 우리의 예배 모습에서 쉽게 발견되는 것들이 있습니다. 그것은 예배를 통해 하나님을 만족시키기보다는 내가 먼저 만족해야 한다는 것입니다. 문제는 하나님을 예배하는 것이 아니라, 자기

만족을 위해 예배를 드린다는 것입니다. 이것은 바른 예배가 아닙니다. 이것은 예배의 바른 목적이 아닙니다.

세계적인 화장품 브랜드 '바비 브라운'의 창립자 바비 브라운이 이화여대 학생들을 대상으로 특별 강의를 한 적이 있었습니다. 세계 50개 국에 1천여 개의 매장을 가지고 있는 CEO에게 학생들이 가장 궁금했던 것은 '성공하는 데 필요한 것이 무엇인가' 하는 것이었습니다.

그때 바비 브라운은 성공의 목적과 이유를 분명히 가지고 있어야 한다고 말했습니다. 그는 돈을 벌기 위해 일하지 않았다고 말했습니다. 그는 단지 화장이 좋아서 했고, 나를 필요로 하는 곳이라면 어디든지 찾아가서 도와주었다고 했습니다. 그는 목표를 분명히 했다고 말했습니다. 진정으로 성공한 사람들은, 돈을 많이 번 사람들이 아니라 자신의 일을 사랑하는 사람들입니다.

그리스도인들에게 성공의 목적과 이유는 무엇일까요? 그리스도인들의 성공은 하나님을 바라보는 데서 나옵니다. 그분에 대한 사랑과 열정이 우리를 이 땅에서 성공으로 이끌어 주며, 그것이 온전한 성공입니다. 시편 기자는 "나의 영혼아 잠잠히 하나님만 바라라 무릇 나의 소망이 그로부터 나오는도다"(시 62:5)라고 했습니다.

여기서 우리는 다시 한 번 생각해야 할 것이 있습니다. 예루살렘 성벽 재건과 그들의 신앙 회복은 느헤미야의 꿈일까요, 아니면 하나님의 뜻일까요? 나의 꿈을 이루려는 것일까요, 아니면 하나님의 영광을 위한 것일까요?

느헤미야의 꿈의 본질은 성벽 재건을 통해서 하나님을 향한 이스라엘의 믿음과 사랑을 회복하는 것입니다.

우리는 하나님의 뜻이라고 말하면서 자기 생각과 고집을 앞세운 적이 얼마나 많이 있습니까? 교회의 정결함을 요구하면서 타인의 죄를 얼마나 고발했습니까? 그렇기 때문에 우리는 용서를 잊어버리곤 합니다. 수없이 주님의 기도를 암기하며 되풀이하지만 나도 모르게 중언부원하는 꼴이 되어버렸습니다.

한번 스스로에게 질문해 보십시오.

왜 예루살렘에 오셨습니까?

왜 예루살렘을 재건하려 하십니까? 그것이 당신과 무슨 관계가 있습니까?

왜 내가 꼭 해야 합니까? 다른 사람이 하면 되지, 왜 내가 예루살렘 성을 재건해야 합니까?

느헤미야에게 다른 목적은 없습니까?

왜 교회에 오셨습니까? 왜 이 교회에 오셔야만 합니까?

그것이 나에게 무슨 유익이 있습니까?

이러한 질문의 특징은 무엇입니까? 오직 관심이 '나에게만' 있다는 것입니다. 이것이 우리의 사고방식입니다. 생각이 오직 나에게만 집중되어 있습니다. 나의 상황, 나의 문제, 나의 의견에서 하나님께로 돌아서야 합니다. 하나님께 찬양하며 예배 가운데로 돌아서야 합니다. 이제까지 민족의 문제와 자기 문제로 기도했던 느헤미야는 어느새 하나님께 찬양하며 감사하고 예배합니다. 그는 무엇보다도 자기를 성공하게 하신 하나님께 찬양을 드렸습니다.

그는 계속해서 "내 하나님의 선한 손이 나를 도우시므로"(느 2:8)라고 고백하고 있습니다. 그는 또 "하나님의 선한 손이 나를 도우신 일"(느 2:18)이라고 고백합니다. 하나님께서 쓰시는 사람, 느헤미야는 이렇게 하나님을 예배했습니다.

하나님은 경건한 자 한 사람을 찾고 계셨습니다.
마치 소돔 성에서, 예루살렘 성에서(렘 5:1) 경건한 자 한 사람을 찾고 계신 하나님처럼 말입니다.

그렇다면 하나님은 느헤미야에게서 어떤 것을 찾으셨기에 그를 예루살렘 성벽과 이스라엘 백성들의 영성을 세울 수 있는 사람으로 찾으셨단 말입니까? 분명 하나님께서 느헤미야를 통해 이스라엘 성벽을 세우시고 이스라엘 백성들의 영성을 회복시키셨다면, 그의 영성을 살펴볼 필요가 있습니다. 그것은 우리가 배워야 할 영성임에 틀림없습니다. 그 영성으로 우리는 하나님의 부르심에 대한 사명을 감당해야 합니다.

하나님은 느헤미야를 찾으셨습니다. 그리고 느헤미야를 보셨고, 그에게 꿈과 소망을 주어 기도하게 하셨습니다. 그리고 그의 기도에 응답하시고 하나님의 일을 완성하게 하셨습니다.

어제 하나님께 합당한 사람은 느헤미야였습니다. 오늘 하나님께 합당한 사람은 여러분이 되시길 축복합니다. 그리고 하나님의 뜻을 이룰 수 있는 여러분이 되시길 축복합니다.

6. 모두 힘을 내어 이 선한 일에 동참하자

후에 그들에게 이르기를 우리가 당한 곤경은 너희도 보고 있는 바라 예루살렘이 황폐하고 성문이 불탔으니 자, 예루살렘 성을 건축하여 다시 수치를 당하지 말자 하고 또 그들에게 하나님의 선한 손이 나를 도우신 일과 왕이 내게 이른 말씀을 전하였더니 그들의 말이 일어나 건축하자 하고 모두 힘을 내어 이 선한 일을 하려 하매 호론 사람 산발랏과 종이었던 암몬 사람 도비야와 아라비아 사람 게셈이 이 말을 듣고 우리를 업신여기고 우리를 비웃어 이르되 너희가 하는 일이 무엇이냐 너희가 왕을 배반하고자 하느냐 하기로 내가 그들에게 대답하여 이르되 하늘의 하나님이 우리를 형통하게 하시리니 그의 종들인 우리가 일어나 건축하려니와 오직 너희에게는 예루살렘에서 아무 기업도 없고 권리도 없고 기억되는 바도 없다 하였느니라
그때에 대제사장 엘리아십이 그의 형제 제사장들과 함께 일어나 양문을 건축하여 성별하고 문짝을 달고 또 성벽을 건축하여 함메아 망대에서부터 하나넬 망대까지 성별하였고 그다음은 여리고 사람들이 건축하였고 또 그다음은 이므리의 아들 삭굴이 건축하였으며(느 2:17-3:2).

세계 명작 《이솝 우화》 가운데 "고양이 목에 방울 달기"라는 이야기가 있습니다.

아주 오래 전부터 어느 시골집 곳간에서 살던 쥐들이 있었습니다. 이 쥐들은 너무도 행복하게 살았습니다. 이제 쥐 가족은 아흔아홉 마리나 되는 대가족이 되었습니다. 그러던 어느 날 평화롭게 살

아가던 쥐 가족에게 떠돌이 사냥꾼인 고양이가 나타났습니다. 고양이는 눈 깜짝할 사이에 쥐 한 마리를 먹어버렸습니다. 곳간에 먹을 것이 차츰 줄어들고, 급기야 고양이에게 하루에 쥐 한 마리씩 먹잇감을 바치는 신세가 되어버렸습니다. 쥐들의 행복을 잡아먹는 고양이 문제를 고민하던 쥐들은 한 가지 묘안을 짜냅니다.

우리에게 가장 큰 문제는 고양이가 가까이 와도 모른다는 것입니다. 뿐만 아니라 고양이의 움직임을 미리 알 수만 있다면 우리의 근심은 없을 거라고 생각했습니다. 너무도 좋은 생각이었고, 급기야 모든 쥐들은 고양이 목에 방울을 달기로 결정했습니다. 그것만이 그들의 행복을 지속시킬 수 있는 지름길이었기 때문입니다. 그런데 문제가 생겼습니다. "누가 고양이 목에 방울을 달 수 있느냐?" 하는 문제였습니다.

어쩔 수 없이 그들은 고양이 목에 방울을 달기 위해 계속해서 의논만 했습니다. 그들은 오늘도 이렇게 질문하고 답을 내고 있습니다. "누가 고양이 목에 방울을 달겠습니까?" 그들은 오늘도 변함없이 고양이를 피해 다니느라 밤새 고생하고 있습니다.

예루살렘 동네는 이런 문제가 있었습니다. 그 동네는 치안이 불안합니다. 밤에는 집 밖 출입을 할 수 없었습니다. 도적이 수시로 동네를 휩쓸고 다녔습니다. 모든 사람들은 이 사실을 너무도 잘 알고 있었고 그것 때문에 괴로워했습니다. 이것은 근본적인 문제인데, 그들의 성벽이 무너져 버렸고 그들의 성문이 불타 없어졌기 때문입니다. 그들의 문제는 근본적으로 성벽을 세우고 성문을 새롭게 달면

해결됩니다.

그런데 성벽을 세우고, 성문을 달 수 있습니까? 문제를 알고 있었고, 그 문제의 해결 방법도 알고 있었습니다. 그러나 그 지역 주민 가운데 어느 누구 하나 성벽을 다시 세우자고 말하는 사람은 없었습니다.

이때 느헤미야가 이렇게 말합니다.

"……후에 그들에게 이르기를 우리가 당한 곤경은 너희도 보고 있는 바라 예루살렘이 황폐하고 성문이 불탔으니 자, 예루살렘 성을 건축하여 다시 수치를 당하지 말자 하고 또 그들에게 하나님의 선한 손이 나를 도우신 일과 왕이 내게 이른 말씀을 전하였더니 그들의 말이 일어나 건축하자 하고 모두 힘을 내어 이 선한 일을 하려 하매"(느 2:17-18).

이제 느헤미야는 예루살렘 거민들과 함께 예루살렘 성을 재건하게 되었습니다. 그는 예루살렘 성을 쌓는 일을 단순히 성을 건축하는 작업으로 이해하지 않았습니다. 그들에게 있어 예루살렘 성을 쌓는 일은 특별한 작업이었습니다. 본문 말씀을 보면, 그들에게 있어서 이 일은 첫째로 이 성을 건축함으로써 '다시 수치를 당하지 말자'는 강한 의지가 담겨 있는 것인데, 이것은 그들의 신앙 회복과 같은 것입니다. 둘째로 이것은 모두가 연합해서 이루어야 할 '선한 일'이라는 것입니다.

그렇다면 느헤미야는 이 성을 다시 쌓는 일이 '왜 수치를 당하지 않는 일이며 선한 일'이라고 말하는 것일까요?

우리는 성벽 재건과 성문을 다는 모습을 느헤미야 3장에서 구체적으로 볼 수 있습니다. 문짝을 달고, 기둥을 세우고, 자물쇠와 빗장을 준비하고……. 왜 이런 일들이 선한 일일까요?

느헤미야는 예루살렘에 머문 지 3일 만에 이러한 응답을 받았습니다. "내 하나님께서 예루살렘을 위해 무엇을 할 것인지 내 마음에 주신 것"(느 2:12)과 "예루살렘 성을 건축"(2:17)하는 것이 하나님이 나에게 그리고 우리에게 주신 일이기 때문입니다.

그렇다면 우리는 하나님의 일을 어떻게 해야 잘하는 것일까요? 어떻게 일해야 수치를 당하지 않으며, 존귀함을 받게 될까요?

느헤미야는 예루살렘 성을 건축하여 다시는 수치를 당하지 말자고 권하면서 모두 힘을 내어 이 선한 일을 하자고 권면합니다. 그리고 "그때에"(느 3:1) 예루살렘에서 살던 많은 사람들이 이 선한 일에 동참하게 되었다고 말합니다.

이때부터 그들은 무너진 성벽에 사는 망한 사람들이 아니라, 성벽을 재건하는 개혁자들이 된 것입니다. 그들은 '함께하는 사람', '세우며 개혁하는 사람', '그리고 '회복하는 사람들'이 되었습니다. 지금부터는 무너진 성벽에서 하루를 살아가는 '옛 사람'이 아니라 하나님 나라를 소망하는 '새사람'이 되었습니다. 그들의 수치는 지금부터 물러가기 시작했습니다. 그렇다면 그들은 왜 지금까지 '수치를 당하며 선한 일'을 하지 않았을까요?

그 이유는 크게 두 가지 문제로 요약할 수 있습니다

첫 번째 문제는 '연합의 문제' 였습니다

이것은 내적 문제도 있었지만 외적인 문제도 있었습니다.

우리의 삶에 붙어 있는 수치를 씻어낸다는 것은 분명 선한 일이지만 그들은 '모두 힘을' 내지 않았습니다.

예루살렘 성벽 재건은 52일 만에 완성되었습니다. 그런데 왜 그들은 지금까지 불타버린 성벽을 그대로 방치해 두었을까요? 예루살렘 주민들이 오랫동안 무너진 성벽과 불타버린 성문을 보면서 무슨 생각을 했을까요? '누군가 해주겠지. 누군가 하겠지. 그러나 나는 아닐 거야……하나님이 나에게 이런 은사를 주었을까? 아마도 나는 아닐 거야……내가 어떻게 이런 일을 할 수 있어……' 라고 자포자기했을 수도 있습니다. 그렇기 때문에 지금까지 성벽이 무너진 채 있었고, 성문이 불탄 채 없어지고 말았던 것입니다.

세상의 많은 일들 가운데서 한 사람에 의해 이루어질 수 있는 일도 종종 있습니다. 그러나 하나님이 기뻐하시고 하나님이 원하시는 일은 혼자서 하는 일이 아닙니다. 하나님은 공동체의 작업을 기뻐하며 원하십니다. 하나님의 일은 개인주의나 개인적 영웅주의가 아닙니다. 성경에 보면 훌륭한 지도자들이 많이 나옵니다. 그러나 그들은 그 혼자만의 힘으로 하나님의 일들을 이루지 않았습니다. 반드시 그 주변에 그를 돕는 사람이 있었습니다.

뿐만 아니라 하나님의 사람들은 그 사람들의 도움을 받았습니다. 위대한 지도자 모세는 아론과 미리암의 도움을 받습니다. 바울은 어떻습니까? 로마서 16장을 보면 그를 도왔던(적어도 40명 이상), 아니 바울 사도와 함께 사역했던 많은 사람들이 나옵니다.[1] 절대로 바울 사도 혼자서는 그의 사역을 감당하지 못합니다. 심지어 예수님은 어떻습니까? 열두 제자와 막달라 마리아, 로마 백부장 그리고 소리 없이 나귀 새끼를 내준 사람 등 수없이 많았습니다. 예수님은 그들의 도움을 거절하지 않았습니다. 예수님의 사역 위에는 그들의 헌신이 있었습니다.

바로 느헤미야에게서 이런 모습을 발견할 수 있습니다. 하나님은 '협력할 줄 아는 사람', '협력하는 사람'을 기뻐하십니다. 그리고 이제 예루살렘 사람들에게서도 이런 모습을 발견할 수 있습니다.

바울 사도는 교회를 그리스도의 몸이라고 말씀합니다. 바울 사도는 왜 교회를 그리스도의 몸이라고 비유했을까요?

먼저 몸을 보십시오. 어느 지체도 필요없는 것이 없습니다. '뭐, 이런 것이 꼭 있어야 하나?' 라고 생각하지만, 사실은 그것이 있어야만 합니다. 이 많은 몸의 기관들이 저마다 할 일을 하기 때문에 우리가 살 수 있는 것입니다. 이 작은 것들의 기능 때문에 몸의 활동이 이루어질 수 있는 것입니다.

그렇기 때문에 사도 바울은 교회를 특별히 그리스도의 몸이라고 말했습니다. 즉 예수 그리스도를 중심으로 하는 몸입니다. 예수 그리스도께 온 교회가 집중되며, 여기서부터 연합하여 전체를 이루는 것입니다.

느헤미야가 "예루살렘 성을 건축하여 다시 수치를 당하지 말자" 하고 백성들도 "일어나 건축하자 하고 모두 힘을 내어 선한 일을 하려"고 했습니다(느 2:12-13). 그리고 '예루살렘 성을 건축하는 선한 일'을 서로 힘을 합쳐 하는 것을 "그다음은"이라는 용어에서 찾아볼 수 있습니다. 느헤미야 3장에서는 이 단어가 무려 22번이나 나옵니다.

저는 이것을 다르게 표현해 보았습니다. "다음 사람은", "다음 분은", "다음 장로님은", "다음 권사님은", "다음 집사님은", 그리고 "다음 성도님은"이라고 표현해 봅니다. 그리고 "그다음"이라는 단어 뒤에 내 이름을 써 봅니다. "그다음"에 누구입니까? 여러분, 지금 "내가 동참하겠습니다. 내가 협력하겠습니다. 내가 감당하겠습니다"라고 고백하십시오. "내가 이 일에 협력하겠습니다"라고 말씀하십시오. "내가 이 일에 하나님께서 주신 은사를 사용하겠습니다"라고 헌신하십시오.

이런 은사에 대해 사도 바울은 고린도전서 12장에서 매우 자세하게 말합니다. "각 사람에게 성령을 나타내심은 유익하게 하려 하심이라 어떤 사람에게는 성령으로 말미암아 지혜의 말씀을, 어떤 사람에게는 같은 성령을 따라 지식의 말씀을"(고전 12:7-8).

그리고 이것을 몸의 각 지체로 비유해서 설명합니다. 우리 몸에 팔, 다리, 머리 등 여러 가지 지체가 붙어 있듯이, 우리의 교회 속에도 하나님이 여러 가지 재능과 여러 가지 은사를 주신 다양한 사람들이 모여 있다는 것입니다.

특히 느헤미야는 2장 17-18절에서 "예루살렘 성을 건축하자"라고 권면하면서, 3장에 협력하여 동참하는 여러 사람들을 나열합니다. 1절에는 대제사장이 나옵니다. 8절에는 금장색, 즉 금속을 다루는 대장장이가 나오고, 12절에는 지방을 다스리는 정치인들이 나옵니다. 그리고 32절에는 여러 상인들이 나옵니다.

예루살렘 성을 건축하는 데 있어 가장 필요한 사람은 건축업을 하는 사람일 것입니다. 그렇지만 성경은 이런 사람만을 언급하지 않고 전혀 다른 사람들, 전혀 다른 직종을 가진 사람들을 언급하고 있습니다. 그 이유가 무엇일까요? 그 이유는 하나님의 일에는 모든 사람이 다 필요하기 때문입니다. 그들은 자기 직업에 맞는 일을 가지고 하나님의 사업에 봉사했습니다. 이것이 바로 하나님이 주신 소명에 따라 충성을 다하는 사람들입니다. 결국 이 사람들이 성벽을 세우는 사람들입니다.

하지만 비전을 위해 꼭 연합하는 사람들만 있는 것이 아닙니다. 성벽 재건을 위해 노력하는 느헤미야와 예루살렘 사람들을 비난하며 조롱하는 사람들도 있습니다.

느헤미야 2장과 3장을 보면, 많은 사람들이 기록되어 있습니다. 이 모든 사람들이 성벽 재건에 협력하지만, 반면에 이 일에 대하여 참여보다는 적극적으로 반대하는 이방 민족과 귀족들이 있었습니다. 느헤미야는 그들의 비협조와 방해를 자세히 언급하고 있습니다.[2]

"호론 사람 산발랏과 종이었던 암몬 사람 도비야가 이스라엘 자손을 흥왕하게 하려는 사람이 왔다 함을 듣고 심히 근심하더라"(느 2:10).

"호론 사람 산발랏과 종이었던 암몬 사람 도비야와 아라비아 사람 게셈이 이 말을 듣고 우리를 업신여기고 우리를 비웃어 이르되 너희가 하는 일이 무엇이냐 너희가 왕을 배반하고자 하느냐 하기로"(느 2:19).

"그다음은 드고아 사람들이 중수하였으나 그 귀족들은 그들의 주인들의 공사를 분담하지 아니하였으며"(느 3:5).

왜 성경은 이런 사람들을 기록하고 있을까요? 성경을 보면 이런 사람들이 많이 나옵니다. 예수님을 배반하고 팔아먹은 유다, 애굽에서 나온 하나님의 백성들의 길을 막는 모압 사람들, 그리고 어떻게 하든지 하나님의 백성들을 경건하지 못하게 만들려는 모압의 귀족들과 발락…….

요한은 "……으뜸 되기를 좋아하는 디오드레베", 다시 말씀드리면 협력하지 않는 사람 "디오드레베가 우리를 맞아들이지 아니하니"(요삼 1:9)라고 말합니다. 우리는 그가 누구인지 잘 모릅니다. 그렇지만 분명한 것은 그가 교회 공동체에는 알맞지 않은 사람이라는 것입니다. 그는 "으뜸 되기를 좋아"했기 때문에 사도 요한과 교회 공동체와 협력하지 않은 대표적인 사람입니다.

이런 사람은 하나님께서 기뻐하시지 않습니다.

그렇다면 나는, 우리는 어떤 사람인가요? 느헤미야를 돕는 사람입니까, 아니면 느헤미야 3장 5절의 드고아 사람처럼 그 책임과 사명을 회피하는 사람입니까? 결과적으로 이 사람들은 성벽이 재건되어 모든 사람들이 기쁨과 감사와 존귀함을 받을 때 그 축복의 영역에 함께하지 못한 사람이 되었습니다. 그들은 축복의 통로가 되지 못했습니다.

하나님의 역사, 주님의 일을 이루는 데는 이런 사람들이 항상 있습니다. 하지만 이런 사람들의 협조를 받지 못하더라도 하나님과 함께하면 성공할 수 있을 줄 믿습니다. 그것은 하나님이 우리에게 맡기신 일을 우리가 얼마나 힘 있게 수행할 수 있는가 또는 협조하느냐에 달려 있습니다.

그들이 가지고 있었던 두 번째 문제는 곧 내면의 문제입니다

예루살렘 사람들이 하나님의 백성으로서의 자존감이 무너져버린 것은 현실에 안주했기 때문입니다.

그들은 "우리가 이렇게 된 것은 당연한 것이야……. 이런 모든 결과는 우리가 주를 향하여 크게 악을 행했기 때문이야. 모세에게 명령하신 계명과 율례와 규례를 지키지 않았기 때문이야"라고 자연스럽게 받아들였던 것 같습니다(느 1:7).

지금 이스라엘 공동체의 가장 큰 문제는 이 모든 상황과 현실이 당연시되고 있다는 것입니다. 즉 예루살렘에 살고 있던 사람들은 성벽이 파괴되어 있다는 사실에 너무나 익숙해 있었기 때문에 그 이상의 것을 볼 수 없었습니다. 관심도 없었습니다. 그렇게 사는 데 익숙해 있었습니다. 그 때문에 생기는 불편함이나 위험은 그들의 생활에 있어 너무도 자연스러운 것들이었습니다. 세월이 흐르면서 무엇을 해야 하는지에 대한 생각이 생기지 않았을 뿐더러 안목조차 잃어버렸습니다. 또한 과거에 나는 그리고 우리는 어떠한 사람이었는지, 무슨 일을 했었는지도 잊어버렸습니다.

사실 예루살렘 성 사람들 가운데는 평생을 예루살렘에서 산 사람도 있습니다. 그들은 매일 불탄 성문과 무너진 성벽 가운데로 들락날락하면서도 이것을 다시 세우고 건축해야 한다는 것을 생각하지 못했습니다. 원래 이런 모습이라고 착각했기 때문입니다. 자신의 모습, 자신의 능력, 그리고 자신의 사명을 깨닫지 못했기 때문입니다. 그들은 느헤미야처럼 이렇게 기도하지 못했던 것 같습니다. 그들의 삶을 다시 한 번 하나님 앞에서 보이기를 두려워했던 것 같습니다. 그들은 하나님의 사랑과 자비를 잊어버리거나 잃어버린 것 같습니다. 오직 느헤미야만 이렇게 기도했습니다.

"만일 내(주)게로 돌아와 내 계명을 지켜 행하면 너희 쫓긴 자가 하늘 끝에 있을지라도 내가 거기서부터 그들을 모아 내 이름을 두려고 택한 곳에 돌아오게 하리라 하신 말씀을 이제 청하건대 기억하옵소서 이들은 주께서 일찍이 큰 권능과 강한 손으로 구속하신 주의 종들이요 주의 백성이니이다"(느 1:9-10).

우리는 그의 기도에서 '소망과 치유', 그리고 하나님 백성으로서의 '자존감 회복과 기대'를 볼 수 있습니다. 하지만 백성들에게서는 이런 모습을 찾아볼 수 없었습니다.

서울의 어느 지하 교회에서 있었던 일입니다. 교회 예배실이 지하에 있다 보니 습기 때문에 항상 좋지 않은 냄새가 예배실에 남아 있었습니다. 그래서 새로 오시는 성도들이 꼭 이런 말을 했다고 합니다. "교회에서 이상한 냄새가 나요……."

하지만 그곳에 익숙했던 교인들은 이런 상황에 대해서 아무런 조치를 취하지 않았습니다. 아마도 모른 척했을 것이라는 생각이 듭니다. 어느 날 새로 부임한 목사님이 그 교인들에게 이렇게 물었습니다. "장로님, 권사님……, 이 냄새가 무슨 냄새입니까?" 새로운 교인들이 하던 질문을 똑같이 한 것입니다. 그랬더니 그 교인들이 이렇게 말했다고 합니다. "원래 우리 교회는 이런 냄새가 났습니다."

과연 그럴까요? 그날 목사님께서 성도들에게 이런 제안을 했습니다. "장로님, 권사님, 저렴한 공기 청정기가 있는데 앞뒤로 두 대만 설치해 보면 어떨까요?" 놀라운 것은 그날 이후로 좋지 않은 이 냄새가 없어졌다는 것입니다.

그런데 장마철이 되어 교회 예배실에 또 이런 문제가 생겼습니다. 지하에 습기가 차면서 곰팡이가 벽에서 피어나는 것입니다. 목사님이 장로님과 권사님들에게 물었습니다. "이게 무슨 일입니까? 교회에 왜 이렇게 습기가 차는 것입니까?" 그러자 그분들이 목사님을 쳐다보는데, 목사님께서는 뭘 모른다는 모습이었습니다. 그때 교인들이 "목사님, 지금은 장마철 아닙니까? 항상 이랬습니다. 자연스런 일들입니다"라고 답변을 했습니다.

그때 목사님께서 이런 제안을 했습니다. "장로님, 권사님, 제습기 두 대를 앞뒤로 설치해 보면 어떨까요? 비용도 얼마 들지 않고요……."

그래서 그날 제습기 두 대를 설치했습니다. 그날 이후로 교회 예배실은 매일 뽀송뽀송한 가을 날씨를 경험하며 쾌적한 예배를 드릴 수 있었습니다.

우리의 가능성을 발견하지 못하고 당연시하는 것은 어쩌면 죄인의 모습을 당연시 여기는 것과 다를 바 없을 것입니다.

우리가 우리 자신의 모습과 우리의 상황을 당연하게 여기는 것들이 얼마나 많습니까? 우리 상황에서는 어떤 것들이 있습니까? 하나님께서는 느헤미야를, 예루살렘 사람들을 그리고 우리를 '형통하게' 하셨으며, '은혜'를 입게 하셨습니다(느 1:11).

그렇다면, 우리는 하나님 앞에서 좀 더 적극적인 모습을 보일 필요가 있습니다. 즉 하나님의 거룩한 일에 적극적으로 동참해야 합니다.

이제서야 예루살렘 사람들은 깨달았습니다. 성벽이 자신들에게 필요하며, 성문이 자신들에게 필요하다는 것을 알았습니다. 이 성벽과 성문은 나와 가족 그리고 다음 세대를 위해서 반드시 있어야 할 것들이었습니다. 그렇다면 지금 내가 할 수 있는 일은 무엇입니까? 느헤미야는 내가 할 수 있는 일을 하나님께 물었기 때문에 내가 할 수 있는 일로 나가야 합니다. 이것이 하나님의 뜻을 따르는 순종입니다.

느헤미야는 예루살렘 주민들에게 이렇게 말했습니다.

"후에 그들에게 이르기를 우리가 당한 곤경은 너희도 보고 있는 바라 예루살렘이 황폐하고 성문이 불탔으니 자, 예루살렘 성을 건축하여 다시 수치를 당하지 말자 하고 또 그들에게 하나님의 선한 손이 나를 도우신 일과 왕이 내게 이른 말씀을 전하였더니 그들의 말이 일어나 건축하자 하고 모두 힘을 내어 이 선한 일을 하려 하매"(느 2:17-18).

느헤미야의 권면과 설득을 통해 예루살렘 사람들은 이제서야 자신의 능력을 발견하고, 자신의 소명을 발견하고, 자신의 은사를 발견했습니다. 그 반응과 결과를 3장에서부터 찾아볼 수 있습니다. 이때 예루살렘 주민의 반응을 두 단어로 파악할 수 있는데, "그때에"와 "그다음"이라는 시간적 용어입니다. 그들은 "언젠가" 또는 "이 다음에"라고 시간적으로 뒤로 물러나지 않습니다. 바로 지금 시작하는 것입니다.

우리 신앙의 습관과 훈련 가운데 가장 중요한 것 중 하나는 '바로 지금' 이라는 신앙 습관과 훈련입니다.

우리는 생각해 보고 뒤로 미루는 습관이 참 많습니다. 그렇기 때문에 우리의 은사를 발견하지 못하고 우리의 은사가 발전하지 못하는 것입니다. 창세기 19장 16절을 보면 "그러나 롯이 지체하매"라는 말씀이 나옵니다. 이 상황은 이렇습니다.

하나님의 진노와 심판으로 소돔 성이 이제 곧 심판을 받게 되는데도 롯과 그 가족들은 지체합니다. 이유는 첫째 소돔 성에 대한 미련 때문이며, 둘째 하나님 말씀에 대한 신뢰가 부족하기 때문입니다. 이것 때문에 하나님이 롯에 대한 비전을 이루지 않으십니다. 롯에 대한 여러 비전들이 열매를 맺지 못합니다. 롯이 지체함으로 그는 소알 성에 머무르게 됩니다. 그리고 아브라함과는 대조적으로 세계로 뻗어 나가지 못합니다.

그러므로 우리는 어떤 신앙을 가져야 합니까?

느헤미야와 함께 이제서야 그들이 깨닫게 됩니다. 이제서야 쳐다볼 수 있었습니다. 자신들의 성벽이 무너졌다는 사실을 말입니다. 자신들의 성문이 불타 없어졌다는 사실을 말입니다. 그들은 이것을 다음 세대에 맡기지 않았습니다. 이것은 우리의 할 일, 우리의 소명, 우리의 사명이라는 것을 깨달았습니다.

이제부터는 다음 세대를 위해 우리의 지경을 넓히며 준비해야 합니다. 이것 또한 우리 세대가 감당해야 할 것입니다. 성벽을 세우는 것처럼, 성문을 다시 세우는 것처럼, 느헤미야 3장 8절 말씀처럼 "……예루살렘의 넓은 성벽까지……" 더 지경을 넓혀야 합니다. 무너져버린 것만 세우는 것이 아니라 더욱 지경을 살펴야 합니다. 이것은 다음 세대가 해야 할 일이 아닙니다. 그것은 바로 우리가 해야 할 일입니다.

이제 우리를 돌아보시기 바랍니다.

우리를 돌아볼 때 하나님의 마음에 합당한 사람이 분명합니까? 하나님은 오늘 느헤미야와 동일한 영성을 가진 사람을 찾으십니다. 그때 "제가 여기에 있습니다"라고 자원하십시오. 그리고 무너진 성벽을 세우며 지경을 넓히는 하나님의 사람으로 쓰임받는 축복의 통로가 되기를 축원합니다.

7. 사탄을 대적하라

내 하나님께서 예루살렘을 위해 무엇을 할 것인지 내 마음에 주신 것을 내가 아무에게도 말하지 아니하고 밤에 일어나 몇몇 사람과 함께 나갈새 내가 탄 짐승 외에는 다른 짐승이 없더라
산발랏이 우리가 성을 건축한다 함을 듣고 크게 분노하여 유다 사람들을 비웃으며 자기 형제들과 사마리아 군대 앞에서 일러 말하되 이 미약한 유다 사람들이 하는 일이 무엇인가, 스스로 견고하게 하려는가, 제사를 드리려는가, 하루에 일을 마치려는가 불탄 돌을 흙 무더기에서 다시 일으키려는가 하고 암몬 사람 도비야는 곁에 있다가 이르되 그들이 건축하는 돌 성벽은 여우가 올라가도 곧 무너지리라 하더라 우리 하나님이여 들으시옵소서 우리가 업신여김을 당하나이다 원하건대 그들이 욕하는 것을 자기들의 머리에 돌리사 노략거리가 되어 이방에 사로잡히게 하시고 주 앞에서 그들의 악을 덮어 두지 마시며 그들의 죄를 도말하지 마옵소서 그들이 건축하는 자 앞에서 주를 노하시게 하였음이니이다 하고 이에 우리가 성을 건축하여 전부가 연결되고 높이가 절반에 이르렀으니 이는 백성이 마음 들여 일을 하였음이니라(느 2:12, 4:1-6).

춘추전국시대 오나라를 지배하려 했던 손무가 쓴 《손자병법》(孫子兵法)에 "적을 알고 나를 알면 백전백승할 수 있다"는 말이 있습니다. 이 병법서에서는 적과 나의 관계를 분명히 설명하고 있습니다. 적군이 어떤 무기를 가지고 있는지, 그 전력이 얼마나 큰지 아는 것은 전쟁에서 승리하는 데 매우 중요한 요인임에 틀림없습니다.

그러나 이것만 안다고 해서 되는 것이 아닙니다. 나 자신도 분명히 알고 있어야 한다는 것입니다. 즉 내가 왜 이곳에서 이 적들과 싸워야 하는지를 분명히 알고 있어야 합니다. 나 자신을 분명히 안다는 것은 무엇입니까? 그것은 바로 사명에 대한 깨달음입니다.

그러므로 그리스도인들은 이 땅에서, 이 세상에서의 사명이 무엇인지를 분명히 알고 있어야 합니다. 뿐만 아니라 이 사명을 하나님 앞에서 감당하려 할 때, 분명히 사탄이 공격하는 영적 전쟁이 있다는 사실을 인식해야 합니다.

그리스도인의 정체성을 알지 못하는 세상 사람이 들으면 오해할 만한 소리일 것입니다. '우리 그리스도인은 싸우는 사람입니다.' 그렇다면 누구와 싸우는 사람입니까? 바로 사탄과 싸우는 사람입니다. 분명한 것은, 우리의 싸움은 '혈과 육에 대한 싸움이 아니라는 것'입니다. 우리가 신앙생활을 하면서 혈과 육에 대한 싸움에 휘말리는 경우도 있습니다. 이런 사람은 영적인 싸움에서 100퍼센트 패배한 사람입니다. 왜냐하면 우선 싸움의 방법은 뒤로 하고라도, 싸움의 대상을 잘못 골라 싸우기 때문입니다. 그렇기 때문에 사도 바울은 "우리의 씨름은 혈과 육을 상대하는 것이 아니요 통치자들과 권세들과 이 어둠의 세상 주관자들과 하늘에 있는 악의 영들을 상대함이라"(엡 6:12)고 말했습니다.

또 하나 중요한 것은, 그리스도인들이 준비가 되어 있든지 안 되어 있든지, 우리는 이미 사탄과 싸우는 영적 전투 한가운데 있다는 것입니다. 하지만 많은 그리스도인들이 영적 전쟁에 대한 이야기를 듣는 것에 관심을 기울이지 않습니다. 혹 어떤 이들은 영적 전쟁이 단지 극소수의 그리스도인이 가지는 특별한 은사이거나 소명이라고 생각합니다. 영적 전쟁은 개성이나 은사, 소명, 배경과는 아무 상관이 없습니다. 우리가 그리스도인이 되기로 했을 때, 우리는 자동적으로 전쟁터에 들어선 것입니다.

느헤미야는 '성벽 재건'이라는 영적 전쟁의 한 중심에 서게 됩니다. 우리는 오늘 말씀을 통해 느헤미야의 목적을 무력화하기로 작정한 사탄의 정체와 그 기술을 알게 될 것입니다. 바로 사탄의 공격 방법과 무기를 알고 그 사탄을 대적하는 느헤미야를 배우게 될 것입니다. 우리는 여기서 느헤미야의 영성을 다시 한 번 배우며 깨닫게 될 것입니다.

과연 사탄의 제일 목적은 무엇일까요? 하나님의 영광을 가로채려는 것입니다. 과연 사탄은 하나님의 영광을 가로챌 수 있을까요? 즉 사탄은 하나님을 이길 수 있을까요? 어림없는 소리입니다. 그럼에도 불구하고 사탄은 왜 하나님과 관계된 모든 것을 공격하는 것일까요? 그것은 하나님의 계획을 뒤틀어놓고, 하나님의 구원 역사를 파괴하고, 하나님에게서 영광을 도적질하려고 하기 때문입니다.

성경에서는 이미 이런 사탄에 대하여 분명하고도 자세하게 언급하고 있습니다. 고린도후서 11장 3절에서는 "뱀이 그 간계로 하와를 미혹한 것같이 너희 마음이 그리스도를 향하는 진실함과 깨끗함에서 떠나 부패할까 두려워하노라"라고 했는데, 여기서 사탄은 우리를 속입니다. 디모데전서 2장 14절에서도 "여자가 속아 죄에 빠졌음이라"고 말합니다. 그리고 사도행전 13장 10절에서는 사탄의 성품을 매우 사실적으로 설명하고 있습니다. "이르되 모든 거짓과 악행이 가득한 자요 마귀의 자식이요 모든 의의 원수여 주의 바른 길을 굽게 하기를 그치지 아니하겠느냐." 이로 볼 때 사탄은 우리가 매우 신중하게 처리해야 할 대상임을 알 수 있습니다.

본문을 보면, 사탄은 느헤미야와 붙는 영적 전투의 현장에서 그들의 하수인들을 통해 이기려고 합니다. 느헤미야 2장 10절을 보면, "호론 사람 산발랏과 종이었던 암몬 사람 도비야가 이스라엘 자손을 흥왕하게 하려는 사람이 왔다 함을 듣고 심히 근심하더라"라고 말하고 있습니다.

그들은 지금까지 교묘하게 예루살렘의 회복을 소망하지 않았습니다. 오히려 사탄은 지금 예루살렘의 재건을 근심하고 있습니다. 왜냐하면 예루살렘의 회복은 곧 하나님에 대한 예배의 회복과 신앙의 회복으로 연결되기 때문입니다. 그래서 사탄은 근심하지 않을 수 없었습니다. 급기야 사탄은 산발랏과 도비야를 통해 '예루살렘의 링'에서 결투를 하자고 합니다. 그들의 싸움 방법을 보면 이렇습니다.

사탄은 거짓을 통해서 우리의 마음을 혼란케 합니다. 결국 하나님의 뜻에 대해 회의를 품게 하여 하나님을 떠나게 만듭니다. 이것이 사탄의 싸움 방법입니다.

느헤미야 4장 1절에서 산발랏의 공격과 특성을 보면 알 수 있습니다. "산발랏이 우리가 성을 건축한다 함을 듣고 크게 분노하여 유다 사람들을 비웃으며." 그것도 느헤미야 4장 2절을 보면 자기 형제들과 자기 편인 사마리아 군대 앞에서 말합니다. "……이 미약한 유다 사람들이 하는 일이 무엇인가, 스스로 견고하게 하려는가, 제사

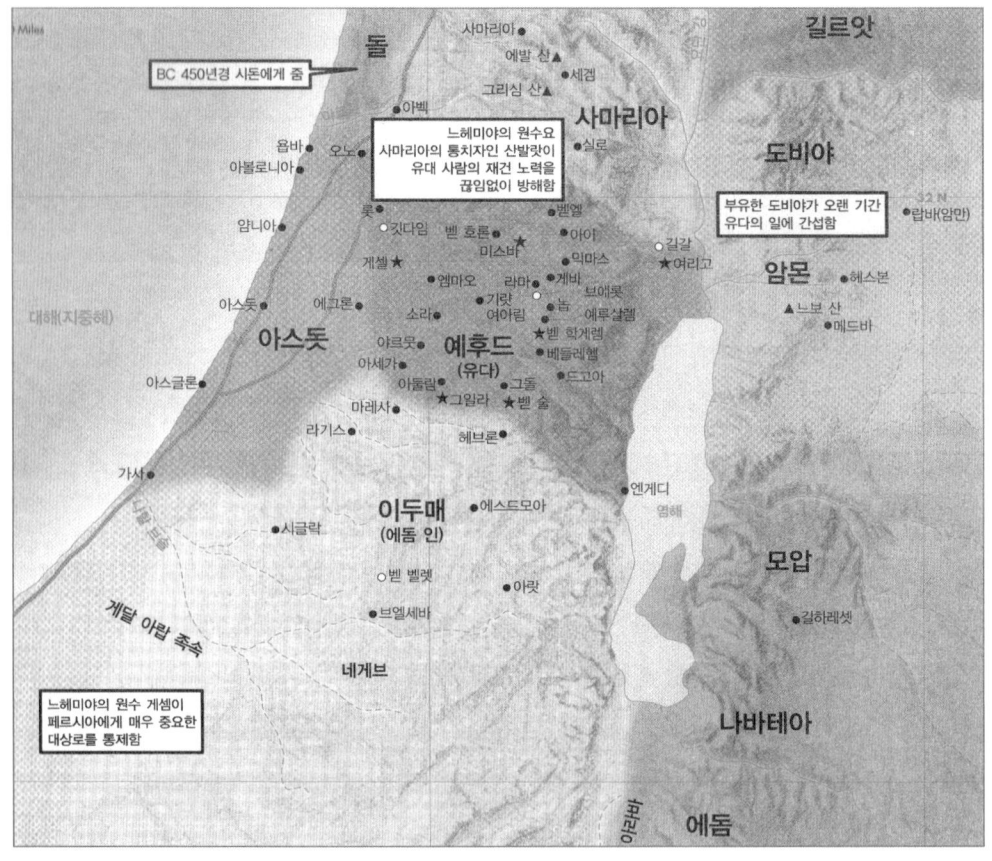

▲ B.C. 5세기의 유다와 느헤미야의 대적들[1)

를 드리려는가, 하루에 일을 마치려는가 불탄 돌을 흙무더기에서 다시 일으키려는가."[2]

그는 절대로 용감하게 또는 대담하게 앞장서지도 않습니다. 항상 자기 형제들과 자기 편들을 몰고 다니며 소리를 질러댑니다.

사탄의 대리자 도비야는 어떻습니까? 느헤미야 4장 3절을 보면, "암몬 사람 도비야는 곁에 있다가 이르되 그들이 건축하는 돌 성벽은 여우가 올라가도 곧 무너지리라 하더라"라고 했습니다. 사탄은 항상 말도 안 되는 소리를 크게 질러댑니다.

예를 들면, 아담과 하와를 유혹하는 사탄의 말을 살펴보면 알 수 있습니다. 사탄은 그들을 유혹하면서 이렇게 말합니다. "너희도 하나님처럼 될 수 있다." 어떻게 피조물이 창조자가 될 수 있습니까? "생각해 보십시오. 창조자에게 창조된 피조물이 어떻게 창조자가 되어 또 다른 피조물을 창조할 수 있단 말입니까? 우리가 알고 깨달아야 할 것이 있습니다. 하나님은 우리와 근본적으로 다릅니다. 신은 존재합니다. 그러나 우리는 신이 아닙니다. 우리에게도 물론 존엄성이 있습니다. 그러나 신성은 없습니다"[3]라는 것입니다.

오늘 도비야는 이처럼 엉뚱한 말을 합니다. 그가 "돌 성벽"에 대해 빗대어 말합니다. "여우가 올라가도 곧 무너지리라." 돌처럼 견고한 성벽의 도구가 없는데, 어떻게 여우가 올라가면 무너진단 말입니까? 이처럼 어처구니없이 큰소리를 칩니다. 이것이 사탄의 특징입니다. 우리는 이러한 사탄의 방법에 현혹되어서는 안 됩니다.

그들의 말을 살펴볼 때 전혀 맞지 않는 소리이며, 전혀 근거 없는 소리임에도 불구하고 왜 그들은 소리를 질러댈까요? 분명히 그렇지 않다는 것을 알면서도 왜 분을 내고 소리를 치는 것일까요? 이것이 사탄의 방법이기 때문입니다. 이렇게 하는 이유가 분명히 있습니다.

그것은 성도의 마음을 공격해서 두렵게 만들자는 것입니다. 사탄의 목적은 성도의 마음을 공격해서 사명감을 갖지 못하게 하는 것입니다. 성도의 마음을 공격해서 하나님의 비전을 잊어버리게 하는 것입니다. 성도의 마음을 공격해서 진실함과 깨끗함에서 떠나 부패하게 합니다. 고린도후서 11장 3절에서 분명히 증거하고 있습니다. "뱀이 그 간계로 하와를 미혹한 것같이 너희 마음이 그리스도를 향하는 진실함과 깨끗함에서 떠나 부패할까 두려워하노라."

사탄이 이렇게 도전하며 저항하는 순간 우리는 '내가 혹시나 잘못된 일을 하는 것이 아닌가?' 하는 의심에 빠지게 됩니다. '혹시 하나님께서 자기 혼자만 창조주가 되려는 것이 아닌가?' 하는 의심을 품게 됩니다. '혹시 예루살렘 성벽을 재건하는 것은 쓸데없는 일이 아닌가?' 하는 회의를 품게 됩니다.

사탄은 산발랏과 도비야를 통해 '분노와 조소와 경멸'이라는 도구를 사용해서 하나님의 사람과, 하나님의 사역과, 하나님의 사명을 망각하게 만들려고 합니다.

사탄의 이러한 방법은 분명히 효과가 있습니다. 어떤 사람들은 이러한 분노와 조소와 경멸 때문에 뒤로 물러서기도 합니다.

산발랏과 도비야는 이 타락한 세상에서 사람들이 부분적으로 갖고 있는 불안과 자기 의심과 실패에 대한 두려움을 이용했습니다. 그리고 또 하나의 불신을 이용합니다. 사탄의 목적은 예루살렘 사람들이 희망을 잃고 다시금 절망에 빠지게 하는 것입니다. 예루살렘 사람들은 분명히 산발랏과 도비야의 위협과 조롱과 멸시에 영향을 받습니다.

그렇다면 느헤미야는 이러한 영적 전쟁을 어떻게 이길 수 있을까요? 우리는 결코 사탄과 논쟁을 해서 이길 수 없습니다. 하와의 경우를 보십시오. 사탄과 안전한 대화를 나눈다는 것은 불가능합니다. 인간의 지혜는 사탄의 교활함에 미치지 못합니다. 우리의 유일한 방어이자 공격은 하나님을 의지하는 것입니다. 사도 바울은 에베소서 6장 11-18절에서 사탄을 능히 대적하기 위해 '하나님의 전신 갑주를 입어야 한다'고 말해 주었습니다.

"마귀의 간계를 능히 대적하기 위하여 하나님의 전신 갑주를 입으라 우리의 씨름은 혈과 육을 상대하는 것이 아니요 통치자들과 권세들과 이 어둠의 세상 주관자들과 하늘에 있는 악의 영들을 상대함이라 그러므로 하나님의 전신갑주를 입으라 이는 악한 날에 너희가 능히 대적하고 모든 일을 행한 후에 서기 위함이라 그런즉 서서 진리로 너희 허리띠를 띠고 의의 호심경을 붙이고 평안의 복음이 준비한 것으로 신을 신고 모든 것 위에 믿음의 방패를 가지고 이로써 능히 악한 자의 모든 불화살을 소멸하고 구원의 투구와 성령의 검 곧 하나님의 말씀을 가지라 모든 기도와 간구를 하되 항상 성령 안에서 기도하고 이를 위하여 깨어 구하기를 항상 힘쓰며 여러 성도를 위하여 구하라"(엡 6:11-18).

느헤미야는 사탄의 협박과 영적 전투의 현장에서 어떻게 대처하고 있습니까? 사탄의 분노와 비난과 조롱에 대항하여 어떻게 싸우고 있습니까? 혹시 주위로부터 비난과 조롱을 받고 있거나, 당당하게 믿음의 깃발을 휘날리지 못하고 있지는 않습니까?

느헤미야가 기본적으로 이렇게 대적하고 있음에 주의해야 합니다. 이것은 우리 그리스도인들이 영적 싸움에서 승리할 수 있는 동일한 훈련이기도 합니다.

"우리 하나님이여 들으시옵소서 우리가 업신여김을 당하나이다 원하건대 그들이 욕하는 것을 자기들의 머리에 돌리사 노략거리가 되어 이방에 사로잡히게 하시고 주 앞에서 그들의 악을 덮어 두지 마시며 그들의 죄를 도말하지 마옵소서 그들이 건축하는 자 앞에서 주를 노하시게 하였음이니이다 하고"(느 4:4-5).

그의 기도를 보면 두 가지로 정리할 수 있습니다. 첫째는, 하나님 자신의 종들에 대한 하나님의 지원을 구하는 탄원입니다. 둘째는, 하나님 자신의 대적들에 대한 하나님의 심판을 구하는 탄원입니다. 여기서 느헤미야의 영성, 즉 사탄과 대적하는 비결은 산발랏과 도비야에 대한 개인적인 원한을 표현하지 않고 하나님께서 그들에 대해 직접 보복하시기를 바라는 열심을 표현하는 것입니다. 왜냐하면 그들이 결국 하나님을 대적했기 때문입니다.

우리가 하나님의 일을 하고자 할 때는 세상의 공격을 받을 때가 많습니다. 사랑과 용기를 가지고 하나님의 일을 하고자 할 때 우리는 예외 없이 사탄의 공격을 받습니다. 심지어 그리스도인들이 세상에서 따돌림이나 조롱을 당하기도 합니다. 그러나 우리는 소금이 되어 세상의 부패를 막고, 빛이 되어 세상의 어두움을 밝혀야 합니다. 우리는 담대하게 나서서 사랑으로 진리를 말할 수 있어야 합니다.

느헤미야의 경험은 매우 단순한 진리에서 승리하고 있습니다. 악을 발견했을 때 기도하면 하나님이 응답해 주신다는 사실을 새삼 일깨워 줍니다. 그 악이 우리를 직접적으로 공격하는 것이든 아니든 상관없습니다. 악을 보는 순간 우리는 먼저 하나님께 기도하고, 그분이 인도하시는 대로 따라야 합니다. 느헤미야는 기도했으며, 백성들은 예루살렘 성벽 재건의 뜻을 바꾸지 않았습니다.

오히려 산발랏과 도비야의 분노와 조롱과 조소의 말들은 유다 백성들의 기운을 돋우는 데 자극이 되었습니다. 이스라엘 백성들은 "이에 우리가 성을 건축하여 전부가 연결되고 높이가 절반에 이르렀으니 이는 백성이 마음 들여 일을 하였음이니라"(느 4:6)라고 격려하였습니다. 오히려 이런 것들이 충분히 힘을 낼 수 있는 자극제가 된 것입니다. 하나님은 정말로 협력해서 선을 이루게 해주셨던 것입니다.

사탄은 오늘도 하나님으로부터 사람들을 멀어지게 하기 위해 수

단과 방법을 가리지 않습니다. 그러나 고난에도 끄떡하지 않는 굳건한 믿음이 마귀를 물리치는 최고의 방법입니다.

사탄의 방법은 이렇습니다. 그렇지만 일찍이 하나님은 사탄을 이기셨습니다. 우리 주님 예수 그리스도께서도 이렇게 말씀하셨습니다. "이것을 너희에게 이르는 것은 너희로 내 안에서 평안을 누리게 하려 함이라 세상에서는 너희가 환난을 당하나 담대하라 내가 세상을 이기었노라"(요 16:33).

그러므로 하나님의 자녀이며, 백성이며, 주의 군사인 우리 그리스도인들도 반드시 사탄을 이길 줄 믿습니다. 느헤미야가 기도했던 것처럼 기도하는 백성, 기도하는 자녀로서 사탄을 이기는 그리스도인이 되시길 축원합니다.

8. 비전을 위해 노력하고 헌신하라

우리의 대적이 우리가 그들의 의도를 눈치챘다 함을 들으니라 하나님이 그들의 꾀를 폐하셨으므로 우리가 다 성에 돌아와서 각각 일하였는데 그때로부터 내 수하 사람들의 절반은 일하고 절반은 갑옷을 입고 창과 방패와 활을 가졌고 민장은 유다 온 족속의 뒤에 있었으며 성을 건축하는 자와 짐을 나르는 자는 다 각각 한 손으로 일을 하며 한 손에는 병기를 잡았는데 건축하는 자는 각각 허리에 칼을 차고 건축하며 나팔 부는 자는 내 곁에 섰었느니라(느 4:15-18).

교회 지도자들이 모여서 제주 올레길[1]을 걷는 행사가 있었습니다. 올레길을 잘 걷기 위해서는 각자가 옷, 신발 등 여러 가지 준비를 해야 합니다. 그냥 구두를 신고 온 사람도 있었습니다. 그렇게 해서 올레길을 걸을 수 있다면 괜찮을 거라고 생각했습니다.

그런데 조금 걷다가 불평하기 시작했습니다. 올레길이 너무 힘들다는 것입니다. 그러고는 여러 사람들에게 이번 행사에 대한 불평을 말하기 시작했습니다. 솔직히 그는 이번 행사를 위해 개인적인 준비를 전혀 하지 않았습니다.

반면에, 걷기가 끝나는 지점에서 한 분이 배낭에서 준비해 온 커피 종이컵 등을 꺼내 놓고서 내려오는 사람들에게 따끈한 커피 한 잔을 대접하는 것이었습니다. 모두들 잔디밭에 걸터앉아 피곤을 풀면서 커피를 마셨습니다. 또다시 그분은 가방에서 초콜릿을 꺼내어 모든 사람에게 한 개씩 나누어 주었습니다. 이 한 사람 덕분에 걷기 대회는 너무도 즐겁고 기쁜 잔치가 되었습니다. 그 한 사람의 준비된 헌신이 있었기에 올레길 걷기 대회는 즐겁고 기뻤습니다.

생각해 보면, 목적과 목표가 저절로 성취되는 것은 어디에도 없습니다. 아브라함이 믿음의 조상이 되고 소돔 지역에서 영향력 있는 사람이 되었던 것은 그의 진실한 노력이 있었기 때문입니다(창 14:13-16). 아브라함은 한 사람의 영혼을 살리기 위해서 소돔 성을 얼마나 반복해서 살폈는지 모릅니다. 그는 소돔 성에서 50명의 의인을 찾기 위해 밤새 돌아다녔지만 롯의 식구 외에 한 사람도 찾지 못한 헛걸음을 했습니다. 하지만 그의 노력은 결코 헛수고가 아니었습니다. 그렇게 했기 때문에 롯의 가정을 구할 수 있었던 것입니다.

한 영혼을 하나님 앞에서 살리는 것은 저절로 되는 것이 아닙니다(창 18:16-33). 이것을 하나님께만 맡기는 것은 우리의 할 일을 하지 않는 것입니다. 예를 들어, 다니엘이 바벨론의 포로로 그 나라에서 성공한 관리가 되기까지 얼마나 준비하고 노력했는지 알아야 합니다. 거기에는 하나님 앞에서뿐 아니라 그 나라의 관리와 백성들 앞에서 '뜻을 정한 노력과 헌신'이 있었습니다(단 1:8).

예수님도 제자들에게 제자의 삶에 있어서 반드시 뒤따라야 할 노력과 헌신을 말씀하셨습니다

"내가 진실로 진실로 너희에게 이르노니 한 알의 밀이 땅에 떨어져 죽지 아니하면 한 알 그대로 있고 죽으면 많은 열매를 맺느니라 자기의 생명을 사랑하는 자는 잃어버릴 것이요 이 세상에서 자기의 생명을 미워하는 자는 영생하도록 보존하리라 사람이 나를 섬기려면 나를 따르라 나 있는 곳에 나를 섬기는 자도 거기 있으리니 사람이 나를 섬기면 내 아버지께서 그를 귀히 여기시리라"(요 12:24-26).

그러나 주님께서도 이 말씀을 하신 뒤 이런 심정의 고백을 숨기지 않으셨습니다. "지금 내 마음이 괴로우니 무슨 말을 하리요"(요 12:27).

그럼에도 불구하고 예수님의 의지와 헌신에서는 오직 "아버지의 이름을 영광스럽게"(요 12:28) 하기 위해 헌신하는 모습을 볼 수 있습니다. 그렇기 때문에 예수님의 십자가는 빌라도가 세운 것이 아니었습니다. 예수님의 십자가는 로마 군인들이 세운 것도 아니었습니다. 예수님의 십자가는 가룟 유다가 세운 것도 아니었습니다. 그 구원의 십자가는 오직 예수님의 헌신이 있었기에 가능한 것이었습니다.

예수님은 한 알의 씨앗이 되기 위해 개인적으로 철저히 준비하셨습니다. 그리고 노력하셨습니다. 이것을 우리는 헌신이라고 말하기도 합니다. 우리 또한 하나님의 뜻을 이루기 위한 준비와 노력이 있어야 합니다. 영적인 일 이외에도 무슨 일을 하든지 개인적인 노력, 즉 헌신이 있어야만 좋은 결과를 얻을 수 있습니다.

우리나라에는 세계적으로 유명한 양궁 선수들이 있습니다. 올림픽 때마다 메달을 꼭 따오는 대표 선수들입니다. 실제로 올림픽에 나가는 것보다 올림픽 대표선수로 뽑히는 것이 더 어렵다는 것이 우리나라 양궁 선수들의 현실입니다.

그들이 올림픽에서 양궁의 전 종목을 석권했을 때, 모 방송국에서 그들이 연습하는 모습을 보여주었습니다. 그들의 실전을 방불케 하는 연습은 우리에게 결코 잊을 수 없는 모습이었습니다.

이들 모두에게서 발견할 수 있는 것은 힘과 능력이 탁월한 선수들이 아니라는 것입니다. 또한 모두가 연습벌레라는 것입니다. 그들은 때와 장소와 시간을 구분하지 않고 연습에 매진했습니다.

양궁 팀을 이끌었던 한 감독의 말을 들어 보면, 갖가지 실전 상황을 두고 연습하였는데, 상대편 선수들의 국가에서 경기를 치를 때는 우리나라 선수들을 방해하기 위해서 소리도 지르고 그런답니다. 이때를 대비해서 온갖 소리 장치를 틀어 놓고도 연습하고, 비바람이 불 때를 가정하여 소방차로 물을 뿌려가면서 연습도 하고, 어떤 시간에도 쏠 수 있도록 밤과 낮 그리고 새벽에도 일어나 활을 당겨 쏘았다고 말했습니다.

4년마다 열리는 올림픽 경기에서 금메달을 비롯해 메달을 딴 모든 선수들을 보면, 그들은 수년 동안 열심히 훈련해 왔다는 사실을 알 수 있습니다. 그들은 올림픽에 나가는 한순간을 위해 오랫동안 노력해 왔습니다. 결코 우연은 없었습니다.

한 가지 목표를 위해 헌신하고 노력하는 삶에 관한 이야기를 들을 때 우리는 많은 깨달음을 얻을 수 있습니다. 그들의 금메달은 우연이 아니라는 것입니다. 그렇게 서로가 헌신하며 노력하는 모습을 보여주었기에 가능한 일이었습니다. 신앙의 성숙과 성장의 금메달도 마찬가지입니다. 결코 우연이 아닙니다. 사도 바울도 하나님께 쓰임받는 성도의 준비를 강조하였습니다.

"큰 집에는 금그릇과 은그릇뿐 아니라 나무그릇과 질그릇도 있어 귀하게 쓰는 것도 있고 천하게 쓰는 것도 있나니 그러므로 누구든지 이런 것에서 자기를 깨끗하게 하면 귀히 쓰는 그릇이 되어 거룩하고 주인의 쓰심에 합당하며 모든 선한 일에 준비함이 되리라"(딤후 2:20-21).

이러한 그들의 개인적인 헌신과 노력은 다른 사람들에게 본보기가 되고, 모든 관계를 보호할 뿐 아니라 목표를 성취할 수 있는 힘을 제공합니다. 믿음 안에서 헌신적인 노력을 기울이면 결코 이룰 수 없는 것처럼 보이는 일도 얼마든지 이룰 수 있습니다.

하나님의 일은 분명히 영적인 일이며 하나님께서 하시지만, 우리의 헌신과 노력 또한 있어야 합니다 헌신은 어떤 희생이 따른다고 해도 정해진 목표를 향해 끝까지 달려나가겠다는 다짐입니다. 하지만 헌신을 행동으로 옮기는 것은 말처럼 그렇게 쉽지 않습니다. 그러나 헌신과 노력을 실천에 옮길 때 놀라운 결과를 체험할 수 있습니다.

우리는 느헤미야와 성벽 재건에 동참한 예루살렘 백성들에게서 이러한 헌신과 노력을 발견할 수 있습니다. 느헤미야와 예루살렘 사람들의 상황은 매우 열악했습니다. 하지만 그들은 역사상 가장 놀라운 업적 중 하나인 예루살렘 성벽을 재건하는 일에 성공하였습니다.

어떻게 그렇게 할 수 있었을까요? 충분한 재정이 있었기 때문일까요?

어떻게 그렇게 열악한 상황 속에서 놀라운 일을 이룰 수 있었을까요? 충분한 건축 자재들이 준비되어 있었기 때문일까요? 사실 느헤미야와 예루살렘 사람들이 성벽을 재건할 수 있었던 것은 바로 헌신과 노력이 있었기 때문입니다.

느헤미야와 예루살렘 주민들은 서로 연합하여 헌신하고 노력하여 성벽 재건을 성공하였습니다

우리는 느헤미야 3장 2절 이후의 말씀에서 나오는 "그다음은"(3:2, 4, 5, 7, 8, 9, 10, 12, 16, 17, 18, 19, 20, 21, 22, 23, 24, 27, 29, 30, 31)이라는 문구에 주목할 필요가 있습니다.

모든 지파의 사람들이 한 부분씩 맡아서 그 일들을 최선을 다해 감당하고 있었습니다. 그 누구도 그 일을 소홀히 여기지 않고, 큰일이든 작은 일이든 그 지파에서 책임감 있게 성벽 공사를 마무리했습니다. 교회의 가장 큰 기적 같은 일들은 어린이나 어른이나, 갓난아이나 노인이나, 여자나 남자나 할 것 없이 모두가 하나님의 자녀라는 것입니다. 심지어 하나님께서는 자신의 뜻을 위해 이들에게 여러 가지 은사를 나누어 주셨습니다.

"……내가 내 영을 만민에게 부어 주리니 너희 자녀들이 장래 일을 말할 것이며 너희 늙은이는 꿈을 꾸며 젊은이는 이상을 볼 것이며 그때에 내가 또 내 영을 남종과 여종에게 부어 줄 것이며"(욜 2:28-29).

이들은 한 하나님의 은사를 가지고 함께합니다. 사도 바울은 이 사실에 대해 분명하게 말하고 있습니다.

"몸은 하나인데 많은 지체가 있고 몸의 지체가 많으나 한 몸임과 같이 그리스도도 그러하니라 우리가 유대인이나 헬라인이나 종이나 자유인이나 다 한 성령으로 세례를 받아 한 몸이 되었고 또 다 한 성령을 마시게 하셨느니라"(고전 12:12-13).

반면에, 교회의 가장 큰 불행 가운데 하나는 신자들이 하나님의 뜻을 이루는 일보다는 서로 주도권을 잡으려고 다투어 하나가 되지 못한다는 것입니다. 사도 바울의 경우 고린도 교회에서 이런 분열이 있는 것을 알고 난 뒤 분명히 경고하였습니다.

"……너희 가운데 분쟁이 있다는 것이라 내가 이것을 말하거니와 너희가 각각 이르되 나는 바울에게, 나는 아볼로에게, 나는 게바에게, 나는 그리스도에게 속한 자라 한다는 것이니 그리스도께서 어찌 나뉘었느냐……"(고전 1:11-13).

고린도 교회는 이 분쟁 때문에 너무 많은 시간과 에너지를 허비하였습니다. 이것 때문에 교회를 세우는 일이 늦어졌습니다. 우리가 하나님의 은사를 가지고 하나님의 일을 이루기 위해서는 한 팀이 되어 서로 헌신하고 노력하지 않으면 더 이상 전진할 수 없습니다. 하나님의 일을 이루기 위해서는 느헤미야와 유다인들처럼 협동해야 합니다.

느헤미야는 개인의 이익보다는 공공의 이익을 구해야 한다는 점을 사람들이 이해할 수 있도록 도왔습니다

그는 무엇보다도 자기 자신을 예루살렘 사람들과 구별하지 않았습니다. 무엇보다도 이스라엘 사람들은 성벽 공사가 어느 지파의 개인적인 일이 아니라, 모두가 협력해야 할 선한 일이라고 생각했습니다. 그 어느 지파 가운데서도 분파를 지어 '너의 일', '나의 일', '각 지파의 일' 이라고 분쟁하지 않았습니다. 고린도 교회처럼 "나는 바울에게, 나는 아볼로에게, 나는 게바에게, 나는 그리스도에게 속한 자"(고전 1:12)라고 분쟁을 하지 않았습니다. 그들은 모두가 '같은 말' 을 하고 '같은 마음' 과 '같은 뜻' 으로 성벽 재건에 동참하였습니다.

총독으로서, 고위직 관리로서 얼마든지 그 지역 주민들에게 권리를 행사할 수 있었습니다. 그러나 총독 느헤미야는 녹을 받지 않앉습니다. 그는 그들과 함께 동고동락하는 '우리'의 생각을 가지고 일을 했습니다. 예를 들면, 산발랏과 도비야 같은 사람들은 "우리의 대적"(느 4:15)입니다. 뿐만 아니라 예루살렘 성벽 재건을 위해 예루살렘 사람들만 고된 노동에 동원된 것이 아니라 "우리가 다 성에 돌아와서 각각 일" 하였습니다(느 4:15). 심지어 "나나 내 형제들이나 종자들이나 나를 따라 파수하는 사람들이나 우리가 다 우리의 옷을 벗지 아니하였으며 물을 길으러 갈 때에도 각각 병기를 잡았느니라"(느 4:23)라고 하였습니다.

그들은 '우리'가 되어 기쁜 일도 함께했지만 위기의 순간에도 힘을 합치는 '동고동락'(同苦同樂)을 하였습니다.

느헤미야는 성벽을 재건함에 있어 단순히 협조를 얻는 수준이 아니라 사람들의 역량을 한데 모아 협력하도록 하였습니다

당시 유다 거주민들은 일종의 난민들로 구성된 초라한 집단이었습니다. 그들은 각자 자신이 살 터전을 마련하는 데 여념이 없었습니다. 오직 자기 집에만 관심이 있었지 우리를 보호할 공동체의 성벽을 쌓는 일에는 관심이 없었습니다. 왜냐하면 그들은 무너진 성벽 아래서 협력하는 관계가 아니라 경계의 관계, 원망의 관계, 이해의 관계에 있었기 때문입니다.

무엇보다도 협력의 관계를 만들기 위해서는 한 사람의 개인적인 헌신의 시작이 절대적으로 필요합니다. 백지장도 맞들면 낫다는 말이 있습니다. 여러분 자신이나 다른 사람들에게서 헌신의 열정이 식어가는 것을 보거든 서로의 관계가 올바로 형성되어 있는지를 확인해 보시기 바랍니다. 예루살렘 성벽 재건의 힘은 유다 사람들의 단결의 힘에 있었습니다.

'시너지 효과'라는 말이 있습니다. 분명히 1 더하기 1은 산술적으로 계산할 때 2입니다. 그런데 1 더하기 1이 2를 넘어설 때가 있

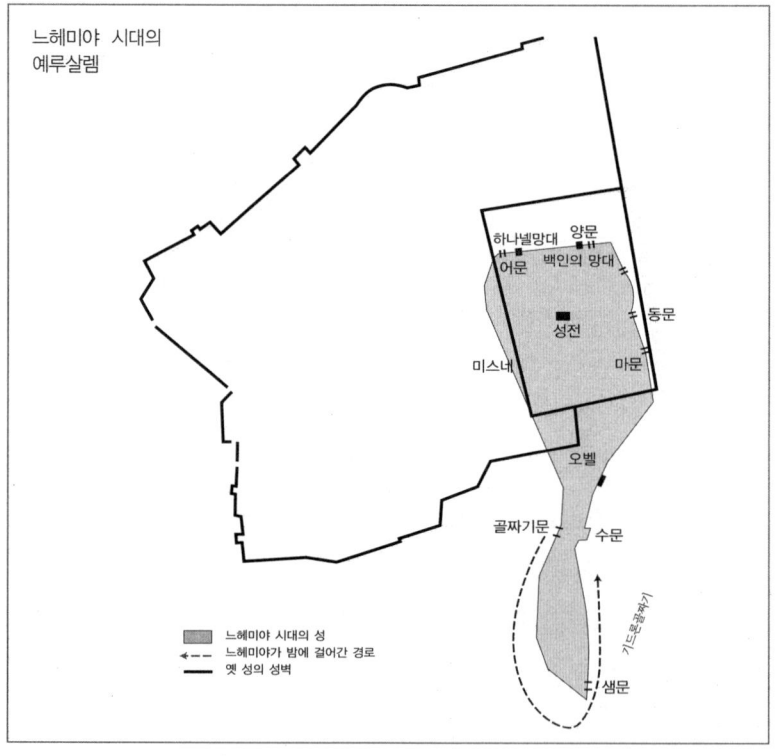

▲ 느헤미야 시대의 예루살렘 성벽

습니다. 사람들이 각자 따로따로 일을 할 때보다 함께 모여 동시에 자신의 역량을 발휘할 때 더 놀라운 결과를 얻어낼 수 있습니다.

한국 프로축구 K리그의 초보 감독의 이야기입니다. 초짜 감독님이 맡고 있는 팀들의 성적이 눈에 띄게 좋았습니다. 그 이유는 초짜 감독님이 그 팀에서 권위보다는 맏형 역할을 했기 때문입니다. 그는 선수 출신이었고 같은 팀에 있었기 때문에 후배 선수들을 더 끈끈하게 이끌어 주었습니다. 특히 소외되는 선수가 없이 골고루 시합에 기용하였습니다. 심지어 초짜 감독님은 선수들이 골을 넣으면 다른 선수보다 더 열렬히 기뻐하며 세러머니로 분위기를 만들었습니다.

이러한 초짜 감독님의 '함께하는 깊은 유대감'은 선수들의 능력을 더 높이 끌어올렸습니다. 그 젊은 초짜 감독은 고민이 있는 사람과 함께 울어 주고, 기뻐하는 사람과 함께 웃어 주는 사람이었습니다. 그는 무엇보다도 함께하는 사람이었습니다.

교회가 성장하면서 자칫 교인들이 그릇된 생각을 할 때가 많이 있습니다. 600명 이상 되는 교인들이 1부, 2부, 3부로 나누어 예배를 드립니다. 그리고 예배가 마친 뒤에는 밖으로 걸어 나가기가 바쁩니다. 그러한 모습을 보면서 '교회가 냉랭하고 사무적'이라고 생각할 것입니다. 그리고 속으로는 '내가 할 일은 없을 것이다'라고 생각할 것입니다.

그런데 제가 이 강단에서 설교하기까지, 그리고 이 설교가 여러분에게 전달되기까지, 또 이 예배를 마친 후에 식당에서 식사를 하기까지, 그뿐 아니라 각 부서에서 이루어지는 활동이 완성되거나 성취되기까지 수많은 사람들의 노력과 헌신을 보십시오. 특별히 주일에 볼 수 있는 모든 활동과 효과를 위해 협력해서 노력하며 헌신하는 이들의 모습을 찾아볼 수 있습니까?

무엇보다도 중요한 것은 내가 여기서 할 수 있는 것을 찾는 것입니다.

사람들은 찬양대의 활동을 보면서 속으로 '저 멋진 찬양대의 찬양 소리……성악을 전공했나 봐', 방송부의 여유 있는 기계 조작들을 보면서 '기계 다루는 솜씨……방송 기계를 다룰 줄 알아야만 할 수 있을 거야', 교회 식당에서 제공하는 국수를 먹으면서 '교회 식당에서 일하는 사람들을 봐 아마도 요리 솜씨가 좋아야 할 거야' 라고 생각합니다. 그러고는 다시 생각합니다. '나 같은 사람이 있을 곳은 없네. 아마 이 교회에서 내가 할 일이 전혀 없을 거야.'

만일 이런 생각을 하고 있다면 생각을 바꾸시기 바랍니다. 교회 안내위원이나 장로님이나 교역자들에게 "내가 교회를 위해서, 하나님 나라를 위해서 도울 수 있는 일이 무엇입니까? 내가 이 교회에서 할 수 있는 일이 무엇이 있을까요?"라고 물어 보십시오. 분명히 내가 할 수 있는 일, 내가 담당할 수 있는 일이 있습니다.

교회는 꼭 주일에만 나오는 곳이 아닙니다. 평일 조용한 시간에 교회 내부를 청소하는 분들이 있습니다. 어떤 부서나 항상 일손이 모자라기 마련입니다. 따라서 우리가 그리스도의 몸에 속한 지체로 부르심을 받았다면, '내가 할 일은 없겠지' 라는 생각을 가져서는 안 됩니다.

예루살렘 성벽을 재건하는 그들의 모습을 보면 이렇습니다. 그들은 모두 일을 분담하였습니다. 그 일을 처리하기 위해 사람들을 나누었지만, 그 일을 위해 협력하였습니다. "내 수하의 사람들의 절반은 일하고 절반은 갑옷을 입고 창과 방패와 활을 가졌고"(느 4:16), "성을 건축하는 자와 짐을 나르는 자는 다 각각 한 손으로 일을 하며 한 손에는 병기를"(느 4:17) 잡았고, 위기의 때를 위해 긴장하는 "나팔 부는 자"는 항상 느헤미야의 곁에 있었습니다(느 4:18). 그리고 어디에서 무엇을 하든지 나팔 소리가 들리면 모두가 함께 느헤미야를 중심으로 모일 수 있도록 하였습니다(느 4:20).

그들은 한 가지 뜻을 위해 흩어져 있었지만, 무엇보다도 하나가 되기 위해 헌신하며 노력하였습니다.

여러분은 어떻습니까? 교회에서 자신의 역할을 다하고 있습니까? 만일 그렇지 않다면 지금이라도 할 수 있는 일을 찾아보시기 바랍니다. 모든 사람이 각자 자신의 역할을 다할 때 놀라운 결과가 이루어집니다.

지속적이고도 변함없는 노력과 헌신이 있어야 합니다. 왜냐하면 성령으로 시작하였다가 육으로 끝나는 경우도 있기 때문입니다(갈 3:3).

사람이 지속적이지 못한 데에는 여러 가지 이유가 있겠지만 열악한 환경 때문인 경우가 참으로 많습니다. 기쁜 마음으로 시작하였지만 상황이 악화되면서 뒤로 물러나거나 포기하는 사람들이 얼마나 많은지 모릅니다. 그렇기 때문에 성공하는 사람이 드문 것입니다.

그래서 감정적인 헌신은 반드시 지속적인 헌신으로 이어져야 합니다. 감정적인 헌신이 처음에는 놀라운 힘을 발휘할 수 있습니다. 하지만 얼마 지나지 않아 곧 사라지고 맙니다. 감정적인 헌신은 씨 뿌리는 자의 비유(마 13:1-23)에 나오는 돌밭이나 가시떨기에 떨어진 씨앗과 같습니다. 그런 땅에 떨어진 복음의 씨앗은 처음에는 잠시 싹이 트지만, 세상의 근심이나 어려움 혹은 유혹이 닥쳐오면 질식해 죽고 맙니다. 감정적인 헌신도 마찬가지입니다. 헌신은 반드시 감정을 수반하게 되어 있지만, 감정의 차원을 넘어서 의지적인 결단을 수반해야 합니다.

처음부터 '묵은 땅'은 아니었을 것입니다. 처음부터 '가시밭'은 아니었을 것입니다. 처음부터 '돌짝밭'은 아니었을 것입니다. 지속적인 기경이 없었기에, 지속적인 돌봄이 없었기에 땅이 굳어지고, 가시가 생겼을 것입니다. 그렇기 때문에 옥토도 계속 돌보아야 하겠지만, 묵은 땅도 기경이 필요한 것입니다(호 10:12).

느헤미야와 예루살렘 주민은 기대에 부풀어 일을 시작했습니다. 밤낮으로 일했습니다. 한 손에는 창과 방패를 들고, 한 손으로는 일을 했습니다. 심지어 갑옷까지 입고 일을 하였습니다(느 4:16-17). 하루 이틀도 아니고 52일 동안이나 이 일을 계속했습니다. 예루살렘 성벽을 재건하는 일과 그들의 생명을 지키는 일은 계속되어야 했습니다. 심지어 나팔 소리를 들었을 때는 밤에도 휴식을 취하지 못하고 모두가 갑옷을 입고 창과 방패와 활을 가지고 모여야 했습니다.

그러나 그들은 지속적인 헌신과 노력을 마다하지 않았습니다.

헌신은 지속될 때 열매를 거둘 수 있습니다. 헌신은 결국 궁극적으로 사람의 인격과 믿음을 형성합니다. 각자의 삶을 돌이켜보고 헌신이 필요한 부분이 없는지 생각해 보십시오. 의도만 좋아서도 안 되고, 단지 잘해 보겠다는 생각만으로도 충분하지 않습니다. 헌신의 연속성이 없으면 모든 것이 말로만 끝나게 됩니다. 하나님의 말씀을 읽고, 기도하고, 그룹 성경 공부를 하고, 시간과 물질을 바쳐 하나님을 공경하며, 날마다 경건의 시간을 갖는 데도 헌신이 필요합니다. 신앙생활을 하다 보면 잘될 때도 있고, 안 될 때도 있으며, 많은 갈등과 어려움을 겪을 때도 있습니다. 하지만 끝까지 헌신하는 태도를 잃지 않으면 믿음은 자라기 마련입니다.

분명한 것은, 하나님의 은혜가 우리에게 계속되는 것처럼 하나님을 향한 우리의 헌신도 계속되어야 한다는 것입니다.

9. 사탄의 숨성, 원망과 노여움을 대적하라

그때에 백성들이 그들의 아내와 함께 크게 부르짖어 그들의 형제인 유다 사람들을 원망하는데 어떤 사람은 말하기를 우리와 우리 자녀가 많으니 양식을 얻어 먹고 살아야 하겠다 하고 어떤 사람은 말하기를 우리가 밭과 포도원과 집이라도 저당잡히고 이 흉년에 곡식을 얻자 하고 어떤 사람은 말하기를 우리는 밭과 포도원으로 돈을 빚내서 왕에게 세금을 바쳤도다 우리 육체도 우리 형제의 육체와 같고 우리 자녀도 그들의 자녀와 같거늘 이제 우리 자녀를 종으로 파는도다 우리 딸 중에 벌써 종 된 자가 있고 우리의 밭과 포도원이 이미 남의 것이 되었으나 우리에게는 아무런 힘이 없도다 하더라(느 5:1-5).

이 세상에서 사탄처럼 초지일관 목표를 가지고 활동하는 존재가 또 있을까요? 사탄처럼 자기 목표를 위해 쉬지 않고 일하는 존재가 또 있을까요? 그의 목적은 예전에도 그랬지만 지금도 여전히 "우는 사자같이 두루 다니며 삼킬 자"(벧전 5:8)를 찾습니다.

지금까지 사탄은 느헤미야의 거룩한 삶을 방해하기 위해 외부적인 압력을 행사하였습니다. 산발랏과 도비야와 그 밖의 추종 세력은 계속해서 느헤미야를 비웃었고 그 행사를 방해했습니다(느 4:1-14). 그런데 이제 사탄은 방법을 바꾸었습니다. 외부의 세력을 통해 압력을 행사하는 것이 아니라 내부에서부터 방해를 하기 시작하였습니다.

느헤미야의 성벽 재건 도중에 예루살렘 주민들은 서로를 향해 원망하며 크게 분노하게 되었습니다(느 5:1, 6). 그들이 이렇게 변한 것은 무슨 이유일까요?

성경은 무엇보다도 마귀의 인격에 대해 설명해 주고 있습니다. 성경은 마귀를 '악한 자'라고 말합니다. 그는 "거짓과 궤휼"이 있습니다(고후 11:13-18). 교회 공동체의 '권위를 업신여기며 하나님의 영광을 훼방' 합니다(유 1:8-9). 뿐만 아니라 사탄은 공동체 내에서 서로에게 '원망' 하게 하며 '노여워' 하게 합니다. 이것이 사탄의 특징입니다.

하나님은 430년 동안 애굽에서 종살이로 살았던 이스라엘 백성을 해방시켜 광야까지 나오게 하였습니다. 그러나 사탄은 이스라엘 백성들을 끊임없이 유혹했는데, 애굽에서 가나안 땅에 들어갈 때까지 이스라엘 백성들은 하나님을 계속해서 '원망' 했고 '노여워' 했습니다.

"……마음의 상함과 가혹한 노역으로 말미암아 모세의 말을 듣지 아니하였더라"(출 6:9).

"그들이 또 모세에게 이르되 애굽에 매장지가 없어서 당신이 우리를 이끌어내어 이 광야에서 죽게 하느냐 어찌하여 당신이 우리를 애굽에서 이끌어내어 우리에게 이같이 하느냐 우리가 애굽에서 당신에게 이른 말이 이것이 아니냐 이르기를 우리를 내

버려 두라 우리가 애굽 사람을 섬길 것이라 하지 아니하더냐 애굽 사람을 섬기는 것이 광야에서 죽는 것보다 낫겠노라"(출 14:11-12).

"모세가 홍해에서 이스라엘을 인도하매 그들이 나와서 수르 광야로 들어가서 거기서 사흘 길을 걸었으나 물을 얻지 못하고……그 이름을 마라라 하였더라……백성이 모세에게 원망하여 이르되 우리가 무엇을 마실까 하매"(출 15:22-24).

"여호와께서 너희의 원망을 들으셨느니라……내가 이스라엘 자손의 원망함을 들었노라"(출 16:9, 12).

"백성이 모세와 다투어 이르되 우리에게 물을 주어 마시게 하라 모세가 그들에게 이르되 너희가 어찌하여 나와 다투느냐 너희가 어찌하여 여호와를 시험하느냐"(출 17:2).

"그들 중에 섞여 사는 다른 인종들이 탐욕을 품으매 이스라엘 자손도 다시 울며 누가 우리에게 고기를 주어 먹게 하랴 우리가 애굽에 있을 때에는 값없이 생선과 오이와 참외와 부추와 파와 마늘들을 먹은 것이 생각나거늘 이제는 우리의 기력이 다하여 이 만나 외에는 보이는 것이 아무것도 없도다 하니"(민 11:4-6).

"온 회중이 소리를 높여 부르짖으며……이스라엘 자손이 다 모세와 아론을 원망하며 온 회중이 그들에게 이르되 우리가 애굽 땅에서 죽었거나 이 광야에서 죽었으면 좋았을 것을"(민 14:1-2).

그들의 원망과 노여움은 끝이 보이지 않았습니다. 결국 그들은 하나님께서 약속하신 젖과 꿀이 흐르는 가나안 땅의 약속을 받지 못했습니다.

느헤미야의 예루살렘 공동체에서도 이와 유사한 일들이 벌어지고 있었습니다. 물론 성벽 재건을 하는 것은 우리의 비전을 이루는 것으로 기쁜 일임에 틀림없습니다. 그렇지만 지금 성벽 재건 작업으로 건축자들은 큰 대가를 치르고 있습니다. 우선 그들이 가지고 있던 식량이 떨어지고 있었습니다. 그 지역의 자연 조건으로 기근이 발생했습니다. 더욱이 많은 건축자들이 할당된 성벽 건축에 전념하느라 밭을 갈고 양식을 심는 일에 힘을 다할 수 없었습니다. 이것이 하나님이 주신 그들의 사명임이 분명하고 나라와 민족을 구하는 일이 분명하지만, 지금 이것 때문에 고통을 당하고 있습니다.

우리에게도 이런 경우가 얼마나 많은지 모릅니다. 하나님 나라와 그의 영광을 위해 교회에서 많은 시간과 노력을 하지만, 정작 내게 주어지는 것이 고난일 때도 있습니다. 특히 이 고난을 잘못 이해할 때는 더욱 그렇습니다. 그러나 사도 바울은 "그리스도와 함께한 상속자니 우리가 그와 함께 영광을 받기 위하여 고난도 함께 받아야 할 것이니라 생각하건대 현재의 고난은 장차 우리에게 나타날 영광과 비교할 수 없도다"(롬 8:17-18)라고 하였습니다.

그들은 여분의 곡식이 남아 있기는 했지만 소수의 건축자만이 곡식을 살 수 있는 돈을 갖고 있었습니다. 어떻게 보면 이것은 성벽 건축을 위해 그들이 일할 시간을 빼앗긴 탓이기도 했습니다. 성벽 재건 사업에 분개감이 높아갔던 것도 이해할 만한 일입니다.

어떤 사람들은 재정적 압박을 피하기 위해, 가족을 먹여살릴 식량을 사기 위해 그들의 밭과 심지어 집을 담보로 잡히기도 했습니다(느 5:2-3). 심지어 식량을 얻기 위해 밭과 포도원과 집을 부자들에게 저당잡히는 사람들도 있었습니다(느 5:3). 하지만 가난한 이웃과 동포에게서 고리를 취하여 이득을 취하는 것은 율법의 금지 사항이었습니다(출 22:25-27; 레 25:36 이하).

사탄은 유다 사람들로 하여금 불신과 원망과 노여움뿐 아니라 율법의 가치도 떨어뜨리는 데 성공하였습니다. 결국 성벽 재건 사업은 오히려 그들의 생계에 큰 위협이 되었을 뿐만 아니라, 그들의 영적 상태도 혼란스럽게 만들었습니다.

설상가상으로 그들은 아직도 많은 세금을 바사의 아닥사스다 왕에게 바쳐야 했습니다(4절). 그들은 세금 지불에 필요한 자금을 빌려야 했기 때문에 토지를 저당잡혀야 했고, 이번에는 자신들과 아이들을 저당잡힐 수밖에 없었습니다. 옛날에는 실제로 가족이 담보로 제공되기도 했습니다. 만일 빚진 돈을 갚지 못하면 아내와 아이들이 노예로 팔려갈 수밖에 없었습니다.

그렇기 때문에 건축자들은 자신들이 처한 상황의 심각성을 파악하자 성벽 재건에 대한 흥미를 잃었습니다. 지금까지 한 손에는 쟁기를 들고, 한 손에는 칼을 들고, 밤에는 뜬눈으로 지역을 지키고, 피곤한 몸이지만 비전을 위해 힘쓰던 그들의 열심과 열정은 점점 식어갔습니다. 누가 이러한 상황에서 그들의 반응을 비난할 수 있겠습니까? 그들은 재정적으로 파산 위기에 놓였고 또 파산당했습니다. 졸지에 능력 없는 신용 불량자가 되어버렸습니다.

예전에도 불탄 성벽과 불탄 집에서 살았습니다. 그러나 가족과 함께할 수 있었고, 허름하지만 집이 있었습니다. 그리고 땅이 있었기에 봄에는 씨를 뿌리고 가을에는 추수할 수 있는 소망과 기쁨이 있었습니다. 지금처럼 신용 불량자는 아니었습니다. 이런 상황에서 또다시 그들에게 필요한 것은 성벽 재건이나 국가 부흥이 아니라 가족과 안전한 재정이었습니다. 이런 문제들로 인해 그들은 내부에서 '원망과 노여움'이 생겨나게 되었습니다.

그러나 그들에게 있어서 이것만이 문제가 아니었습니다. 그들에게는 이것보다 더 근본적인 문제가 있었습니다.

느헤미야는 실제로 예루살렘의 위기로부터 이익을 보고 있는 몇몇 귀인들과 민장들을 알게 되었습니다. 이들은 여분의 곡물을 팔고 돈을 빌려주는 운 좋은 이들이었습니다. 이들은 터무니없이 높은 이율로 돈을 빌려주고 비싼 가격에 곡물을 팔면서 백성들의 처지를 악용하고 있었습니다. 그들은 집과 토지와 밭의 저당권을 손에 쥐고 있었습니다. 무엇보다 혐오스러운 것은, 그들이 자신들의 동포와 그 가족을 담보로 받았다는 사실입니다. 바꾸어 말하면 그들은 자신의 이웃들에게 돈을 빌려주고 그들을 노예로 만들고 있었습니다.

귀인들과 민장들은 성벽을 재건하는 일이 아닌 다른 계획을 갖고 있었습니다. 사실 그들은 느헤미야가 나타나서 이 작업을 시작하기 전에도 잘살았습니다. 그들은 예루살렘의 독립이 자신들에게 이익이 되지 않을 것이라고 확신했습니다. 왜냐하면 그렇게 되면 그들의 영향력이 줄어들 것이기 때문입니다.

그들이 저지르는 악행은 직접적으로 율법을 어기는 행동이었습니다. 모세의 율법은 다른 유다 사람들에게 이자를 금하고 있었습니다. 또한 갚지 못한 빚 때문에 종신 노예가 되는 것도 금하고 있습니다(레 25:39-42; 출 25:39-42). 더욱이 건축자들의 희생에 비추어 본다면 그들이 하는 행동은 대단히 비윤리적이었습니다. 자신의 이익만을 추구하는 사람들과 이에 대한 원망과 노여움을 가진 사람들의 충돌, 하나님의 말씀을 거역하게 하는 것……이것은 사탄의 방법입니다.

이제 그들의 비전은 어떻습니까? 이제 아무도 비전에 대해, 그들이 다시 재건하고자 했던 성벽 재건의 꿈에 대해서는 더 이상 관심이 없습니다. 그들은 자신들에게 소중한 것과 모든 사람들을 잃어가고 있었습니다. 지금 당장 성벽이 우리에게 무슨 소용이 있습니까? 그들은 비전보다는 '먹고사는 문제'에 더 집중하게 되었습니다. 그들의 공동체는 '비전 중심'이 아니라 '문제 중심'에 빠지기 시작했습니다. '비전 중심'에서 '문제 중심'으로의 전환, 그래서 문제 중심에서 백성들은 서로 원망하고 노여워하게 됩니다. 이것이 사탄의 방법이고 그는 그 목적에 성공하였습니다.

우리 교회 공동체는 '비전 중심 공동체'입니까, 아니면 '문제 중심 공동체'입니까? 아니, 우리 교인들의 성향은 '비전을 향해 나아가는 성도'입니까, 아니면 '문제를 가지고 다투고 원망하고 노여워하는 성도'입니까? 이제 우리 공동체를 점검해 보아야 합니다.

① 나는 지금 교회 공동체의 목표와 목적을 따라 '동행'하고 있습니까?
② 나는 공동체의 목표와 목적을 이루기 위해 주변 사람들과 '협력'하고 '노력'하고 있습니까?
③ 나는 교회 공동체 사람들과 대화할 때 '비전 중심'입니까, 아니면 '문제 중심'입니까?
④ 나는 교회 공동체의 비전을 위해 에너지를 '헌신'합니까, 아니면 문제에 더 '소비'합니까?
⑤ 나는 교회 공동체의 비전을 위해 '참여'하는 사람입니까, 아니면 '참견'하는 사람입니까?

간단히 다섯 가지 질문을 해보았습니다. 이것에 따라 나는 비전 중심의 사람인지, 아니면 문제 중심의 사람인지를 판단할 수 있습니다. 분명한 것은, 하나님께서는 '문제 중심'의 사람보다는 '비전 중심의 사람'을 축복하신다는 것입니다.

우리는 길을 가다가 약간의 충돌을 경험할 수도 있습니다. 그러면 그 충돌로 얼마간 주의가 필요할 수도 있습니다. 그러나 비전을 추구하는 일이 위기를 처리하는 일과 뒤바뀌지 않도록 주의해야 합니다.

뿐만 아니라 사탄은 부흥하려는 교회 공동체에게 갈등과 반복의 상태를 만들어 놓습니다. 이런 갈등과 반복의 관계에서는 비전이 살아 움직일 수 없습니다. 우리는 직장, 학교, 교회, 가족 등 어떤 조직에 속해 있든지 개인의 목표와 계획이 집단의 비전과 갈등을 일으킬 때는 집단의 비전이 해를 입습니다. 한 조직 내에서 갈등을 빚게 되는 계획은 결국 공동의 비전보다는 사사로운 개인의 관심사로 사람들의 관심을 집중하게 합니다. 이런 갈등이 해결되지 않고 지속된다면 앞으로 나아가던 것도 모두 멈춰버릴 것입니다.

사탄은 교회 공동체 안에서 이런 방법을 즐겨 사용합니다. 사탄은 우리로 비전을 포기하게 합니다. 아니, 지금 예루살렘 공동체의 비전, 우리 교회 공동체의 비전을 감당하지 못하게 하는데, 그러한 자들에게서는 이런 공통적인 태도들을 볼 수 있습니다.

① 그들은 봉사하려고 하기보다는 지배하려고 합니다(느 5:15).
지배하려는 경향은 리드하려는 욕구나 심지어 봉사하려는 욕구를 가장하고 나타납니다. 그러나 때가 되면 지배하려는 그들의 욕구가 드러나게 됩니다. 그렇기 때문에 그들이 수행하는 봉사에는 항상 부대 조건이 존재합니다.

② 그들은 자신들의 계획을 수행해 나가기 위해 사람들과 환경을 조종하려 합니다(느 5:5, 7-10).
그들은 자신들의 계획에 자금을 동원하기 이해 비전을 이용하기까지 합니다.

③ 그들은 자신의 의견 차이를 직접 드러내 놓고 해결하려 하지

않습니다(느 5:9).

항상 감추어 두고 뒤에서 말합니다. 그리고 직접 말하기보다는 둘러서 말하는 쪽을 택합니다. 심지어 그들은 자신들의 자기 중심적인 계획을 정당화하기 위해 자신의 상처를 이용하기도 합니다. 왜냐하면 문제의 진정성을 이해하지 못하게 하려는 목적이 있기 때문입니다.

④ 그들은 공동체의 회원을 진심으로 최선을 다해 신뢰하지 않습니다(느 5:8-9).

자기 외에는 모든 사람을 의심합니다. 그들은 모든 공동체 회원을 성공을 위한 이용물로만 생각합니다.

⑤ 그들은 공동체의 실패를 자신들의 성공으로 여깁니다(느 5:15).

여러분은 어떻습니까? 공동체의 비전을 가지고 있는 사람입니까, 아니면 원망과 노여움 그리고 사탄의 방법에 빠져 있는 사람입니까?

그러면 예루살렘 성벽 재건과 유다 사람들의 회복을 저지하려는 사탄의 이러한 방해 공작을 어떻게 하면 이길 수 있습니까? 아니 어떻게 하면 이 공동체를 건강한 교회로, 원망과 노여움이 쌓여 있는 '문제 중심의 교회'가 아니라 '비전 중심의 교회'로 만들 수 있을까요?

성경은 사탄의 이러한 방법과 공격에 대해 주저하지 않고 분명히 언급합니다. "마귀로 틈을 타지 못하게 하라"(엡 4:27). "마귀를 대적하라 그리하면 너희를 피하리라"(약 4:7). "근신하라 깨어라 너희 대적 마귀가 우는 사자같이 두루 다니며 삼킬 자를 찾나니 너희는 믿음을 굳건하게 하여 그를 대적하라 이는 세상에 있는 너희 형제들도 동일한 고난을 당하는 줄을 앎이라"(벧전 5:8-9).

그렇다면 좀더 구체적으로 어떻게 하는 것이 사탄의 공격에 대해 역공격하는 것일까요? 어떻게 하면 사탄의 공격을 이길 수 있는 것일까요?

느헤미야는 '경건대회'를 열었습니다(느 5:7)

이 일은 백성들 사이에서 벌어진 분쟁을 해결하자는 것이었습니다. 이런 종류의 문제를 정면으로 대하는 것이 얼마나 중요한 일인지 느헤미야는 충분히 인식하고 있었습니다. 거기에서 느헤미야는 그들의 실수와 잘못에 대하여 분명히 언급합니다.

이럴 때 지도자의 지혜가 필요한 것 같습니다. 어떤 때는 그냥 모른 척 지나가기도 하지만, 이럴 때는 시정할 수 있도록 해야 하는 것입니다. 왜냐하면 그 이유가 너무도 분명하기 때문입니다. 분명한 이유는 귀인들과 민장들은 불법을 행하였다는 것입니다. 율법은 유다 사람이 유다 사람을 노예로 만드는 것을 금했습니다. 빚을 갚을 수 없는 이스라엘 사람을 하인으로 고용할 수는 있었지만 노예로 팔아버릴 수는 없었습니다. 유다인 형제를 이방인에게 매매하는 것도 분명히 금지되어 있었습니다. 그런데도 귀인들과 민장들은 유다인 형제들과 그의 가족들을 경매로 최고 입찰자에게 팔았습니다. 더욱 화가 나는 것은, 느헤미야가 노예로 이방인들에게 팔려 간 유다인을 되사는 데 많은 시간과 돈이 들었다는 사실입니다.

우리는 하나님의 율법을 무시한다면 복을 받지 못하리라는 것을 공개적으로 알려야 합니다. 그들이 하나님의 율법을 그렇게 뻔뻔스럽게 무시하는 한, 하나님께서는 그들의 어떠한 노력도, 어떠한 예배도 받지 않으실 것이 뻔했습니다. 그렇기 때문에 이 문제는 공개적으로 해야 했습니다.

그때 공동체의 결과를 볼 수 있습니다. "회중이 다 아멘 하고 여호와를 찬송하고 백성들이 그 말한 대로 행하였느니라"(느 5:13).

사탄을 이기는 능력은 신앙에 바탕을 둔 '섬김'입니다

예루살렘 사람들과 함께하기로 한 '낮아짐'에서 느헤미야의 친절을 찾을 수 있습니다. 5장 14절을 보면, "또한 유다 땅 총독으로 세움을 받은 때 곧 아닥사스다 왕 제이십년부터 제삼십이년까지 십이년 동안은 나와 내 형제들이 총독의 녹을 먹지 아니하였느니라"라고 말합니다.

총독이 왕의 녹을 먹는 것은 당연한 일입니다. 그런데 그는 그렇게 하지 않았습니다. 그가 왜 과거의 다른 총독들처럼 그렇게 하지 않았을까요?

이 름	자 료	연 대
세스바살(Sheshbazzar)	스 1:8, 5:14	B.C. 538년
스룹바벨(Zeubbabel)	학 1:1, 14	B.C. 515년
엘나단(Elnathan)	봉 인장(Bulla and seal)	B.C. 6세기 말
예호에셀(Yeho'ezer)	단지회화	B.C. 5세기 초
아사이(Ahzai)	단지회화	B.C. 5세기 초
느헤미야(Nehemaiah)	느 5:14, 12:26	B.C. 445~432년
바호히(Bahohi)	카울리#30:1	B.C. 407년
예히스기야(Yehezqiyah)	경화	B.C. 330년

▲ 느헤미야 이전과 이후의 유대 총독들의 목록[1]

"……내가 총독의 녹을 요구하지 아니하였음은 이 백성의 부역이 중함이었더라"(느 5:18).

그는 예루살렘의 총독이었지만 예루살렘의 백성이 되었습니다. 그는 예루살렘의 권세자였지만 예루살렘 백성들을 섬겼습니다. 그는 당연히 명령할 권리가 있었지만 예루살렘 백성들을 위해 섬김의 권리를 택했습니다. 왜 그렇게 했을까요?

예수님은 하나님 나라 백성들을 위하여 스스로 낮추셨습니다. 천사를 호령하시던 분이 세상 사람들의 비난을 들으셨습니다. 별들을 손으로 잡을 수 있는 분이 문둥병자의 손을 잡으셨습니다. 온 우주를 다스리는 왕 중의 왕께서 로마 군인들에게 잡혀 주셨습니다. 왜 그렇게 하셨을까요? 그렇게 하는 것이 친절이기 때문입니다. 친절은 자신보다 남을 먼저 생각하는 마음입니다.

매일 느헤미야는 자기 식탁에서 대접해야 할 손님이 얼마나 많았는지 모릅니다. 그는 실제로 이렇게 말했습니다.

"또 내 상에는 유다 사람들과 민장들 백오십 명이 있고 그 외에도 우리 주위에 있는 이방 족속들 중에서 우리에게 나아온 자들이 있었는데 매일 나를 위하여 소 한 마리와 살진 양 여섯 마리를 준비하며 닭도 많이 준비하고 열흘에 한 번씩은 각종 포도주를 갖추었나니……"(느 5:17-18).

이것을 준비하려면 얼마나 많은 돈과 수고가 필요하겠습니까? 그러나 그렇게 하지 않았습니다. 그 이유는 자기 혼자만 호의호식할 수 없었기 때문입니다. 이 백성의 부역이 중했기 때문입니다(느 5:18).

느헤미야는 총독의 특권 의식에 사로잡히지 않았습니다. 오히려 총독의 책임과 사명에 사로잡혔습니다. 그렇기 때문에 그는 백성들을 위해 섬길 수 있었으며, 백성들을 위해 희생할 수 있었습니다. 이것이 믿는 자의 친절입니다.

"그러므로 우리는 기회 있는 대로 모든 이에게 착한 일을 하되 더욱 믿음의 가정들에게 할지니라"(갈 6:10).

섬김은 소리 없이 조용하게 베푸는 것입니다. 마치 끼어드는 차에 길을 양보하고, 세 아이를 데리고 다니는 젊은 엄마가 먼저 계산

할 수 있도록 자리를 내어주는 것입니다. 길에 버려진 이웃집 쓰레기 봉투 통을 제자리에 갖다 세워 주는 것입니다. 섬기는 사람은 내가 도와야 할 사람을 알고, 내게 도움을 받아야 할 사람이 누구인지를 알고 있습니다.

그렇기 때문에 느헤미야는 건축자들을 악용하여 자신들의 부를 축적한 일과 관련하여 그 지역에서 가장 힘이 있는 이들에게 도전했습니다. 이것은 사탄에게 도전장을 내는 것과 같은 것입니다. 느헤미야는 불의한 방법으로 부를 축적한 그들에게 이렇게 말했습니다. "너희는 그들에게 오늘이라도 그들의 밭과 포도원과 감람원과 집이며 너희가 꾸어준 돈이나 양식이나 새 포도주나 기름의 백분의 일을 돌려보내라"(느 5:`11).

과연 그들이 순수하게 들었을까요? 과연 그들이 순전하게 자신들의 이익을 나눌 수 있었을까요? 반대는 없었을까요? 그들은 이렇게 말할 수밖에 없었습니다. 그리고 그렇게 할 수밖에 없었습니다. 12절 상반절을 보면, "그들이 말하기를 우리가 당신의 말씀대로 행하여 돌려보내고 그들에게서 아무것도 요구하지 아니하리이다"라고 하였습니다.

느헤미야는 승리하였습니다. 이것이 그들을 이기는 방법입니다. 느헤미야는 자신이 가진 섬김의 친절을 가지고 그들의 삶의 방식이 부끄러운 것임을 깨닫게 해준 것입니다. 결국 다른 방법, 다른 길은 없습니다. "그러므로 우리는 기회 있는 대로 모든 이에게 착한 일을 하되 더욱 믿음의 가정들에게"(갈 6:10) 할 수 있어야 합니다.

치명적인 사회적 문제와 인격의 문제를 가진 삭개오(눅 19:8-9)를 기억하십니까? 그는 섬김을 잃어버린 사람이 아닙니다. 그에게는 원래부터 친절이란 것이 없었습니다. 그런 그가 예수님을 만났고 모든 죄를 용서받았습니다. 그의 친절이 회복된 것입니다. 그는 세금을 거두는 사람들의 수장이었습니다(눅 19:1). 그는 자신의 권력과 권리를 이용하여 부자가 되었으며, 많은 사람들의 재정적 현실을 어렵게 만들었습니다. 그는 자신의 지위를 남용하여 권력을 얻었지만 많은 동료들의 삶을 빼앗았습니다. 그렇지만 예수님은 그를 용서해 주셨습니다.

그렇다면 도대체 삭개오는 어떻게 해서 예수님께 용서받을 수 있었을까요? 또 삭개오는 어떻게 해서 그 지역, 그 동네 사람들에게 용서받고 회복될 수 있었을까요? 그가 이렇게 말했을까요? "제가 얼마나 죄송스럽게 생각하는지를 알아 주십시오. 제가 잘못 생각했던 같습니다. 앞으로 조심하겠습니다."

만약 여러분이라면 이렇게 용서를 구하는 삭개오를 용서해 주시겠습니까? 당연히 "아니요"라고 말할 것입니다. 아니, "절대 그렇게 못합니다"라고 말할 것입니다.

아무리 용서를 구한다고 해도 삭개오는 용서받을 수 없었을 것입니다. 다른 뭔가가 있습니다. 그의 말을 뒷받침 할 수 있는 희생이 있어야 합니다. 수년간 그 탐욕과 기만에 찬 마음을 행동으로 보여주어야 할 희생이 있어야 합니다. 누가복음 19장 8절 이하에 보면, 그가 가난한 이들에게 소유의 절반을 주겠다고 하였습니다. 그런데 생각해 보십시오. 그 동네에서 부자로 사는 사람이 몇 명이 있겠습니까? 그렇다면 그 소유 절반이 남겠습니까?

그런데 그는 여기서 멈추지 않고 또다시 이렇게 용서를 구했습니다. 그는 과도하게 세금을 매겼던 모든 사람들에게 다시 세금을 돌려주는데, 불법으로 매긴 세금의 4배를 보상해 주겠다고 한 것입니다. 그가 약속한 배상은 바리새인의 율법에서 규정한 양보다 훨씬 많았습니다(출 22:1-4). 그는 말로만 용서를 구한 것이 아닙니다. 자신의 삶의 현장에서 자신의 삶을 통해 희생한 것입니다.

이것이 용서받는 삭개오의 섬김입니다. 이런 섬김으로써 과거 사탄에 붙들린 삶으로부터 자유하는 것입니다.

사탄을 이기는 방법은 하나님을 가까이하는 것입니다

야고보는 사탄을 대적하는 방법 가운데 분명한 것은 하나님을 가까이하는 것이라고 말합니다.

> "그런즉 너희는 하나님께 복종할지어다 마귀를 대적하라 그리하면 너희를 피하리라 하나님을 가까이하라 그리하면 너희를 가까이하시리라 죄인들아 손을 깨끗이하라 두 마음을 품은 자들아 마음을 성결하게 하라"(약 4:7-8).

그렇다면 하나님을 가까이하는 것이 무엇일까요? 하나님의 자녀들이 하나님을 가까이하는 대표적인 것들은 어떤 것이 있습니까? 특히 시험이나 큰일을 앞두고 어떻게 하나님을 가까이해야 하는 것일까요?

이미 신앙의 선배들이나 예수님께서도 동일하게 말씀하셨습니다. "시험에 들지 않게 깨어 있어 기도하라"(막 14:38). 기도로 깨어 있을 수 있기에 죄가 오는 것을 볼 수 있고, 유혹이 감지되면 다른 길로 갈 수 있습니다. 또 기도는 하나님께서 우리와 함께 동행하시면서 우리 등뒤에서 날아오는 악마의 독화살로부터 우리를 지켜 주시도록 하나님을 초청하는 것입니다.

느헤미야의 기본적인 신앙의 모습을 살펴보면 우리는 분명한 것을 파악할 수 있습니다. 그는 예루살렘의 슬픈 소식을 들었을 때 "하늘의 하나님 앞에 금식하며 기도"했습니다(느 1:5). 그는 아무리 다급해도 하나님께 먼저 물었습니다(느 2:5-8). 아닥사스다 왕이 느헤미야의 얼굴에 근심이 있는 이유를 알고 그 소원을 물었을 때 "내가 곧 하늘의 하나님께 묵도하고"라고 고백했습니다.

우리에게 무엇보다도 급한 것은 아버지 하나님 앞에 서는 것입니다. 그는 권력과 위치를 이용해서 예루살렘까지 갈 수 있는 길과 예루살렘의 무너진 성벽을 재건할 수 있는 편의를 제공받습니다. 그렇지만 그는 자기 실력이라고 말하지 않습니다. 그는 2장 8절에서 "내 하나님의 선한 손이 나를 도우시므로 왕이 허락"하였다고 고백합니다. 2장 18절과 20절에서도 "하나님의 선한 손이 나를 도우신 일"과 "하늘의 하나님이 우리를 형통하게 하시리니"라고 고백합니다. 진정으로 하나님께서는 그의 종들에게 이렇게 말씀하셨습니다.

"······만군의 여호와께서 말씀하시되 이는 힘으로 되지 아니하며 능력으로 되지 아니하고 오직 나의 영으로 되느니라"(슥 4:6).

느헤미야는 얼마든지 자신의 권력과 지위, 즉 총독의 자리를 이용할 수 있었습니다. 그러나 그는 하나님을 더 가까이하였습니다. 주님의 양 떼들이 그들을 파멸시키고자 항상 두루 찾고 다니는 늑대들로부터 보호를 받기 위해서는 목자와 서로에게 가까이할 필요가 있습니다. 만일 그들이 서로를 삼키게 되고 그로써 사탄에게 일할 기회를 내어준다면 얼마나 슬프고 부끄러운 일이겠습니까? 우리는 우리의 교훈을 위해 본 장에 기록된 사건을 통해 바로 이러한 사실에 대해 경고를 받게 됩니다. 이것이 사탄을 이기는 믿음입니다.

우리는 사탄을 이길 수 있는 백성들입니다. 아니, 우리는 사탄을 이겨야 합니다. 우리는 교회 공동체를 일으킬 수 있는, 부흥시킬 수 있는 능력과 자질이 많은 백성들입니다. 그렇지만 사탄의 이러한 방법에 너무도 쉽게 빠지지는 않습니까? 아니, 너무 무력하게 사탄의 공격의 대상이 되는 것은 아닙니까? 너무 무력하게 무너지거나 넘어지는 것은 아닙니까? 이제 자신의 모습을 바라보십시오.

내 신앙의 삶이 사탄을 이길 수 있습니까? 내 신앙의 삶이 하나님이 우리 교회에게 주신 비전을 이룰 수 있겠습니까? 다음 세대를 부흥케 하려는 교회의 목표, 하나님 나라를 위한 구원 운동의 비전을 가지고 있습니까?

느헤미야 5장 1-5절 말씀은 사도행전 6장의 초대 교회의 분열 모습과 매우 비슷합니다. 사탄이 부흥하는, 아니 부흥해야 하는 초대 교회에 '내부 공동체의 분열'이라는 방법을 택하였듯이, 오늘 느헤미야의 공동체가 성벽을 재건하는 부흥의 길목에서 서로에게 '원망'하는 것과 공동체에게 '분노'하게 하는 방법을 택하게 합니다.

혹시 우리 가운데 '원망'으로 가득 찬 사람이 있습니까? 하나님께 그 마음을 내려놓으십시오. 혹시 우리 가운데 '노여워하는 마음'으로 가득 찬 사람이 있습니까? 그것마저도 하나님께 내려놓으십시오. 더 이상 사탄의 굴레에 넘어가지 마십시오. 더 이상 사탄의 속임수에 걸려들지 마십시오.

이제 이렇게 기도해 보십시오. 하나님의 비전으로 충만하게 해 달라고 기도하십시오. 문제 중심의 사람이 아니라 비전 중심의 사람이 되게 해 달라고 기도하십시오. 그러기 위해서 하나님 앞에서 겸손하며, 교회 앞에서 정결하고, 하나님과 사람 앞에서 진실하게 해 달라고 기도하십시오. 그리고 이 비전을 꿈꾸며 행할 때, 하나님이 나를 통해 교회 부흥과 하나님 나라의 회복이 이루어지고 내가 구원 운동의 주역이 되어 축복을 받게 해 달라고 기도하십시오. 하나님은 여러분을 비전의 사람으로 부르셨습니다.

10. 예수님처럼 사탄을 대적하라

산발랏과 도비야와 아라비아 사람 게셈과 그 나머지 우리의 원수들이 내가 성벽을 건축하여 허물어진 틈을 남기지 아니하였다 함을 들었는데 그때는 내가 아직 성문에 문짝을 달지 못한 때였더라 산발랏과 게셈이 내게 사람을 보내어 이르기를 오라 우리가 오노 평지 한 촌에서 서로 만나자 하니 실상은 나를 해하고자 함이었더라 내가 곧 그들에게 사자들을 보내어 이르기를 내가 이제 큰 역사를 하니 내려가지 못하겠노라 어찌하여 역사를 중지하게 하고 너희에게로 내려가겠느냐 하매 그들이 네 번이나 이같이 내게 사람을 보내되 나는 꼭같이 대답하였더니 산발랏이 다섯 번째는 그 종자의 손에 봉하지 않은 편지를 들려 내게 보냈는데 그 글에 이르기를 이방 중에도 소문이 있고 가스무도 말하기를 너와 유다 사람들이 모반하려 하여 성벽을 건축한다 하나니 네가 그 말과 같이 왕이 되려 하는도다 또 네가 선지자를 세워 예루살렘에서 너를 들어 선전하기를 유다에 왕이 있다 하게 하였으니 지금 이 말이 왕에게 들릴지라 그런즉 너는 이제 오라 함께 의논하자 하였기로 내가 사람을 보내어 그에게 이르기를 네가 말한 바 이런 일은 없는 일이요 네 마음에서 지어낸 것이라 하였나니 이는 그들이 다 우리를 두렵게 하고자 하여 말하기를 그들의 손이 피곤하여 역사를 중지하고 이루지 못하리라 함이라 이제 내 손을 힘있게 하옵소서 하였노라(느 6:1-9).

혹자들은 이렇게 말합니다. "사탄과 평화의 조약을 맺을 수 없을까?" 그렇지만 우리는 단호하고도 분명하게 말해야 합니다. "없다. 그렇게 할 수 없다."

왜 사탄과 평화의 조약을 맺을 수 없을까요? 사탄은 원래 '하나님의 뜻을 외면하게 만들' 기 때문입니다. 그리고 이 목적을 위해서 '하나님의 진리'를 외면하게 하고 '거짓'으로 우리를 유혹하기 때문입니다.

> "······그는 처음부터 살인한 자요 진리가 그 속에 없으므로 진리에 서지 못하고 거짓을 말할 때마다 제 것으로 말하나니 이는 그가 거짓말쟁이요 거짓의 아비가 되었음이라"(요 8:44).

그뿐 아니라 사탄은 아담과 하와를 유혹하여 성공한 이후부터 지금까지 하나님을 대적하는 것을 멈춘 적이 없고, 하나님의 자녀들을 넘어뜨리는 행위를 멈춘 적이 없기 때문입니다. 지금도 그들은 "우는 사자같이 두루 다니며 삼킬 자"(벧후 5:8)를 찾고 있습니다.

느헤미야를 통해 추진되는 성벽 재건은 거의 완성 단계에 이르렀습니다. 성벽을 건축하여 허물어진 틈을 남기지 아니하였으나 아직 성문의 문짝은 달지 못하였습니다(느 6:2). 이제는 성벽 건축도 거의 끝나가기 때문에 산발랏과 도비야와 그 밖의 대적들이 순순히 포기할 때가 되었다는 생각도 듭니다. 이 성벽 건축의 과정을 보면 역시 우리 하나님께서 이루셨다는 것을 말하지 않을 수 없습니다.

물론 "산발랏과 도비야와 아라비아 사람 게셈과 그 나머지 우리의 원수들"(느 6:1)도 이 소식을 들었습니다.[1] 그렇지만 그들은 느헤미야에 대한 공격을 포기하지 않았습니다. 오히려 느헤미야를 해하고자 '오노 평지'[2)]에서 만나자고 합니다(느 6:2). 사탄은 끝까지 우리의 믿음의 승리를 보고만 있지 않습니다. 그렇기 때문에 사도 바울은 "그런즉 선 줄로 생각하는 자는 넘어질까 조심하라"(고전 10:12)고 했습니다.

구약에서 엘리야의 영적 위기는 '1대 850'이라는 우상숭배자들과의 영적 싸움에서 큰 승리를 거둔 뒤 찾아왔습니다(왕상 18:20-40). 엘리야의 영성을 생각해 볼 때 이러한 영적 위기를 상상할 수도 없을 것입니다. 그러나 사탄은 갈멜 산에서 완전히 패하지 않았습니다. 오히려 더 가까이에서 엘리야를 공격하고 있었습니다. 심지어 엘리야는 로뎀 나무 아래에서 영적 침체에 빠지면서 "여호와여 넉넉하오니 지금 내 생명을 거두시옵소서 나는 내 조상들보다 낫지 못하니이다"(왕상 19:4)라고 말하였습니다.

느헤미야에게도 성벽 재건의 완성 즈음에, 이제는 멈추었다고 생각되었던 원수들의 공격이 다시 시작되었습니다. 그러나 느헤미야는 이번에도 사탄의 시험을 능히 이겨냅니다. 그는 이와 같은 산발랏과 도비야와 아라비아 사람 게셈과 그 나머지 원수들의 시험을 어떻게 이겨낼 수 있었을까요? 그 승리의 방법이 여기에 있습니다. 사탄의 습관을 알면 이길 수 있습니다.

사탄은 하나님처럼 '거룩한 만남'을 흉내냅니다

일찍이 하나님께서는 아브라함을 만나 주셨고, 한나를 만나 주셨고, 경건한 이방인인 로마 백부장도 만나 주셨습니다. 그런데 사탄은 하나님과 그의 자녀들이 만나는 '거룩한 만남'을 흉내냅니다.

하나님은 에덴 동산에서 아담과 하와와 자주 만나셨습니다. 하나님은 아담을 이끌고 그 생물들에 관심을 갖게 하셨습니다(창 2:19). 사탄은 이러한 하나님의 친근감을 흉내냅니다. 사탄은 하와에게 접근하였습니다. 그러고는 하나님처럼 생물에 관심을 갖게 한 뒤 하나님의 관심과 다르게 말합니다(창 3:1). 사탄은 '하나님이 먹지 말라' 하신 열매를 먹으면 하나님처럼 된다고 거짓말을 합니다(창 3:5). 이것이 사탄의 방법입니다. 이것이 영적 전쟁의 실제입니다.

그러므로 분별력이 있어야 합니다. 분별력을 갖게 하는 것은 '하나님의 뜻', '하나님의 말씀', '하나님의 비전'이 무엇인지를 되새기는 것입니다.

6장 2절을 보면, "산발랏과 게셈이 내게 사람을 보내어 이르기를 오라 우리가 오노 평지 한 촌에서 서로 만나자"고 하였습니다. 그러나 이내 느헤미야는 그 대적들이 왜 '오노 평지'에서 만나자고 하는지 알았습니다. "실상은 나를 해하고자 함"(느 6:2)이었습니다. 그의 대적들은 한 번도 아니고 다섯 번씩이나 느헤미야에게 사람을 보내어 만나자고 하였습니다. 때로는 유화 정책으로, 때로는 함께 의논하자는 식으로, 때로는 협박조로 말입니다.

사탄은 여전히 느헤미야와 영적 전쟁을 치르면서 여러 방법을 동원하였습니다. 그러므로 우리는 이것이 선한 것인지 아니면 악한 것인지를 분별할 수 있어야 합니다. 사도 바울은 이런 거짓을 말하는 사탄, 즉 거짓 사도들에 대하여 이렇게 경고하였습니다.

"그런 사람들은 거짓 사도요 속이는 일꾼이니 자기를 그리스도의 사도로 가장하는 자들이니라 이것은 이상한 일이 아니니라 사탄도 자기를 광명의 천사로 가장하나니 그러므로 사탄의 일꾼들도 자기를 의의 일꾼으로 가장하는 것이 또한 대단한 일이 아니니라 그들의 마지막은 그 행위대로 되리라"(고후 11:13-15).

그러므로 하나님의 말씀은 거짓 영들을 판단할 수 있는 가장 강력한 무기가 됩니다. 이 말씀은 우리 신앙의 발전에 매우 중요한 것임을 알 수 있습니다. 예수님께서 사탄에게 "사람이 떡으로만 살 것이 아니요 하나님의 입으로부터 나오는 모든 말씀으로 살 것이라"(마 4:4)고 대답하셨습니다. 예수님은 하나님의 말씀을 통하여 이 세상을 적극적으로 대처해 나가라고 말씀하셨습니다.

하나님은 지금도 여전히 말씀하고 계십니다. 우리는 그 말씀을 들을 수 있어야 합니다. 그러므로 사탄 앞에서 당황하지 마십시오. 우리는 할 수 없지만 하나님은 하실 수 있다는 것을 상기하십시오. 하나님은 그 사실을 증명하기 위해 놀라운 선물을 주셨습니다. 하나님께서는 마음의 평안을 주셨습니다. 폭풍우 앞에서도 요동하지 않는 평안을 주셨습니다. 우리의 논리를 능가하는 평안을 주셨습니다. 마치 골리앗 앞에 선 다윗에게 평안을 주신 것처럼, 마치 복음 앞에 선 사울에게 평안을 주신 것처럼, 십자가 앞에 선 예수님께 평안을 주셨던 것처럼 우리에게도 주십니다.

사탄의 목적은 하나님의 일을 방해하는 것입니다

그러므로 사탄을 효율적으로 대적하고 영적 전쟁에서 승리하기 위해서는 하나님의 비전에 충성을 다해야 합니다. 즉 '하나님이 주신 비전 중심의 영역에서 이탈하지 말라' 는 것입니다.

한때 이런 광고 문구가 우리나라에서 유행했던 적이 있었습니다. "수고한 당신, 떠나라." 그리고 나서 우리나라에 경제 위기가 왔습니다. 목표를 다 이루지도 못했는데, 이제는 거의 완성되었다는 안일한 생각 때문에, 스스로 수고했다는 만족감 때문에 마지막 목적을 이루지 못하고 주저앉아버릴 때가 많습니다. 사탄은 이런 방법으로 우리를 현혹시킵니다. 비전 중심에서 이탈시키는 것입니다.

사탄은 "수고하고 무거운 짐 진 자들"을 예수님께로 가게 하지 않습니다. 그는 "수고하고 무거운 짐진 자들에게 잠깐 쉬고 하자"고 말합니다. 사탄은 결코 하나님의 일을 중지하라고 말하지 않습니다. 단지 "서로 만나자"(느 6:2)고 말할 뿐입니다. 그러나 실상은 상대방을 '해하고자 함' 입니다.

느헤미야는 이런 사탄의 전략과 전술을 너무도 잘 알고 분별하였습니다. 그래서 그는 이렇게 대답합니다. "내가 이제 큰 역사를 하니 내려가지 못하겠노라 어찌하여 역사를 중지하게 하고 너희에게로 내려가겠느냐"(느 6:3).

사탄의 목적은 분명합니다. 그것은 느헤미야를 오노 평지에서 만나 살해하고 예루살렘의 성벽 재건 역사를 중지시키려는 것입니다. 그러므로 "성 재건의 역사가 끝나지 않았기에 갈 수 없다"는 느

느헤미야의 답변은 옳습니다. 어떤 상황에서도, 어떤 유혹에서도 "맡은 자들에게 구할 것은 충성"(고전 4:2)이라는 믿음은 사탄의 공격을 대적할 수 있습니다. 느헤미야는 자기가 해야 할 일이 무엇인지를 분명히 알고, 하나님이 나를 부르신 일에 정성을 다하는 것이 현재 자기가 당면한 사명임을 분명히 알고 있었습니다. 이것이 사탄을 이기는 믿음의 힘입니다.

사탄은 항상 거짓말을 합니다

에덴 동산에서 하와를 속일 때도 사탄은 거짓말을 했습니다. "뱀이 여자에게 이르되 너희가 결코 죽지 아니하리라 너희가 그것을 먹는 날에는 너희 눈이 밝아져 하나님과 같이 되어 선악을 알 줄 하나님이 아심이니라"(창 3:4-5).

"그는 처음부터 살인한 자요 진리가 그 속에 없으므로 진리에 서지 못하고 거짓을 말할 때마다 제 것으로 말하나니 이는 그가 거짓말쟁이요 거짓의 아비가 되었음이라"(요 8:44). 그는 원래 본성이 정직하지 않습니다.

산발랏은 계속해서 느헤미야에게 오노 평지로 오라고 유혹했지만 헛수고임을 알고 난 뒤, 뜬금없이 '봉하지 않은 편지'를 그 종자에게 들려 보냈습니다(느 6:5). 산발랏이 왜 봉하지 않은 편지를 느헤미야에게 보낸 것일까요? 연애편지일까요? 겉봉이 열린 편지가 느헤미야의 손에 전달될 때까지 얼마나 많은 사람들이 이 편지의 내용을 보았을까요? 산발랏의 목적이 혹시 이런 것은 아닐까요? 전달

과정에서 느헤미야가 읽기보다는 다른 유다 사람들이 먼저 읽어 주길 바란 것은 아닐까요? 도대체 그 내용이 무엇입니까?

"……이방 중에도 소문이 있고 가스무도 말하기를 너와 유다 사람들이 모반하려 하여 성벽을 건축한다 하나니 네가 그 말과 같이 왕이 되려 하는도다 또 네가 선지자를 세워 예루살렘에서 너를 들어 선전하기를 유다에 왕이 있다 하게 하였으니 지금 이 말이 왕에게 들릴지라……"(느 6:6-7).

산발랏이 이런 거짓 소문을 퍼뜨리는 목적이 무엇입니까? "이는 다 우리를 두렵게 하고자 하여 말하기를 그들의 손이 피곤하여 역사를 중지하고 이루지 못하리라 함이라"(느 6:9).

중국에 진출한 모 프라이드 치킨 회사에 관한 이야기입니다. 경쟁 회사가 이런 루머를 퍼뜨렸습니다. 유명한 프라이드 치킨 회사는 "어떻게 그렇게 많은 닭을 공급할 수 있을까?"라는 의문을 제기하면서 시작되었습니다. 수많은 지역에서 엄청난 양의 닭을 중국뿐 아니라 세계에 공급을 하는데, 중국 사람이 모 프라이드 치킨을 공급하는 양계장을 견학했는데, "닭에게 거미 유전자(다리가 거미처럼 많게 하는)를 처리하여 닭의 다리가 6개, 날개가 6개씩인 닭을 키우고 있었다"는 소문이 돌기 시작하였습니다. 심지어 발신인을 알 수 없는 휴대전화 문자가 돌기 시작하였습니다.

뻔한 거짓말이었지만 사람들은 휴대전화 문자를 통해 점점 이 거짓을 사실로 받아들이고 있었다는 것입니다. 이 사건에서 우리는 진리에 대해서 반응하기는 꺼리고 거짓에 대해서는 너무나 반사적으로 받아들이는 의식들을 보게 됩니다. 죄짓는 사람들의 우둔함과 죄성이 아닐까요?

사탄의 방법도 이런 것입니다. 터무니없는 거짓 소문이지만 이 소문을 듣고 두려움에 빠지는 사람이 한 사람이라도 나오면 성공하는 것입니다. 그러므로 이 편지는 느헤미야의 계획을 조금이라도 방해하려는 사탄의 의도입니다.

하나님은 이런 거짓 소문을 퍼뜨리는 사람들에 대해 이렇게 말씀하셨습니다. "보라 얼마나 작은 불이 얼마나 많은 나무를 태우는가 혀는 곧 불이요 불의의 세계라……삶의 수레바퀴를 불사르나니 그 사르는 것이 지옥불에서 나느니라"(약 3:5-6).

작은 불씨가 온 나무와 숲을 태웁니다. 거짓된 혀는 교회 공동체의 일치를 흐트립니다. 사탄은 그때도 지금도 이 방법을 사용하는데, 놀라운 것은 이 일에 주로 성도들을 고용한다는 것입니다. 성도들의 중상모략, 성도들의 상처 입히는 말, 이런 것들을 통해 공동체가 파괴되고 가정이 더럽혀지고, 나라가 흔들립니다.

사탄은 '비전 중심'에서 '문제 중심'으로 빠지게 합니다

이런 사탄의 공격을 어떻게 하면 이길 수 있습니까? 목적 중심에서 문제 중심으로 빠지게 하는 사탄의 공격을 어떻게 이길 수 있습니까? 이러한 거짓된 소문에서 자유로울 수 있는 방법이 있습니까? 우리 주님께서는 분명히 말씀하셨습니다. "진리를 알지니 진리가 너희를 자유롭게 하리라"(요 8:32).

하나님 말씀의 중심에 서 있어야 합니다. 하나님의 목적에 분명히 서 있어야 합니다. 산발랏과 도비야의 말보다 하나님께서 하신 말씀에 집중할 수 있어야 합니다. 아담과 하와가 사탄의 유혹에 실패한 이유가 무엇입니까? 그들이 하나님께서 하신 말씀을 분명히 지키지 않았기 때문입니다.

사탄은 먼저 이렇게 유혹합니다. "하나님이 참으로 너희에게 동산 모든 나무의 열매를 먹지 말라 하시더냐"(창 3:1).

하와가 뱀에게 이렇게 답변합니다. "동산 나무의 열매를 우리가 먹을 수 있으나 동산 중앙에 있는 나무의 열매는 하나님의 말씀에 너희는 먹지도 말고 만지지도 말라 너희가 죽을까 하노라 하셨느니라"(창 3:2-3).

하나님의 말씀은 분명했습니다. 그러므로 분명히 따르기만 하면 됩니다. 그러나 그들이 그렇게 하지 않았기에 사탄의 유혹에 넘어가 하나님께 반역하게 된 것입니다.

그러므로 예수님은 사탄의 유혹에서 승리하는 방법을 분명히 제시하고 있습니다.

"그러므로 누구든지 나의 이 말을 듣고 행하는 자는 그 집을 반석 위에 지은 지혜로운 사람 같으리니 비가 내리고 창수가 나고 바람이 불어 그 집에 부딪치되 무너지지 아니하나니 이는 주추를 반석 위에 놓은 까닭이요 나의 이 말을 듣고 행하지 아니하는 자는 그 집을 모래 위에 지은 어리석은 사람 같으리니 비가 내리고 창수가 나고 바람이 불어 그 집에 부딪치매 무너져 그 무너짐이 심하니라"(마 7:24-27).

문제의 중심에 서지 말고 말씀의 중심, 반석의 중심에 서 있는 것이 사탄의 시험을 이기는 가장 우선적인 방법입니다.

사탄을 이기는 또 다른 방법은 '기도' 하는 것입니다

느헤미야가 예루살렘에서 힘이 있습니까? 든든한 후원자가 가까이 있습니까? 그를 가까이에서 돕는 자는 없습니다. 그렇기 때문에 그는 문제 앞에서 기도했습니다(느 6:14). 우리가 사탄과 싸워 이길 수 있는 방법이 기도 외에 없음을 성경은 계속해서 강조하고 있습니다.

"……그들은 도리어 나를 대적하니 나는 기도할 뿐이라"(시 109:4).
"내가 여호와의 이름으로 기도하기를 여호와여 주께 구하오니 내 영혼을 건지소서 하였도다"(시 116:4).
"악인의 제사는 여호와께서 미워하셔도 정직한 자의 기도는 그가 기뻐하시느니라"(잠 15:8).

"시험에 들지 않게 깨어 있어 기도하라 마음에는 원이로되 육신이 약하도다"(막 14:38).

"항상 기도하고 낙심하지 말아야 할 것을"(눅 18:1).

"그가 항상 너희를 위하여 애써 기도하여 너희로 하나님의 모든 뜻 가운데서 완전하고 확신 있게 서기를 구하나니"(골 4:12).

"우리도 항상 너희를 위하여 기도함은 우리 하나님이 너희를 그 부르심에 합당한 자로 여기시고 모든 선을 기뻐함과 믿음의 역사를 능력으로 이루게 하시고"(살후 1:11).

기도는 악한 자의 계획을 무효화시킵니다. 기도는 정직한 자의 삶을 하나님께 드리게 합니다. 기도는 시험에 들지 않게 하고 믿음을 강하게 합니다. 기도는 낙심하지 않게 합니다. 기도는 하나님의 뜻을 지키며 확신 있게 합니다. 기도는 결국 믿음의 역사를 이루게 합니다.

느헤미야는 산발랏의 거짓 소문과 편지를 받고 난 후, 자기의 손을 힘있게 해 달라고 기도했습니다. "이제 내 손을 힘있게 하옵소서……내 하나님이여 도비야와 산발랏과 여선지 노아댜와 그 남은 선지자들 곧 나를 두렵게 하고자 한 자들의 소행을 기억하옵소서"라고 기도했습니다(느 6:9, 14).

우리는 여기서 느헤미야의 인격과 신앙을 볼 수 있습니다. 그는 어떤 사람입니까? 그는 어떤 믿음을 가지고 있습니까? 그는 자기의 권력을 의지하지 않았습니다. 자기의 명성을 의지하지 않았습니다. 더구나 멀리 있는 아닥사스다 왕을 의지하지도 않았습니다. 오히려 그는 하나님의 뜻에 집중하였고, 그가 이루고자 하는 하나님의 뜻을 계속해서 할 수 있게 해 달라고 기도했습니다. 그는 하나님의 영광의 중심에서 자기 삶의 자리를 잡았습니다. 그는 문제의 중심, 두려움의 중심이 아니라 하나님 중심, 비전의 중심에 서 있었던 사람이었습니다.

우리는 이런 시험으로 두려움에 빠질 때가 있습니다. 우리는 예수님이 광야에서 사탄의 시험을 이기신 뒤에도 사탄의 시험이 계속되었음을 기억해야 합니다. 사탄은 그때마다 예수님을 문제의 중심으로 끌고 가려고 했습니다. 문제의 중심, 두려움의 중심 때문에 예수님도 "아버지 이 잔을 내게서 옮겨 주시옵소서"라고 기도했습니다. 그러나 예수님은 연이은 기도를 통해 문제의 중심에서 아버지 중심, 비전의 중심에 우뚝 설 수 있었습니다. 예수님은 자기 뜻보다는 하나님의 뜻을 더 사모했습니다. 이것이 영적 전쟁에서 승리하는 비결입니다. 이것이 능력으로 승리하는 방법입니다.

느헤미야가 그렇지 않았습니까? 그가 적들의 음모를 어떻게 알 수 있었겠습니까? 느헤미야가 하나님 중심에 있었기 때문입니다. 여러 시험과 소문을 어떻게 이겨낼 수 있었겠습니까? 하나님을 향한 열심의 중심을 잃지 않았기 때문이 아닙니까?

미국에서 인종 차별이 심했던 과거에는 흑인 야구선수는 메이저 리그에서 뛸 수가 없었습니다. 흑인들은 '니그로리그'라는 곳에서 따로 활동해야 했는데, 이 벽을 최초로 허물었던 것은 '재키 로빈슨'이라는 선수였습니다.

수많은 인종 차별의 장벽에도 불구하고 그는 빼어난 성적을 올리고 있었습니다. 그러다 하루는 홈경기에서 재키가 중요한 실수를 했습니다. 그를 눈엣가시처럼 여기던 관중은 이 기회를 놓치지 않고 야유를 퍼붓고 욕을 했습니다. 쓰레기를 던지는 관중도 있었습니다. 같은 팀 선수들도 흑인들을 싫어했기 때문에 아무도 재키를 보살피지 않았습니다.

그때 백인 동료인 리즈가 로빈슨에게 다가가서 그를 끌어안았습니다. 일순간 관중이 조용해졌고, 야유와 욕설이 수그러들었습니다. 이는 자칫하면 리즈마저도 관중에게 외면당할 수 있는 위험한 행동이었지만, 리즈는 전혀 동요하지 않았습니다. 먼 훗날 재키는 그때 자신을 감싸준 리즈의 팔이 자신의 인생을 구원해 준 것과 다름없다고 고백했습니다.

우리가 두려워해야 할 것은 사람들의 비난이나 부끄러움이 아니라 불의와 범죄입니다. 어떤 상황에서도 성령님이 이끄시는 대로, 또 말씀대로 행동하는 용기 있는 그리스도인이 되어야 합니다.

11. 우리 함께 걸읍시다

성벽이 건축되매 문짝을 달고 문지기와 노래하는 자들과 레위 사람들을 세운 후에 내 아우 하나니와 영문의 관원 하나냐가 함께 예루살렘을 다스리게 하였는데 하나냐는 충성스러운 사람이요 하나님을 경외함이 무리 중에서 뛰어난 자라 내가 그들에게 이르기를 해가 높이 뜨기 전에는 예루살렘 성문을 열지 말고 아직 파수할 때에 곧 문을 닫고 빗장을 지르며 또 예루살렘 주민이 각각 자기가 지키는 곳에서 파수하되 자기 집 맞은편을 지키게 하라 하였노니 그 성읍은 광대하고 그 주민은 적으며 가옥은 미처 건축하지 못하였음이니라(느 7:1-4).

"함께 걸을까요?" 이럴 때 상대방의 반응을 살펴보면, "네…… 좋지요 함께 걸어요" 또는 "아니, 싫어요. 시간 없어요" 등의 반응이 있습니다. 같이 걷고 싶은 사람이 있고, 반대로 그렇지 않은 경우도 있습니다.

하나님도 마찬가지로 같이 걷고 싶은 사람이 있을 것입니다. 성경에는 그런 사람들의 이야기가 많이 기록되어 있습니다.

하나님은 아브라함과 같이 걸으셨습니다. 하나님은 아브람에게 이렇게 말씀하셨습니다. "여호와께서 아브람에게 이르시되 너는 너의 고향과 친척과 아버지의 집을 떠나 내가 네게 보여줄 땅으로 가라"(창 12:1). 그때 아브람의 반응과 하나님과의 관계를 창세기에서는 "아브람이 여호와의 말씀을 따라갔고"(창 12:4), "아브람이 여호와를 믿으니 여호와께서 이를 그의 의로 여기시고"(창 15:6)로 설명하고 있습니다.

모세의 경우도 비슷합니다. 이때 모세의 특징을 보면, "여호와께서 자기들에게 명하신 대로 행하였더라"(출 7:6)라고 했습니다.

반면에, 하나님께서 동행하기를 꺼려 하신 사람은 사울입니다. 심지어 하나님은 그를 떠나버리고 말았습니다. "사무엘이 이르되 여호와께서 번제와 다른 제사를 그의 목소리를 청종하는 것을 좋아하심같이 좋아하시겠나이까 순종이 제사보다 낫고 듣는 것이 숫양의 기름보다 나으니 이는 거역하는 것은 점치는 죄와 같고 완고한 것은 사신 우상에게 절하는 죄와 같음이라 왕이 여호와의 말씀을 버렸으므로 여호와께서도 왕을 버려 왕이 되지 못하게 하셨나이다"(삼상 15:22-23).

하나님의 마음과 우리의 생각이 크게 다르지 않음을 볼 수 있습니다. 예수님도 "잘하였도다 착하고 충성된 종아 네가 적은 일에 충성하였으매 내가 많은 것을 네게 맡기리니 네 주인의 즐거움에 참여할지어다"(마 25:23)라고 말씀하셨습니다. 예수님도 이런 사람과 함께하시는 것을 좋아하십니다.

느헤미야가 무너진 성벽을 다시 쌓는 '성벽 재건'의 목표를 두고, 최고의 노력을 기울임으로 "성벽 역사가 오십이 일 만인 엘룰월 이십오 일에"(느 6:15)에 성취되었습니다. 그렇다면 이제 목표가 끝났습니까?

이제 모든 백성이 먹고 마시며 나누고 크게 즐거워하는 것은 당연한 일이었습니다. 왜냐하면 느헤미야와 유다 사람들은 불가능을 가능하게 하였고, 성벽 재건에 성공하였기 때문입니다. 당연히 느헤미야와 유다 사람들은 기뻐해야 합니다.

그런데 느헤미야의 일은, 느헤미야의 성공은 여기서 멈추지 않았습니다. 느헤미야의 성공의 지경은 여기까지가 아니었습니다. "그 성읍은 광대하고 그 주민은 적으며 가옥은 미처 건축하지 못하였음이니라"(느 7:4).

'성공'이 여기서 멈춰서는 안 됩니다. "이제는 됐어"하는 마침은 우리를 나태하게 만드는 사탄의 또 다른 유혹입니다. 믿음의 행진은 주님께서 오시는 '그날', '그때'에 완성되는 것입니다.

그러므로 우리는 느헤미야처럼 하나님께서 내게 주신 또 다른 사명을 찾을 수 있어야 합니다. 성벽 재건을 이루었다고 해서 "내가 좀더 자자, 좀더 졸자, 손을 모으고 좀더 누워 있자" 할 때는 분명히 산발랏과 도비야와 유다에서 그와 동맹한 많은 자들이 강도같이 오며 군사같이 이를 것입니다(잠 24:33-34; 느 6:18).

느헤미야는 '무너진 성벽'을 세운 뒤 '무너진 신앙'을 세우고, '무너진 가정'을 세워야 한다는 것을 깨달았습니다

유다 사람들의 문제는 무너진 성벽만이 아니었습니다. 성벽이 완성되면 모든 것이 저절로 회복될 것이라는 생각은 착각입니다. 온전한 성벽의 완성을 위해서는 무너진 신앙과 가정도 재건해야 했습

니다.

그렇기 때문에 느헤미야는 오십이 일 만에 "성벽이 건축되매 문짝을 달고 문지기와 노래하는 자들과 레위 사람들을 세운 후에 내 아우 하나니와 영문의 관원 하나냐가 함께 예루살렘을 다스리게……"[1](느 7:1-2) 하였고, "그 성읍은 광대하고 그 주민은 적으며 가옥은 미처 건축하지"(느 7:4) 못하였기에 성벽의 완성이 곧 그들의 성공은 아니었습니다.

그러면 느헤미야는 그들의 경건, 그들의 믿음, 그들의 예배, 그들의 가정 그리고 그들의 삶을 어떻게 회복시켰을까요? 본문을 보면, 그는 본보기가 될 수 있는 사람들을 통해 동력을 일으키고 있습니다. 그들이 어떤 사람들입니까? 그 사람들로 하여금 유다 사람들이 잃어버렸던 삶을 다시 찾을 수 있을까요? 꿈의 상실, 비전의 상실, 기억의 상실, 가치관의 상실, 자존감의 상실……. 이것은 벽돌을 쌓는 것과는 전혀 다른 양상일 것입니다. 그러나 그렇다고 해서 염려와 걱정만 해서 해결할 수 있는 일은 아닙니다. 느헤미야는 시작했습니다. 그는 그 사람들을 통해 동력을 얻었고 잃어버렸던 삶을 찾을 수 있었습니다.

첫째, 느헤미야는 목표와 비전을 이루기 위해 "충성스러움이 뛰어난 사람"(느 7:2)을 찾았습니다.

이것이 하나님이 동행하는 사람들의 특징입니다. 때와 시간을 가리지 않고, 환경을 탓하지 않고 맡겨진 일에 최선을 다하는 사람을 충성스러운 사람이라고 합니다. 모든 일의 성공과 실패는 '충성'과 관계 있습니다.

하나님은 무엇보다도 충성스러운 사람에게 관심을 갖고 그 사명을 맡기셨습니다.

예를 들면, 하나님은 충성된 아브람에게 약속의 말씀을 하나님께서 성취하셨음을 강조하였습니다.

> "주는 하나님 여호와시라 옛적에 아브람을 택하시고 갈대아 우르에서 인도하여 내시고 아브라함이라는 이름을 주시고 그의 마음이 주 앞에서 충성됨을 보시고 그와 더불어 언약을 세우사 가나안 족속과 헷 족속과 아모리 족속과 브리스 족속과 여부스 족속과 기르가스 족속의 땅을 그의 씨에게 주리라 하시더니 그 말씀대로 이루셨사오매 주는 의로우심이로소이다"(느 9:7-8).

하나님은 '충성스러운 아브라함'을 통해 가나안 족속을 비롯한 여러 부족들에게 자신의 이름을 알리셨을 뿐 아니라 그 땅도 주셨습니다.

'하나님과 동행' 하였던 노아는 어떻습니까? 노아 역시 하나님께 충성한 사람이었습니다. 당시 "여호와께서 사람의 죄악이 세상에 가득함과 그의 마음으로 생각하는 모든 계획이 항상 악할 뿐임을 보시고 땅 위에 사람 지으셨음을 한탄하사……내가 그들을 땅과 함께 멸하리라"(창 6:5-6, 13)고 말씀하신 뒤 노아에게 방주를 만들라고 명령하셨습니다(창 6:14-22). 그때 하나님의 명령을 받은 노아의 충성스러운 자세를 성경 두 구절에서 찾을 수 있습니다. "노아가 그와 같이 하여 하나님이 자기에게 명하신 대로 다 준행하였더라"(창 6:22). "노아가 여호와께서 자기에게 명하신 대로 다 준행하였더라" (창 7:5).

하나님을 향한 노아의 충성은, 오랜 시간 계속된 마른 하늘 아래에서도 변하지 않고 자기에게 명하신 대로 다 준행한 모습에서 발견할 수 있습니다. 하나님은 이렇게 충성스러운 노아를 통해 세상을 심판하셨고, 또한 세상을 구원하셨습니다.[2)]

둘째, 느헤미야는 유다의 남은 상처를 치유하기 위해 '하나님을 경외하는 사람'을 통해 예루살렘을 다스리게 하였습니다.

그는 성벽 재건 이후 예루살렘 사람들의 신앙을 회복하기 위해서 무엇보다도 "하나님을 경외함이 무리 중에서 뛰어난 자"를 구했습니다. 그런데 하나님 앞에서 예배하는 '노래하는 자'와 '레위인들'의 경건은 이해할 수 있겠으나 '문지기들'과 '영문의 관원'과 '파수꾼'(느 7:3)에게 경건은 왜 필요한 것일까요? 소위 문을 지키는 그들의 경건은 어떤 역할을 하는 것일까요?

느헤미야 6장 1절을 보면 예루살렘 성을 다 건축하였지만 "아직 성문에 문짝을 달지 못"하였다고 말씀하고 있습니다. 그래서 "성 역사가 오십이 일 만에" 끝나 성이 완공되었을 때(느 6:15) 본문 7장 1절에 와서야 느헤미야가 성 문짝을 달았던 것입니다. 성문을 단 후 제일 먼저 유다 백성들의 대표가 문지기와 노래하는 자들과 레위 사람들을 세웠다고 성경은 말씀하고 있습니다. 다시 설명하면, 도시를 재건한 후 교회에서 섬길 목사님과 찬양 팀과 안내위원을 세웠다고 볼 수 있습니다. 한마디로 말하면, 예배자들을 세웠다는 말입니다.

여기서 "문지기"가 제일 먼저 나오는데, 이것이 우리 교회에 어떻게 적용될 수 있습니까? '문지기의 사명'이 무엇입니까? 또 '파수꾼'은 어떻습니까?

문지기는 출입을 지키고 확인하는 사람입니다. 들여보낼 사람을 들여보내고 막아야 할 사람을 막는 것이 문지기의 사명입니다. 일상에서도 그렇지만 영적 생활에서도 그것은 동일합니다. 우리는 우리 영혼을 파괴하는 것이 들어오는 것을 막아야 합니다. 그리고 우리 영혼을 아름답게 하는 것은 출입을 허락해야 합니다.

야고보는 하나님 아버지 앞에서 정결하고 더러움이 없는 경건 중의 하나가 바로 "자기를 지켜 세속에 물들지 아니하는 이것"(약 1:27)이라고 말씀하고 있습니다. '악하고', '속되고', '부정하고', '더럽고', '거짓된' 모든 것들이 우리 안에 들어오면 우리의 신앙생활이 엉망이 되지만 좋은 생각, 아름다운 생각이 우리 안에 들어오면 우리의 신앙생활은 아름다워지는 것입니다. 그래서 사탄은 기회만 되면 우리 안에 악한 영을 들여보내려고 발버둥치는 것입니다. 그러므로 말세에 우리는 예배자로서 문지기 신앙, 파수꾼의 사명을 감당해야 합니다.

셋째, 느헤미야는 '서로를 위해 돌보며 섬길 수 있는 사람'을 통해 주민들을 섬기며 회복시켰습니다. 왜냐하면 신앙의 회복은 서로를 돌보아 줄 수 있는 사람들을 통해 이루어지기 때문입니다.

예루살렘 성읍의 주민들은 힘을 합해서 성벽을 재건하였습니다. 그렇다고 예루살렘의 문제가 다 해결된 것은 아니었습니다. 성벽 밖에서의 문제가 성벽 안에서도 여전히 문제가 되었기 때문입니다. 그렇기 때문에 느헤미야는 이렇게 명령합니다.

> "내가 그들에게 이르기를 해가 높이 뜨기 전에는 예루살렘 성문을 열지 말고 아직 파수할 때에 곧 문을 닫고 빗장을 지르며 또 예루살렘 주민이 각각 자기가 지키는 곳에서 파수하되 자기 집 맞은편을 지키게 하라 하였노니 그 성읍은 광대하고 그 주민은 적으며 가옥은 미처 건축하지 못하였음이니라"(느 7:3-4).

대적들은 성벽 재건 이후 낙담하고 두려워했지만(느 6:6), 영적 전쟁이 끝난 것은 아니었습니다. 여전히 그들은 호시탐탐 성벽 안에 있는 예루살렘 주민들을 노리고 있음에 분명합니다. 심지어 어떤 대적들은 아직도 예루살렘을 떠나지 않고 숨어 있기도 하였습니다.[3] 이들은 어두운 새벽이나 해가 져서 어두웠을 때 기습 공격을 해올 수 있기 때문에 항상 준비하고 있어야 했습니다. 더구나 "그 성읍은 광대하고 그 주민은 적으며 가옥은 미처 건축하지" 못하였기 때문에 여간 힘든 일이 아니었습니다.

성벽은 재건되었지만 성벽을 지킬 수 있는 사람은 적었으며, 심지어 성읍 안에서 거주할 가옥이 건축되지 못하였다는 말은 여전히 안전을 제공받을 수 없다는 현실임에 분명하였습니다. 그러므로 이 문제를 해결하지 않고서는 성벽 또한 지켜낼 수 없는 것이었습니다. 그렇기 때문에 느헤미야는 "예루살렘 주민이 각각 자기가 지키는 곳에서 파수하되 자기 집 맞은편을 지키게 하라"(느 7:4)고 하였습니다.

그들은 한밤에 스스로를 지킬 수 있는 집도 아직 지어지지 않았습니다. 그런 가운데 성벽을 지켜야 했습니다. 성벽을 지키는 동안은 집을 지킬 수 없었습니다. 성벽 안의 사람들을 살피는 동안 가족은 살필 수 없었습니다. 이런 어려운 현실적 상황에서 "성벽이 없었을 때는 이런 어려움도 없었다. 성벽을 세웠기 때문에 우리의 삶이 더 피곤해졌다"고 말하는 이들이 있을 수도 있었습니다.

이것이 성벽 재건을 마친 예루살렘 사람들의 삶의 현실이었습니다. 이것이 영적 전쟁의 현실입니다. 항상 승전가를 부르고, 항상 '여호와 닛시'의 깃발을 세우는 상상을 합니다. 그러나 잊지 말아야 할 것은, 누구나 영적 전쟁터에서 사탄에게 상처받을 수 있으며, 더한 것은 더 깊은 상처를 받을 수 있다는 것입니다. 그러므로 우리는 영적 전쟁터에서 서로를 보살펴 주어야 합니다. 그러므로 그 밤에 피곤하지만 '자기 집 맞은편을' 지켜 주는 섬김과 보살핌이 있어야 합니다.

성경은 이웃을 섬기는 사람에 대해 구체적으로 이야기합니다. 그런 사람에 대해 예수님은 '연약한 사람에게, 가진 것이 없는 사람에게 나누어 주고 베풀어 주는 사람을 예비된 하나님 나라에 합당한 사람'(마 25:31-46)이라고 이야기합니다.

"내가 주릴 때에 너희가 먹을 것을 주었고 목마를 때에 마시게 하였고 나그네 되었을 때에 영접하였고 헐벗었을 때에 옷을 입혔고 병들었을 때에 돌보았고 옥에 갇혔을 때에 와서 보았느니라 이에 의인들이 대답하여 이르되 주여 우리가 어느 때에 주께서 주리신 것을 보고 음식을 대접하였으며 목마르신 것을 보고 마시게 하였나이까 어느 때에 나그네 되신 것을 보고 영접하였으며 헐벗으신 것을 보고 옷 입혔나이까 어느 때에 병드신 것이나 옥에 갇히신 것을 보고 가서 뵈었나이까 하리니 임금이 대답하여 이르시되 내가 진실로 너희에게 이르노니 너희가 여기 내 형제 중에 지극히 작은 자 하나에게 한 것이 곧 내게 한 것이니라 하시고"(마 25:33-40).

예루살렘 주민들 가운데 넉넉한 사람은 몇 명이나 있었을까요? 훌륭한 주택에서 편안한 잠을 즐기는 사람은 몇 명이나 있었을까요? 느헤미야는 간밤에 편안하고 안전한 휴식을 취할 수 있는 집을 가진 사람이 거의 없는 것으로 보고하였습니다. 그럼에도 불구하고 그들은 서로를 돌보아 주고 있었습니다. 한밤에 성벽을 지키면서 또한 맞은편에 있는 집을 지키고, 가정을 지켜 주고 있었습니다. 서로를 돌볼 수 있고 서로를 살펴 줄 수 있는 것 또한 하나님을 사랑하는 것이며, 이웃을 사랑하는 것입니다. 이것이 '섬김'입니다.

예수님께서는 '강도 만난 자에게 자비를 베푼 선한 사마리아 사람의 이야기'(눅 10:25-37)를 통해 "너도 이와 같이 하라"는 구체적인 실천 명령을 하십니다. 그리스도인이 이웃을 섬기며 사랑할 때의 삶의 모습을 구체적으로 보여주신 예입니다. 사마리아 사람은 본인도 인종적으로, 사회적으로, 정치적으로 인정받지 못하는 부류였지만, 그럼에도 불구하고 주위에 더 고독한 사람, 상처 입은 사람, 마음에 평화가 없는 사람, 두려워하는 사람, 인생의 실패로 절망에 빠진 사람을 위로하며 함께 해줄 수 있는 사람입니다. 예수님께서는 "너도 이와 같이 하라"(눅 10:37)고 명령하셨습니다.

그래서 강도 만난 자가 생명을 되찾을 수 있었던 것처럼, 집이 없고 스스로를 지킬 수 없었던 부족한 주민이었지만 캄캄한 어둠의 시간에 서로를 보살피며 지켜 줄 수 있었기에 예루살렘 성벽은 더욱 안전할 수 있었으며, 그곳에 있던 주민들은 생명을 지킬 수 있었던 것입니다.

지금 내가 함께하고 싶은 사람을 불러 보십시오.

지금 내가 함께해야 할 사람을 불러 보십시오.

그리고 초대하십시오. 느헤미야가 거룩한 길, 그 길 위에서 거룩한 동행을 위해 그들을 불렀던 것처럼, 여러분 또한 그들을 불러 보십시오. 그들이 성령 충만함으로써 응답할 것입니다. 그리고 그 거룩한 길은 그들로 채워질 것이며 완성될 것입니다.

12. 거룩한 성에서 말씀으로 회복하라

이스라엘 자손이 자기들의 성읍에 거주하였더니 일곱째 달에 이르러 모든 백성이 일제히 수문 앞 광장에 모여 학사 에스라에게 여호와께서 이스라엘에게 명령하신 모세의 율법책을 가져오기를 청하매 일곱째 달 초하루에 제사장 에스라가 율법책을 가지고 회중 앞 곧 남자나 여자나 알아들을 만한 모든 사람 앞에 이르러 수문 앞 광장에서 새벽부터 정오까지 남자나 여자나 알아들을 만한 모든 사람 앞에서 읽으매 뭇 백성이 그 율법책에 귀를 기울였는데 그때에 학사 에스라가 특별히 지은 나무 강단에 서고 그의 곁 오른쪽에 선 자는 맛디댜와 스마와 아나야와 우리야와 힐기야와 마아세야요 그의 왼쪽에 선 자는 브다야와 미사엘과 말기야와 하숨과 하스밧다나와 스가랴와 므술람이라 에스라가 모든 백성 위에 서서 그들 목전에 책을 펴니 책을 펼 때에 모든 백성이 일어서니라 에스라가 위대하신 하나님 여호와를 송축하매 모든 백성이 손을 들고 아멘 아멘 하고 응답하고 몸을 굽혀 얼굴을 땅에 대고 여호와께 경배하니라 예수아와 바니와 세레뱌와 야민과 악굽과 사브대와 호디야와 마아세야와 그리다와 아사랴와 요사밧과 하난과 블라야와 레위 사람들은 백성이 제자리에 서 있는 동안 그들에게 율법을 깨닫게 하였는데 하나님의 율법책을 낭독하고 그 뜻을 해석하여 백성에게 그 낭독하는 것을 다 깨닫게 하니 백성이 율법의 말씀을 듣고 다 우는지라 총독 느헤미야와 제사장 겸 학사 에스라와 백성을 가르치는 레위 사람들이 모든 백성에게 이르기를 오늘은 너희 하나님 여호와의 성일이니 슬퍼하지 말며 울지 말라 하고 느헤미야가 또 그들에게 이르기를 너희는 가서 살진 것을 먹고 단 것을 마시되 준비하지 못한 자에게는 나누어 주라 이날은 우리 주의 성일이니 근심하지 말라 여호와로 인하여 기뻐하는 것이 너희의 힘이니라 하고 레위 사람들도 모든 백성을 정숙하게 하여 이르기를 오늘은 성일이니 마땅히 조용하고 근심하지 말라 하니 모든 백성이 곧 가서 먹고 마시며 나누어 주고 크게 즐거워하니 이는 그들이 그 읽어 들려 준 말을 밝히 앎이라(느 8:1-12).[1]

인기 있는 어린이 동화집 가운데 《미운 오리 새끼》가 있습니다. 어미 오리가 알을 부화시켰습니다. 어느 정도의 시기가 되자 한 알씩 부화가 되어 알에서 아기 오리가 꽥꽥대며 튀어나왔습니다. 한 마리씩 튀어나올 때마다 "꽥꽥" 하는데, 갑자기 그중에서 한 마리가 "꾸억꾸억" 하는 것입니다.

그 오리는 그때부터 삶이 힘들었습니다. 엄마 오리와 함께 강으로 수영을 배우러 가는 오리 새끼들은 줄 맞추어 가면서도 "꽥꽥." 그러나 그중에서 "꾸억꾸억" 하는 미운 오리 새끼가 끼어 있었습니다. 미운 오리 새끼는 남들보다도 목이 길었습니다. 남들과 다르게 날개가 점점 커지기 시작하였습니다. 엄마와는 다르게, 형제와는 다르게 변해버린 것입니다. 미운 오리 새끼는 스스로 '나는 누구인가?' 생각하고는 자신의 정체감에 자신이 없던 그는 하루의 삶에 점점 의미가 없어지기 시작했습니다.

그때 하늘 위에서 "꾸억꾸억" 하는 소리를 들었습니다. 나와 똑같은 소리를 내는 또 다른 오리들을 발견한 것입니다. 그러나 자세히 보니 그것은 오리 소리가 아니라 백조의 소리였습니다. 미운 오리 새끼는 백조의 소리를 듣고 자신도 "꾸억꾸억" 하고 뛰기 시작했습니다. 너무도 급한 나머지 날갯짓을 하기 시작했습니다.

갑자기 몸이 공중으로 뜨기 시작했습니다. "꾸억꾸억 조금만 기다려 주세요. 나는 누구인가요……." 그때 백조 한 마리가 대답했습니다. "꾸억꾸억……. 너는 백조란다. 훨훨 날자. 우리와 함께 날자꾸나" 그 미운 오리 새끼는 백조였습니다.

"나는 누구인가?"라는 질문에 어떻게 대답할 수 있겠습니까? 용기가 없는 모세, 못난 모세는 자신을 "오 주여 나는 본래 말을 잘 하지 못하는 자니이다 주께서 주의 종에게 명령하신 후에도 역시 그러하니 나는 입이 뻣뻣하고 혀가 둔한 자니이다"(출 4:10)라고 스스로 평가했습니다.

그러나 하나님은 모세에게 "누가 사람의 입을 지었느냐 누가 말 못하는 자나 못 듣는 자나 눈 밝은 자나 맹인이 되게 하였느냐 나 여호와가 아니냐"(출 4:11)라고 말씀하셨습니다.

우리 하나님의 백성의 정체성은 바로 나와 하나님의 관계를 분명히 알 때 시작되는 것입니다

이스라엘 백성들은 페르시아의 유배 생활을 마치고 고국 땅으로 돌아왔지만[2] 그들은 자신들이 누구인지를 잊고 지냈습니다.

펼쳐진 조국은 형편없이 망가진, 초라한 모습이었습니다. 지금까지 수고하고 땀을 흘리며 잘살아 보려고 했지만, 이것만으로는 잘 사는 것이 아니었습니다. 분명 사람이 사람답게 사는 것, 사람이 자기의 본분을 알고 사는 것, 이것이 바로 우리를 행복하게 하는 것임을 알고 있었습니다. 내가 누구인지? 내가 무엇을 해야 하는지? 내가 어떻게 살아야 하는지? 나의 미래를 어떻게 만들어 나가야 하는지? 이것을 알 때, 이것을 위해 노력하며 살 때가 진정 행복한 삶이며 축복받은 삶이라는 것을 의식하는 것입니다.

느헤미야는 무너진 예루살렘 성벽을 다시 세우면서 마지막 성문을 제자리에 세움으로 사실상 마무리했습니다. 성벽이 완성된 바로 그 순간 그는 무엇을 생각했을까요? '이제 다 했다. 모든 것이 끝났다' 라고 생각했을까요? 과연 이것만으로 이스라엘 백성들의 잃어버린 과거의 행복을 되찾을 수 있을까요? 성벽의 재건이 이스라엘의 모든 과거를 되찾게 해줄 수 있을까요? 이스라엘 성벽의 재건을 통해 이스라엘 백성이 하나님의 성민으로서의 존재감을 되찾을 수 있을까요? 느헤미야는 이것으로 이룰 수 있다고 생각하지 않았습니다. 성벽 쌓는 일은 '하나님과 거룩한 동행' 을 하는 시작이며 과정에 불과한 것입니다. 느헤미야의 진정한 사역의 중심은 하나님의 도움으로 '거룩한 성' 에 진정으로 경건하고, 장성하고, 성숙한 유대인의 공동체가 태어나게 하는 것이었습니다.

성이 재건되는 것은 귀한 일입니다. 우리 삶의 외적인 조건들을 갖추는 것도 중요하지만 그보다 더 중요한 것은 마음의 변화입니다. 다행스럽게도 이스라엘 백성들은 그들이 성을 쌓고 성전을 건축했지만 그것만으로는 그들이 행복할 수 없다는 사실을 알았습니다. 그보다 더 중요한 문제는 바로 '우리는 하나님의 성민' 이라는 사실입니다. 그러므로 하나님의 백성답게 살아야 합니다. 이것이 그들의 사명이며, 그들의 행복이며, 그들을 향한 축복입니다.

진정한 성벽의 재건, 그것은 눈에 보이는 '성벽 재건'이 아니라 '신앙의 재건', '믿음의 재건' 그리고 '영적 부흥'이었습니다. 즉 '내가 하나님이 기뻐하시는 사람이 되고, 나의 마음속에 하나님의 비전이 가득 채워진 사람이 되는 것'입니다.

그렇기 때문에 느헤미야와 예루살렘 백성들은 그들 심령의 '영적 부흥'을 위해 이렇게 했습니다. 본문 8장은 심령 부흥의 역사가 기록되어 있습니다. 우리는 느헤미야와 예루살렘 백성들이 영적 부흥을 위해 노력하며, 자신의 정체성과 하나님의 백성다운 삶을 살기 위해 힘쓰는 그들의 거룩한 경건의 연습을 통해, 성경이 제시하고 있는 진정한 부흥의 참된 모습이 어떤 것인가를 발견할 수 있습니다.

영적 부흥을 위한 첫걸음은 '하나님 앞에 나아오는 것' 입니다

지금 마음을 모은 이스라엘 백성들이 하나님 앞에 나아왔습니다. 이러한 모습을 느헤미야 8장 1절에서 "이스라엘 자손이 자기들의 성읍에 거주하였더니 일곱째 달에 이르러 모든 백성이 일제히 수문 앞 광장에 모여 학사 에스라에게 여호와께서 이스라엘에게 명령하신 모세의 율법책을 가져오기를 청하매"라고 제시하고 있습니다.

우리가 본문에서 중요하게 살필 수 있는 것은 "백성이 일제히 수문 앞 광장에" 스스로 모였다는 사실입니다. 느헤미야가 명령한 것도 아닙니다. 누군가의 지시에 의해 모인 것이 아니었습니다. 이 것은 스스로의 결단이며, 스스로의 갈망이며, 스스로의 노력이었습 니다. 그들의 깨달음이었습니다.

하나님 앞에 선 백성들의 축복은 무엇이겠습니까? 하나님이 그 들의 아버지가 되시며, 그들이 하나님의 자녀가 되는 순간입니다. 누가 이 자리를 방해할 수 있겠습니까? 누가 아버지와 자녀의 관계 를 깨뜨릴 수 있단 말입니까?

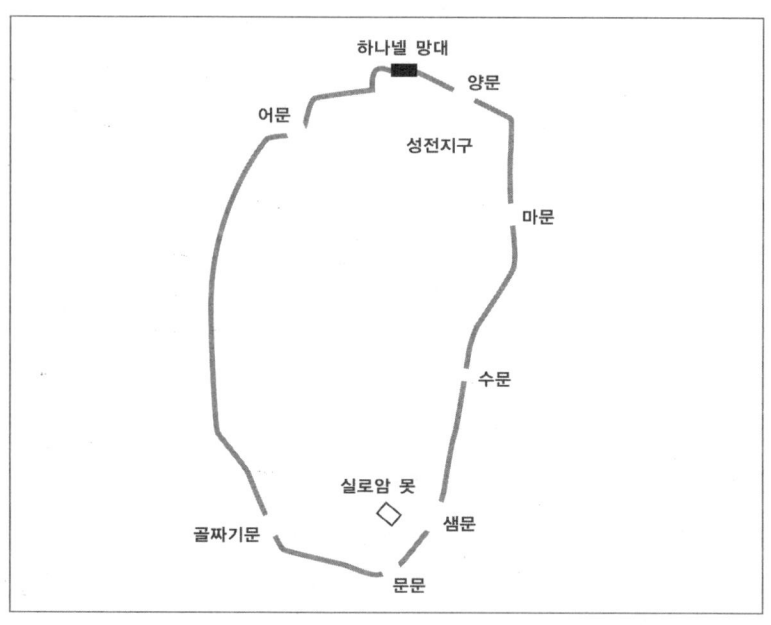

▲ 느헤미야 시대의 예루살렘 문들

더구나 그들은 '수문 앞 광장'에 모였습니다.

왜 수문 앞 광장에 모였을까요? 많은 문들이 있습니다. 그 광장이 제일 넓었기 때문일까요? 그것은 아닐 것입니다. 수문은 그들에게 중요한 의미가 있습니다. 그들이 하나님 앞에 서고자 결단했을 때 깨달은 것은 과거의 기억들이었습니다.

"나에게 백성을 모으라 내가 그들에게 내 말을 들려 주어 그들이 세상에 사는 날 동안 나를 경외함을 배우게 하며 그 자녀에게 가르치게 하리라 하시매"(신 4:10).

"거기서 브엘에 이르니 브엘은 여호와께서 모세에게 명령하시기를 백성을 모으라 내가 그들에게 물을 주리라 하시던 우물이라"(민 21:16).

이스라엘 백성들은 지금 이 수문 앞 광장에 모여 다시금 하나님의 은혜를 갈망하고 있는 것입니다. 옛적에 하나님께서 모세에게 말씀하신 것처럼, 그리고 지금 우리가 다시 한 번 한마음 한뜻으로 여기 수문 앞 광장 앞에서 하나님의 백성으로서 하나님 앞에 모였음을 보여주고 있는 것입니다. 그러므로 이제 하나님의 뜻을 이루어 달라는 거룩한 영적 갈망입니다. 영적 부흥을 위한 갈망은 하나님의 백성이 하나님의 온전한 말씀으로부터 뜻을 배우고자 한마음 한뜻으로 모일 때마다 끊임없이 성취될 것입니다.

영적 부흥의 두 번째 걸음은 '거룩한 말씀 훈련' 에서 시작됩니다

사도 바울은 그리스도인의 정체성, 즉 하나님이 지으신 백성들을 그의 백성답게 만드는 방법은 "하나님의 말씀과 기도로 거룩하여짐이니라"(딤전 4:5)라고 말씀하였습니다. 그들의 회복, 예루살렘의 회복, 경건의 회복, 축복의 회복은 하나님의 말씀과 기도로 이루어집니다.

지금까지 그들이 모였던 이유를 살펴보면 지금 이 모임과는 달랐습니다. 지금까지 삼삼오오 산발랏과 사마리아 군대와 암몬 사람 도비야가 모였던 이유는 느헤미야의 성벽 재건에 대한 비전을 방해하기 위해서였습니다(느 4:1-3). 또 다른 모임은 "그때에 백성들이 그들의 아내와 함께 크게 부르짖어 그들의 형제인 유다 사람들을 원망하였는데"(느 5:1)라고 한 것을 볼 때, 이스라엘 백성들의 서로에 대한 원망 때문이었습니다.

그러나 지금의 모임은 하나님의 말씀을 듣기 위한 모임입니다. 그들은 학사 에스라에게 분명하게 "여호와께서 이스라엘에게 명령하신 모세의 율법책을 가져오기를 청하매"라고 기록하고 있습니다. 왜 그랬을까요? 모세의 율법책을 숭배하기 위함일까요? 아닙니다. 그들이 자신들의 허물어진 모습 속에서 "여호와의 말씀을 듣지 못한 기갈" 때문에 그렇게 되었음을 깨달았습니다.

아모스 선지자는 어느 날, 역사 속에서 다가올 중대한 이스라엘 백성들의 비극을 이렇게 예고했습니다.

"주 여호와의 말씀이니라 보라 날이 이를지라 내가 기근을 땅에 보내리니 양식이 없어 주림이 아니며 물이 없어 갈함이 아니요 여호와의 말씀을 듣지 못한 기갈이라 사람이 이 바다에서 저 바다까지, 북쪽에서 동쪽까지 비틀거리며 여호와의 말씀을 구하려고 돌아다녀도 얻지 못하리니 그날에 아름다운 처녀와 젊은 남자가 다 갈하여 쓰러지리라"(암 8:11-13).

이와 같이 '하나님의 진리의 말씀' 이 사라진 비극을 보십시오. 역사 속에 있는 그들 앞에서 하나님의 말씀을 완전히 들을 수 없었습니다. 대신에 전쟁과 역병과 기근의 소리만 들려왔습니다. 더구나 바벨론 포로 70년 이후 이 땅에 돌아왔지만, 그들은 여전히 하나님의 말씀과 상관없는 사람들이었습니다. 어쩌면 오늘 우리가 살고 있는 이 시대, 이 땅이 바로 그런 비극을 경험하고 있는 것은 아닙니까? 단지 우리가 깨닫지 못하고 있는 것은 아닐까요? 지금까지 예루살렘 사람들은 자신의 절망적인 상태를 인정하고 싶지 않았던 것입니다. 이 현실 앞에서 모두가 눈을 감고, 귀를 막고 있었던 것입니다.

근본적으로 예루살렘 성벽이 무너진 이유가 무엇입니까? 지금까지 바벨론의 포로로 잡혀가 식민지 생활을 해야 했던 이유가 무엇입니까? 지금 다시 예루살렘으로 돌아왔지만 미래의 축복에 대한 약속을 받지 못한 이유가 무엇입니까? 지금 내가 하나님이 약속하신 이 땅에서 축복을 받지 못하고 사는 이유가 무엇입니까? 그러나 다시 내가 하나님 앞에서, 하나님의 자녀로서, 하나님의 축복받은 백성으로서, 이 축복받은 땅에서 잘살 수 있는 해결책은 무엇입니까?

그들은 지금에서야 깨달은 것입니다. 더욱이 하나님 말씀에 예외는 없습니다. "남자나 여자나 알아들을 만한 모든 사람"(느 8:12) 이 하나님의 말씀으로 인해 하나님의 축복을 받을 수 있는 긴장된 순간입니다. 여기서 우리는 이스라엘 백성들이 다시 하나님의 말씀으로 그의 백성이 되는 축복을 받습니다.

우리가 이 말씀 훈련을 통해 깨닫는 진리가 있습니다. 이 진리를 깨닫는 것은 사탄의 공격을 이길 수 있는 무기를 하나 더 갖추는 것과 같습니다. 느헤미야와 예루살렘 주민들은 중요한 진리를 알고 있었던 것 같습니다. 그들은 이제 하나님의 말씀이 필요하다는 사실을 알았습니다. 그들은 사람이 떡으로만 살 것이 아니요 하나님의 입으로 나오는 모든 말씀으로 살 것이라는 진리를 기억했습니다. 그래서 에스라에게 다른 것을 말해 달라고 하지 않고, 하나님의 말씀으로 우리에게 진리를 설명해 달라고 요청했던 것입니다. 이것이 은혜가 아니겠습니까?

은혜를 받아들이는 것은 자신의 절망적인 상태를 깨닫고 인정하는 것을 뜻합니다. 그러므로 그들에게는 은혜의 말씀이 필요합니다. 이제 하나님의 말씀이 필요하다는 것을 깨달은 것입니다. 또한 그 말씀은 우리를 지키는 능력입니다. 말씀은 우리의 마음의 생각과 뜻을 지키는 능력입니다(히 4:12). 이 세상에서 참과 거짓을 바르게 구별할 수 있는 능력은 '그 말씀'에 근거합니다. 뿐만 아니라 이 말씀으로 거짓과 싸울 수 있습니다.

그렇기 때문에 시편 기자는 "청년이 무엇으로 그의 행실을 깨끗하게 하리이까 주의 말씀만 지킬 따름이니이다 내가 전심으로 주를 찾았사오니 주의 계명에서 떠나지 말게 하소서 내가 주께 범죄하지 아니하려 주의 말씀을 내 마음에 두었나이다"(시 119:9-10)라고 고백했습니다. 또한 그는 하나님을 따라 사는 인생을 '거룩한 길'로 비유하면서 "주의 말씀은 내 발에 등이요 내 길에 빛이니이다"(시 119:105)라고 고백합니다.

'그 말씀'은 우리 인생길에 길잡이가 되고 길을 비추는 빛입니다. 그러므로 우리도 예외 없이 하나님의 말씀으로 거룩해지며, 하나님 말씀을 따라 걷고, 하나님의 말씀으로 축복의 자녀 됨을 확인할 수 있기를 바랍니다.

영적 부흥은 말씀에 대해 '거룩한 반응'을 해야 합니다

우리는 하나님 앞에서 말씀을 듣고, 우리의 감정과 의사 표시를 분명히 할 수 있어야 합니다. 주님은 요한계시록의 라오디게아 교회처럼 "차지도 아니하고 뜨겁지도 아니하도다 네가 차든지 뜨겁든지 하기를 원하노라……이같이 미지근하여 뜨겁지도 아니하고 차지도 아니하니"(계 3:15-16) 토하여 버리겠다고 경고하셨습니다.

뿐만 아니라 예수님은 그 반응이 분명해야 함을 "우리가 너희를 향하여 피리를 불어도 너희가 춤추지 않고 우리가 슬피 울어도 너희가 가슴을 치지 아니하였다 함과 같도다"(마 11:17)라고 말씀하였습니다. 그 정도로 이 세대의 무감각한 모습을 비판하셨습니다. 또한 예수님께서는 "볼지어다 내가 문 밖에 서서 두드리노니 누구든지 내 음성을 듣고 문을 열면 내가 그에게로 들어가 그와 더불어 먹고 그는 나와 더불어 먹으리라"(계 3:20)고 말씀하셨습니다. 우리 주님은 강제로 문을 열지도 부수지도 않으셨습니다. 상대방에게 문을 열라고 권하셨고, 그때 문을 열어 주면 들어가겠다고 말씀하셨습니다. 열고 닫는 것은 나의 몫입니다.

말씀에 대한 거룩한 몫은 내가 해야 할 일입니다. 축복에 대한 거룩한 반응은 우리의 몫입니다. 오늘 우리가 읽은 느헤미야의 본문을 보면, 예루살렘 주민들은 말씀에 대한 반응이 분명했습니다. 그들은 말씀 앞에서 '슬퍼했고', '울었고', '근심했으며', '기뻐' 했습니다. 이것은 단순한 감정의 표현이 아닙니다. 이것은 말씀에 비추어 자신의 모습을 본 '거룩한 반응' 입니다.

"백성이 율법의 말씀을 듣고 다 우는지라 총독 느헤미야와 제사장 겸 학사 에스라와 백성을 가르치는 레위 사람들이 모든 백성에게 이르기를 오늘은 너희 하나님 여호와의 성일이니 슬퍼하지 말며 울지 말라"(느 8:9).

그렇게 고생하면서 성벽을 완성하고도 감격의 눈물을 보이지 않던 그들이었는데, 지금은 백성들이 '그 말씀'을 듣고 슬퍼합니다. 그들은 왜 울고 슬퍼했을까요? 하나님의 말씀에 대한 이해가 그들의 심령에 영향을 끼쳤기 때문입니다. 사람들은 감정이 격할 때 웁니다. 그리고 특별한 사실을 생생하게 실감할 때 눈물이 솟아 나옵니다. 개인과 사회 모두에게 있어 영적 부흥의 근원은 하나님의 거룩하심, 자비하심 그리고 긍휼하심에 대한 생생한 실감, 또한 하나님께서 우리의 개인적인 죄악에서 보시는 강퍅함, 수치, 공격성 그리고 자살적인 어리석음에 대한 생생한 실감이었고, 지금도 그러하고, 또한 항상 그러할 것입니다. 따라서 죄로 인한 애통은 자연스러운 결과입니다. 그리고 하나님과 우리에 대한 진리를 명확하고 강력하게 실감할 때 눈물이 솟아 나오기 마련입니다.

그런데 우리의 삶에서 도덕과 행동에 대한 도전들을 직면하기 싫어하는 뿌리 깊은 습성으로 인해 성령께서는 너무나 자주 방해를 받고 소멸되기도 합니다.

오히려 우리는 요즈음 말씀으로 경험하는 애통을 흔히 할 수 없습니다. 왜냐하면 부분적으로만 하나님과의 관계가 있고, 부분적으로만 사람들과의 관계가 있기 때문입니다. 강퍅하고 굳어버린 영혼은 말씀을 진지하게 받아들이기보다는 객관적인 진리로만 받는 일이 너무나 많고, 자기 멋대로 하나님을 섬기고 하나님을 기쁘시게 하는 일에 무관심하기 때문입니다.

그러나 그들의 통곡은 멈추지 않았습니다. 느헤미야, 에스라, 그리고 레위인들은 슬픔과 기쁨으로 백성들이 울고 있는 것을 보았습니다. 왜냐하면 그들의 삶을 볼 때, 그들의 상황과 현실을 볼 때, 분명한 것은 그동안 주의 율례들을 즐거워하지 못하였고 주의 말씀을 잊고 있었기 때문입니다(시 119:16). 오히려 그들의 모습은 "주의 심판은 의로우시고 주께서 나를 괴롭게 하심은 성실하심 때문이니이다"(시 119:75)라는 결과입니다. 그들은 그동안 하나님 앞에서 너무

페르시아 왕	통치 연도(BC)	성경 출처	특징
고레스2세 (Cyrus Ⅱ)	559~530	스 1:1-4; 6:3-5 사 1:1 (기름 부은 자)	539년 고레스 칙령 (포로귀환령) 1차 귀환 지도자 - 스룹바벨
캄비세스2세 (Cambyses Ⅱ)	530~522		
다리오1세 (Darius)	522~486	에스라 4-6장, 학개, 스가랴	수산 궁 시대를 염
크세르크세스 1세 (Xerxes Ⅰ)	486~465	에스더	아하수에로 (유대식 이름)
아닥사스다 1세 (Artaxerxes Ⅰ)	465~425	느헤미야	2차 귀환(BC 458) 지도자 - 에스라 3차 귀환(BC 444) 지도자 - 느헤미야
크세르크세스 2세 (Xerxes Ⅱ)	423		
다리오 2세 (Darius Ⅱ)	423~404		
아닥사스다 2세 (Artaxerxes Ⅱ)	404~359		
아닥사스다 2세 (Artaxerxes Ⅲ)	359~338		
아르세 (Arses)	338~336		
다리오 3세 (Darius Ⅲ)	336~330		알렉산더 대왕에게 정복당함(BC 330년)

▲ 페르시아 왕조(BC 559-330년경)

나 교만하였기에 "나를 엎드러뜨렸으니……수치를 당하게"(시 119:78) 하셨던 것입니다.

그들의 상황과 현실에 대한 그 이유가 하나님께 있는 것이 아니라 그들 자신에게 있음을 깨달은 것입니다. 그렇기 때문에 슬퍼하고 통곡하지 않을 수 없었습니다. 그들은 이제 말씀 앞에서 이렇게 반응할 수 있었습니다.

그러나 느헤미야는 오히려 '기뻐하라'고 권면합니다. 그는 왜 그랬을까요? 진심으로 깨닫고 지금까지의 자신의 모습을 보고 슬퍼하는 그들에게 지금은 오히려 기뻐해야 할 때라고 말하는 이유가 무엇일까요?

불행히도 우리는 하나님에 대한 잘못된 신 관념을 가질 수 있습니다. 예를 들면, 하나님을 슬프거나 우울하게 섬기며, 열심도 기쁨도 없는 행위에 집중하고, 오히려 마음속에서 우러나오는 기쁨을 사치스럽게 생각합니다. 그렇기 때문에 억지로 고행의 길을 가려고 합니다. 몸이 부서질 정도로 의를 행해야 하고, 즐거움은 하나님의 속성과 전혀 다른 것으로 알고 금식을 해야 한다고 생각합니다.

그러나 느헤미야는 이렇게 반응하라고 말했습니다. 지도자인 느헤미야가 볼 때, 지금은 기뻐할 때라는 것입니다. 그들은 슬퍼하는 것으로 부족하고 자신들의 감정을 표현하기 위해서 마땅히 금식해야 한다고 생각했을지도 모르는데, 만일 그렇게 했다면 그들은 육체까지도 쇠잔해졌을 것입니다. 그래서 느헤미야는 "여호와로 인하여 기뻐하는 것이 너희의 힘이니라"(느 8:10)라고 말했습니다.

왜 그랬을까요? 그 이유가 무엇인가요? 하나님께서는 우리의 죄를 용서하실 뿐 아니라 기억조차 하지 않으시기 때문입니다. 하나님께서는 예루살렘의 죄를 깨끗이 지워버리셨습니다. 마치 컴퓨터에 저장된 모든 죄의 자료를 완전히 제거해버리듯 하셨습니다. 하나님께서 하시는 모든 일들 중에서 하나님 자신이 하기를 거부하는 것이 바로 우리의 잘못을 기억하시는 일입니다. 하나님께서는 우리의 죄를 나열하기를 거부하십니다.

그러므로 지금은 기뻐하는 것이 중요합니다. 죄로 인한 슬픔과 하나님의 용서하심과 하나님의 사랑에 대한 확신으로 인한 기쁨은 서로 멀리 떨어진 것이 아닙니다. 왜냐하면 죄를 깨닫게 하시는 하나님이 구원하시는 긍휼의 하나님이시고, 죄를 회개하는 것과 용서를 얻기 위해 그리스도를 믿는 것은 동전의 양면과 같기 때문입니다. 우리에겐 슬픔의 시간뿐 아니라 기쁨의 시간도 있어야 합니다. 그리고 이 기쁨도 잘 표현해야 합니다.

이것이 하나님의 말씀 앞에서 회복하는 단계입니다. 이것이 하나님의 말씀 앞에서 은혜를 받는 증거입니다. 이것이 하나님의 말씀 앞에서 축복을 받는 과정입니다.

하나님 앞으로 나아오지 못했던 때가 있었습니까? 하나님과 전혀 관계 없던 삶이었습니까?

거룩한 말씀으로 살지 못했던 때가 있었습니까? 말씀에 전혀 관심이 없었던 삶이었습니까?

이제는 하나님 앞에서, 그리고 그분의 말씀으로 기뻐하며 살아가는 여러분이 되시길 바랍니다.

13. 여호와 하나님께 부르짖어라

레위 사람 예수아와 바니와 갓미엘과 스바냐와 분니와 세레뱌와 바니와 그나니는 단에 올라서서 큰 소리로 그들의 하나님 여호와께 부르짖고(느 9:4).

세상에서 가장 멋진 기도는 어떤 기도일까요? 성경을 보면 기도하는 사람들의 기도를 많이 볼 수 있습니다. 각자의 처지와 상황에 따라 기도의 내용이 달라지겠지만, 기본적으로 그들의 기도는 신실하시고 미쁘신 하나님께 자신을 드리는 기도였습니다.

세계적인 외과의사 하워드는 대학을 졸업하고 본격적으로 의사를 향한 발걸음을 내딛는 날 밤에 자신의 일기에 이런 기도를 적었습니다.

"주님, 제 자신과 시간과 능력 그리고 열정까지도……이 모든 것을 주님께 드립니다. 저는 주님의 도구로 쓰임 받기를 원하오니 저를 받아 주옵소서. 저를 정결케 하시고, 주님께 가까이 가는 것에 방해하는 것이라면 세상에서의 어떤 성공도 제게 허락하지 마옵소서."

다른 의사 친구들은 성공과 더 나은 삶의 꿈에 부풀어 있었던 데에 비해 의사가 되는 날 밤에 그가 이런 기도를 드릴 수 있었던 것은, 그의 목적이 성공과 더 나은 삶이 아닌 진정한 비전에 있었기 때문입니다. 주님을 내 뜻에 맞추는 것이 아닌, 주님의 뜻에 나를 맞추는 기도, 그것이야말로 정말로 멋진 기도입니다.

일찍이 예수 그리스도께서도 "아버지여 만일 아버지의 뜻이거든 이 잔을 내게서 옮기시옵소서 그러나 내 원대로 마시옵고 아버지의 원대로 되기를 원하나이다"(눅 22:42)라고 기도하셨습니다. 예수님은 아버지 하나님의 뜻에 맞추기 위해서 "힘쓰고 애써 더욱 간절히 기도"(눅 22:44)하셨습니다. 땀방울이 핏방울처럼 땅에 떨어졌습니다.

우리 신앙의 삶에서 반드시 있어야 할 것은 바로 기도입니다. 심지어 사무엘 선지자는 '기도하기를 쉬는 것은 죄'(삼상 12:23)라고 말하면서 기도에 집중해야 함을 말했습니다.

뿐만 아니라 대부분의 믿음의 조상들의 삶에서 하나님께 드리는 기도를 뺄 수 없습니다. 아브라함이 하나님께 기도했고(창 20:17), 모세가 하나님께 기도했습니다(출 8:29; 민 11:2). 그들은 항상 하나님의 인도하심으로 살았는데, 그때마다 그들은 하나님께 기도했습니다.

삶의 위기가 심히 많았던 다윗은 어떻습니까? 그는 인생의 위기가 눈앞에 있을 때와 중요한 결정을 할 때마다 "여호와께 묻자와"(삼상 23:2, 30:8)라는 기도 습관을 가지고 있었습니다. 그때마다 하나님은 다윗에게 인생 승리하는 길, 전쟁에서 승리하는 길로 인도해 주셨습니다.

성자 예수님이 성부 하나님께 기도하는 습관(막 1:35)도 예외는 아니었습니다. 또한 제자들에게 '기도'를 가르치시면서 기도하라고 말씀하셨습니다. 심지어 예수님은 예루살렘 성전에 대해 "내 집은 기도하는 집이라 일컬음을 받으리라 하였거늘 너희는 강도의 소굴을 만드는도다"(마 21:22)라고 말씀하셨습니다. 더욱이 예수님은 "너는 기도할 때에 네 골방에 들어가 문을 닫고 은밀한 중에 계신 네 아버지께 기도하라 은밀한 중에 보시는 네 아버지께서 갚으시리라"(마 6:6)고 '기도의 확실성'에 대해 말씀하셨습니다.

그러므로 우리가 하나님께 드리는 기도는 허공에 외치는 것이 아닙니다. 우리가 하나님께 드리는 기도는 자기 신념을 외치는 것이 아닙니다. 하나님께서는 분명히 우리의 기도를 들으시며 응답하십니다. 우리 그리스도인의 정체성-내가 여기서 무엇을 해야 하는가? 나는 이곳에서 어떻게 해야 하는가?-은 기도로 확인할 수 있습니다.

느헤미야의 목적이 무엇이었습니까? 그가 자신의 안락과 부와 권세를 뒤로 하고 이역만리 황폐하고 무너져버린 예루살렘을 찾은 이유는 분명합니다. 예루살렘의 성벽 재건을 위해서였습니다. 그렇다면 분명히 지금 그 목표, 그 비전이 이루어졌습니다. 그러나 이것은 겉으로 드러난 목표, 비전일 뿐입니다. 이제는 '예루살렘 주민의 정체성'을 확인해야 합니다. 그것은 하나님 앞에서 설 수 있는 이스라엘 백성들의 거룩함이었습니다. 즉 하나님은 그들의 조상 적부터 지금까지 우리의 삶을 주관하시는 여호와 하나님이심을 깨닫게 하는 것이며, 또한 그들이 하나님의 자녀인 것을 확인하는 것입니다 (느 9:6-38). 즉 예루살렘 주민들에게 반드시 있어야 할 것은 '하나님과의 소통', 즉 '기도'였습니다.

그렇다면 우리는 왜 하나님께 기도해야 합니까? 느헤미야서에서 볼 수 있는 그들의 기도 행위는 이렇습니다. 왜 예루살렘 주민들은 하나님께 "자기의 죄와 조상들의 허물을 자복"(느 9:2)했을까요? 왜 레위 사람들은 "단에 올라가서 큰소리로 그들의 하나님 여호와께"(느 9:4) 부르짖었을까요?

기도는 하나님의 비전을 품은 자로서 하나님께 복 받을 자격을 계속해서 유지시켜 주는 것입니다. 우리를 향한 하나님의 뜻과 그분의 강한 능력을 무엇으로 알 수 있습니까? 하나님께서 베푸시는 은혜와 사랑과 축복을 무엇으로 느낄 수 있습니까? 이것을 느끼는 것은 하나님께 집중할 때 가능합니다. 사람에게 집중하는 것이 아닙니다. '내가 만난 사람'에게가 아니라 '내가 만난 예수님'께 집중할 때 가능합니다. 바로 말씀과 기도를 통해 '내가 만난 예수님'께 가까이 갈 수 있습니다.

특히 본문에서 느헤미야와 레위인들과 예루살렘 주민들에게서 공통적으로 볼 수 있는 것은, 기도의 사람으로서 하나님을 다시 바라보고 있다는 것입니다.

특히 느헤미야는 물론이거니와 이스라엘 자손들에게서 우리가 배워야 할 경건의 훈련은 기도입니다. 먼저 느헤미야는 일찍이 페르시아의 왕 아닥사스다의 술 관원으로 있을 때, 예루살렘의 폐허와

몰락의 소식을 들었을 때 가장 먼저 했던 것 가운데 하나가 하나님께 기도하는 것이었습니다. 그의 기도에서 볼 수 있는 것은, 주변 상황에 빠지는 기도가 아니라 하나님께 집중하는 기도였습니다.

우리가 배워야 할 기도는 이런 것입니다. 느헤미야와 이스라엘 자손과 레위 사람들이 하나님 앞에서 기도했던 모습입니다.

이스라엘 백성들은 '하나님 앞에서 정직한 기도'를 했습니다

그들은 사람들에게 양심 고백을 한 것이 아닙니다. 느헤미야 9장에 반복된 단어를 주의깊게 보십시오. 그들은 무엇보다도 '회개 기도'에 집중하고 있습니다. 9장 1절의 "금식하며 굵은 베옷을 입고 티끌[1]"을 쓰고, 9장 2-3절의 "자기의 죄와 조상들의 허물을 자복하고 죄를 자복하며"와 9장 4절의 "큰 소리로 그들의 하나님 여호와께 부르짖고"는 그들의 일관성 있는 기도의 모습을 보여줍니다.

느헤미야의 기도(느 9:7-37)는 나중의 기도도 처음의 기도와 같았습니다. 느헤미야의 주변을 보면 두 마음을 품을 정도로 하나님께 집중하기 힘든 것들이 많았습니다. 그러나 그는 하나님께 집중하는 기도를 하였습니다. 그는 하나님께서 이스라엘을 위해 행하신 은혜를 기도하였습니다. 그는 그에게 맡기신 책임을 성취하는 데 전심전력하였습니다.

성경에서는 하나님께 집중하는 신앙의 사람을 신실한 인물로 평가하고 있습니다. 이런 자들은 기본적으로 '하나님의 마음에 합한 자'로 특징지으며, 하나님 앞에서 '한마음'을 가진 자로 여겨집니다. 다윗은 시편 86편 11절에서 하나님께 전심전력했습니다. 그는 "여호와여 주의 도를 내게 가르치소서 내가 주의 진리에 행하오리니 일심으로 주의 이름을 경외하게 하소서"라고 기도했습니다.

여기서 '일심'이란 분리된 마음이 아닌 하나의 목표와 목적과 애정을 뜻하는 것입니다. 즉 다윗은 두 마음을 품고 두 주인을 섬기지 않았습니다. 다윗 또한 인간인지라 항상 그 삶의 주변을 볼 때 자신과 하나님을 동시에 섬기려는 마음이 자신에게 있음을 인식하고, 오직 하나님만 경외할 수 있도록 간절히 기도하며 도움을 청했습니다. 야고보서 1장 6-8절의 말씀을 보면 분명합니다.

"오직 믿음으로 구하고 조금도 의심하지 말라 의심하는 자는 마치 바람에 밀려 요동하는 바닷물결 같으니 이런 사람은 무엇이든지 주께 얻기를 생각하지 말라 두 마음을 품어 모든 일에 정함이 없는 자로다."

느헤미야는 그의 기도에서 이렇게 하나님을 주목하고 있습니다. 첫째, 그는 창조주 하나님을 "오직 주는 여호와시라"(느 9:6)고 선포합니다. 둘째, "주는 하나님 여호와시라"(느 9:7)고 말하면서 아브라함의 사건을 이야기합니다. 9절에서는 "주께서"라고 말하면서 하나님이 주도하신 '출애굽기 사건'을 은혜의 보호 사건으로 묘사하고 있습니다.

특히 이스라엘 조상들의 반역과 교만에도 불구하고 "주께서는 용서하시는 하나님이시라 은혜로우시며 긍휼히 여기시며 더디 노하시며 인자가 풍부하시므로 그들을 버리지 아니하셨나이다"(느 9:17)라고 기도하면서 지금 예루살렘 주민들에게도 그런 은혜를 베푸시는 하나님을 기대하며 갈망하고 있습니다. 그러나 이러한 하나님의 은혜에도 불구하고 "그들이 평강을 얻은 후에 다시 주 앞에서 악을 행하므로"(느 9:28)라는 이스라엘 자손의 행악의 고백을 잊지 않습니다. 그러므로 하나님의 진노하심은 의로우시고, 하나님의 공의는 당연한 것입니다. 그래서 그는 "그러나 우리가 당한 모든 일에 주는 공의로우시니 우리는 악을 행하였사오나 주께서는 진실하게 행하셨음이니이다"(느 9:33)라고 고백합니다. 이처럼 그는 하나님의 은혜와 사랑, 하나님의 공의에 집중하고 있습니다.

느헤미야 9장 15절을 보면, "그들의 굶주림 때문에……그들의 목마름 때문에……" 하나님께서는 그들에게 양식을 주시고, 반석에서 물을 내셨습니다. "또 주의 선한 영을 주사 그들을 가르치시며 주의 만나가 그들의 입에서 끊어지지 않게 하시고 그들의 목마름을 인하여 그들에게 물을 주어 사십년 동안 들에서 기르시되 부족함이 없게 하시므로 그 옷이 해어지지 아니하였고 발이 부르트지 아니하였사오며"(느 9:20-21)라고 고백합니다.

요즘처럼 대형 마트나 백화점에서 깨끗하게 포장되어 있는 농작물을 사서 냉장고와 부엌 선반에 일주일 이상 먹을 수 있는 음식들을 쌓아 놓고 사는 현대인들이 그런 하나님의 손길을 전적으로 의지한다는 것은 훨씬 어려운 일입니다.

실제로 우리가 누리고 있는 편안한 생활 때문에 우리는 하나님께 전심전력할 수 없습니다. 이미 모세는 이스라엘 백성들에게 이런 위험성을 경고했습니다.

"그러나 네가 마음에 이르기를 내 능력과 내 손의 힘으로 내가 이 재물을 얻었다 말할 것이라……그가 네게 재물 얻을 능력을 주셨음이라……"(신 8:17-18).

이 경고는 오늘날 우리 그리스도인을 향한 경고가 될 수 있습니다. 하나님을 전적으로 의뢰하는 일은 배우기 어렵고 힘든 일 가운데 하나입니다.

우리는 지금까지 무엇을 이야기했습니까? 우리는 지금 누구를 자랑합니까? 지금 우리에게 가장 필요한 경건 훈련은, 내가 경험하고 내가 만난 하나님을 의뢰하며 기도하는 것입니다. 이 경건 훈련을 통해 능력과 축복이 오기 때문입니다.

느헤미야는 '지금 나와 함께하시는 하나님을 의식'하며 기도했습니다

느헤미야는 얼마나 많이 힘들었을까요? 이것이 얼마나 힘든 일입니까? 그는 '술 관원'으로서 안락과 권력의 삶을 살 수 있었습니다. 그는 '적당한 예배'를 통해 그의 신앙을 표현할 수 있었습니다. 그 누구도 그의 삶을 존경했으면 했지 비난할 사람은 없을 것입니다. 그렇기 때문에 구태여 페르시아를 떠날 필요도 없으며, 성벽 재건과 이스라엘 백성들의 회복을 위한 비전과 목표를 하나님 앞에서 기도하며 가질 필요가 없었습니다. 그 누구도 느헤미야에게 이런 짐을 지라고 하지 않습니다. 그는 최선을 다했습니다.

그렇지만 그는 하나님을 의식했습니다. 하나님을 경외하는 사람은 하나님의 함께하심을 평생 의식하며 살아갑니다. 중요한 것은, 의식하든 못 하든 간에 우리는 언제나 우리와 함께하시는 하나님 앞에서 살아간다는 것입니다. 하나님은 지금 여기에 계십니다. 느헤미야가 성벽 재건을 위해 페르시아에서 기도할 때, 하나님께서는 그곳에서도 그와 함께하셨지만, 지금도 성벽 재건을 마친 느헤미야와 함께 예루살렘에 계십니다.

우리는 하나님을 의식할 때 착각하는 경우가 있습니다. 하나님은 거룩한 곳에만 계실 거라는 생각입니다. 하나님은 승리의 장소에만 계실 거라는 생각입니다. 하나님은 우리의 찬양에 흥겨워하시며 함께하시지만, 우리의 음란한 생각 속에서도 함께하시며 우리를 주목하십니다(마 5:27-28).

하나님께서는 골리앗과 싸우는 다윗과도 함께하셨지만, 다윗이 밧세바와 함께 음란한 파티를 열 때 거기에도 계셨습니다. 우리는 하나님이 모르실 거라고 착각합니다. 그러나 오히려 우리가 모르는 것입니다. 이럴 때는 하나님을 의식하지 못하는 것입니다. 골리앗과 싸우는 다윗과 함께하시는 하나님을 의식하면서도, 밧세바와 다윗이 함께했던 그곳에 하나님이 계셨다는 사실을 잊을 때가 있습니다.

어느 신앙인의 고백이었습니다. 그는 포르노에 빠졌습니다. 그는 밤마다 집에서 멀리 떨어진 나이트클럽에 가서 이색적인 무용수에 푹 빠졌습니다. 그럴 때마다 그는 그 다양한 경험이 신앙에 도움이 된다고 자신을 합리화했습니다.

그러나 그 일이 여기서 끝나지 않았습니다. 그후로 그는 5년 동안 극도의 성적 욕망과 처절한 싸움을 했습니다. 그 밤에 그가 나이트클럽이 아니라 교회에서 철야기도를 했다면 어떻게 되었을까요? 그 밤에 목사님과 신앙에 대해 상담하며 함께 말씀 공부를 했다면 어떻게 되었을까요? 그 밤에 다윗이 선지자들과 전쟁에 나간 부하들을 위해 기도했다면 어떻게 되었을까요?

그런데 하나님께서는 그 신앙인이 나이트클럽에 있을 때도, 다윗이 밧세바와 함께 있을 때에도 함께 계셨습니다. 하나님은 쇼를 보며 즐거워하던 그 사람을 보면서 분개하셨습니다. "내 아들아, 그렇게 볼 것이 없더냐……." 하나님은 잘못된 길로 빠져 들어가는 자녀를 보고 슬퍼하시면서 그 자리에 함께 계셨습니다. 하나님은 다윗이 밧세바와 함께했던 그 자리에 계셨기에 나단 선지자를 보내면서 분개하셨던 것입니다.

예레미야 16장 17절에서 하나님은 그의 백성들에게 이렇게 말씀하셨습니다. "이는 내 눈이 그들의 행위를 살펴보므로 그들이 내 얼굴 앞에서 숨기지 못하며 그들의 죄악이 내 목전에서 숨겨지지 못함이라."

다윗이 하나님을 의식하며 이렇게 고백합니다.

"내가 주의 영을 떠나 어디로 가며 주의 앞에서 어디로 피하리이까 내가 하늘에 올라갈지라도 거기 계시며 스올에 내 자리를 펼지라도 거기 계시니이다 내가 새벽 날개를 치며 바다 끝에 가서 거주할지라도 거기서도 주의 손이 나를 인도하시며 주의 오른손이 나를 붙드시리이다"(시 139:7-10).

하나님을 의식했던 다윗은 어딜 가든지 함께하시는 하나님을 결코 벗어날 수 없음을 절실하게 깨달았습니다.
느헤미야가 깨달았던 것이 이것입니다. 하나님은 어느 곳에나 계시는 분이시기에 항상 그와 함께하신다는 것입니다. 이 사실을 인식하고서 그는 믿음의 결정을 한 것입니다. 우리도 이 사실을 인식하면서 하나님의 은총을 깨달으며 살아야 합니다.

느헤미야는 '언제나 손을 잡아 주시는 하나님'을 갈망하며 기도하였습니다

느헤미야 9장 2절에 보면, 이스라엘 백성의 모습은 "자기 죄와 조상들의 허물"로 가득했습니다. 그는 자기의 죄와 조상들의 허물을 하나님께 '고발' 하지 않고 '고백' 하였습니다. 우리를 감찰하시는 하나님께서는 이미 그들의 죄의 모습을 알고 계셨습니다. 불꽃 같은 눈동자로 우리를 살피시는 하나님께서 죄 있는 그들의 손을 보셨고, 마음을 읽으셨습니다.

그렇지만 하나님은 그들과 약속하신 "말씀하신 땅으로 인도하여 이르게"(느 9:23) 하셨고, "견고한 성읍들과 기름진 땅을 점령하

고 모든 아름다운 물건이 가득한 집과 판 우물과 포도원과 감람원과 허다한 과목을 차지하여 배불리 먹어 살찌고 주의 큰 복"(느 9:25)을 즐기게 하였습니다. 이것이 하나님의 은혜입니다. 이것이 하나님의 복 주심입니다. 하나님의 은혜와 복 주심의 기준은 우리의 삶이 기준이 아닙니다.

아이들이 강을 건널 때, 복잡한 길을 지날 때, 아빠와 엄마의 손은 더욱 힘있게 철부지 아이의 손을 잡고 있다는 사실을 잊어서는 안 됩니다. 왜 그럴까요? 부모가 아이들의 손을 잡는 것은 아이들이 부모 손에 꼭 매달려 있어야 할 만큼 어리고 불안정하기 때문입니다.

내가 언제나 정결합니까? 내 손이 언제나 깨끗합니까? 그러므로 항상 우리는 우리를 사랑하시는 하나님 앞에서 나의 허물과 죄를 고백할 수 있어야 합니다.

'하나님께서는 우리와 함께하시며 보호하신다' 는 진리가 성경 전체에 나타나고 있습니다. 하나님께서는 이스라엘 백성들을 인도해 주겠다고 약속하셨습니다. 그들의 손이 깨끗해서 잡아 주시겠다는 것이 아니고 그들을 사랑하시기 때문입니다. 그렇기 때문에 이사야 선지자는 버러지 같은 야곱 이스라엘 백성에게 "나 여호와 너의 하나님이 네 오른손을 붙들고 네게 이르기를 두려워하지 말라 내가 너를 도우리라 할 것임이니라"(사 41:13)라고 말씀하셨습니다.

느헤미야가 고백하는 "그들이 교만하여……주의 계명을 듣지 아니하며 주의 규례를 범하여 고집하는 어깨를 내밀며 목을 굳게 하여 듣지 아니하였나이다"(느 9:29)라는 그들의 삶은 사실입니다.

하지만 그럼에도 불구하고 하나님은 "주의 크신 긍휼로 그들을 아주 멸하지 아니하시며 버리지도 아니하셨사오니 주는 은혜로우시고 불쌍히 여기시는 하나님"(느 9:31)이십니다. 하나님이 여전히 그들을 용서하시고, 사랑하시고, 붙들고 계시는 것처럼 우리도 붙잡고 계십니다. 그러므로 두 손을 모아 하나님께 기도드릴 수 있는 여러분이 되길 소원합니다.

그러므로 우리가 하나님께 기도할 때는 솔직해야 합니다. 아무리 우리의 죄가 주홍 같을지라도 그리스도의 보혈로 그 죄가 덮어진다는 것을 알고 있습니다. 누군가를 비난하거나 비방했다면 정확하게 어떻게 했는지를 인정해야 합니다. 만약 남의 것을 속여 빼앗았다면 삭개오처럼 솔직하게 인정해야 합니다.

다윗은 하나님께서 자기에 대해 다 알면서도 여전히 자기를 사랑하신다는 사실을 아는 기쁨을 배웠습니다. 그렇기 때문에 그는 기꺼이 자신의 마음을 살피시고 악한 행위가 있는지를 보시도록 기도드렸습니다.

이 기도의 기쁨을 배우십시오. 이기심과 교만과 완고함 같은, 우리가 보지 못하는 죄를 드러내 주시도록 간구하십시오. 이런 죄를 드러내는 것은 고통스러운 일이지만 그 죄를 회개할 때 하나님께서는 우리를 사랑하시며, 우리를 잡아 주시며, 축복해 주실 것입니다. 그리고 하나님과 함께 살아간다는 것을 아는 데서 오는 죄 사함의 확신을 얻고, 죄를 짓지 않도록 막아 주신다는 사실에 항상 감사하며, 그 속에서 기쁨을 경험하게 될 것입니다.

이제 하나님께 다시 한 번 집중하길 원합니다. 하나님은 우리의 인생 가운데 꼭 함께 계셔야 할 분입니다. 하나님께서 세상을 창조하시고 우리를 지으셨으며 나를 택하셨습니다. 그리고 세상을 통치하시며 우리를 인도하시고 나를 주장하십니다. 하나님은 이 세상 안에서 우리에게 복을 주시며 계시하셨습니다. 이제 우리는 이 세상에서 하나님과 함께 평안함과 온전함을 느끼며 감사하길 원합니다.

14. 여호와의 말씀을 실천하라

우리가 이 모든 일로 말미암아 이제 견고한 언약을 세워 기록하고 우리의 방백들과 레위 사람들과 제사장들이 다 인봉하나이다 하였느니라(느 9:38).

'몽블랑' 이란 만년필이 있습니다. 이 만년필의 펜촉은 18K 금이고, 사람이 직접 만드는 수제품입니다. 몽블랑 만년필을 한 자루 만드는 데는 보통 6주일이 걸립니다. 이 만년필은 주로 J. F. 케네디, 교황 요한 바오로 2세, 영국 엘리자베스 여왕 등 세계적인 명사들이 사용했습니다. 그런데 몽블랑 만년필이 이처럼 명품으로 자리잡은 것은 우연이 아닙니다. 전통과 명성을 이어나가기 위한 열정과 노력의 뒷받침이 있었기 때문입니다.

진정한 그리스도인도 마찬가지입니다. 그 사람이 예수님을 진정으로 영접할 때, 그 어떤 것과도 비할 수 없는 귀하고 영원한 가치를 지닌 명품 그리스도인으로 다시 태어납니다.

명품을 만드는 것은 끝없는 열정과 노력입니다. 그리스도를 많이 닮을수록 그리스도인들도 명품이 됩니다. 예수님을 따라 사는 것은 예수님의 말씀을 따라 명품 그리스도인이 되는 것입니다.

예루살렘 주민들은 '하나님에 관하여' 알고 있었습니다. 그들은 하나님이 창조자시며, 이스라엘의 주인이심을 알고 있었습니다. 그렇지만 그들은 명품 하나님의 백성은 아니었습니다. 왜냐하면 그들은 '하나님에 관한 지식' 만 가지고 있었지 하나님과 동행하지 않았기 때문입니다. 그들은 말씀대로 '거룩한 백성' 으로 가정을 정결하게 지키지 않았습니다. 거룩한 하나님의 백성임에도 불구하고 '이방인' 과의 결혼을 주저하지 않았습니다. 그들은 안식일을 통해 하나님을 기뻐하지 않았습니다. 하나님을 알고 있었음에도 불구하고 그들의 삶에 서 안식일과는 무관한 삶을 살았습니다.

무엇보다도 그들은 하나님이 그들의 주인임을 잊고 있었습니다. 그들은 하나님께 감사하지도 예배하지도 않았습니다. 결국 하나님의 진노하심을 통해 그들의 성벽이 무너졌고, 그들의 가정은 파괴되었으며, 그들의 꿈은 깨어져버렸습니다. 이렇게 된 이유가 무엇입니까? 그들의 성벽이 무너진 이유, 그들의 가정이 파괴된 이유, 그들의 꿈이 깨져 버린 이유는 '하나님의 말씀' 대로 살지 않은 것입니다. 그들이 어떻게 하나님의 말씀을 거역했습니까? 그들이 회개해야 할 삶, 그들이 회복해야 할 말씀, 그들이 치유되어야 할 삶은 어떤 것들입니까?

이스라엘 백성들이 성벽 재건을 통해서 '하나님의 역사' 를 새롭게 깨닫게 된 것은 '하나님의 말씀' 을 되새기게 되었다는 것입니다. 그들은 '하나님이 세상을 창조하시고, 하나님이 다스리시고, 하나님이 복을 주신 세상을 계시한다' 는 진리를 다시 깨닫게 되었습니다.

그제서야 예루살렘 주민들은 그동안 자신들이 하나님의 말씀 앞에 바르게 서 있지 못했다는 것을 알았습니다. 이스라엘 백성들은 하나님의 말씀을 낭독하는 것을 듣고 난 뒤 그동안 자신들이 하나님과 동행하는 삶에서 얼마나 멀리 떨어져 있었는지를 깨달을 수 있었습니다. 그들은 예루살렘 성벽의 재건을 보고서 하나님의 은혜가 우리와 함께 있다는 것을 알고는 그만 감격의 눈물과 회개의 눈물을 흘립니다. 그들은 듣고, 보고, 깨닫고, 느끼면서 하나님을 향한 영성과 감성을 회복하게 되었습니다. 그제서야 자신이 경험한 하나님을 깨달았던 것입니다.

그들의 절망의 소리는 삶의 현장에서 그동안 잊고 있었던 하나님을 향한 영성과 감성을 회복했습니다. 이것은 하나님과의 엄숙한 약속을 체결하도록 이스라엘 백성의 마음을 준비시킵니다. 성경 낭독과 기도를 통한 그들의 영성과 감성은 하나님과의 관계 조건을 새롭게 해야 함을 깨닫게 해주었습니다. 말씀을 읽고 그 말씀대로 살아 보는 '초막절'이 끝나가면서, 그들은 실질적인 변화가 이루어질 시기가 되었다는 점을 깨닫게 됩니다.

자신들의 문제가 하나님의 말씀을 버리는 선조들의 결정에서 시작되었다는 것을 깨달았습니다. 그들의 국경이 침범을 당한 것도 군대가 약해서가 아니라 자신들이 불순종했기 때문임을 인정했습니다. 예루살렘 사람들은 하나님께서 성벽이 무너지도록 한 번 허락하셨다면 다시 무너지게 하실 수도 있다는 점을 알았습니다.

그래서 그들은 하나님과 자신들 사이에 글로 쓴 '견고한 언약에서 하나님과 그분의 말씀에 대한 헌신을 서약했습니다. 이제는 그들이 '말씀을 따라', '말씀에 의지해서', '말씀과 함께' 살겠다는 약속을 했습니다. 그것은 중대하고, 준엄하고, 명확히 정해진 일이었으며, 아울러 실행하고자 하는 단호한 결심이었습니다. 왜냐하면 그들은 자신들의 죄를 하나님께서 용서해 주시리라는 것을 알고 있었기 때문입니다. 그래서 그들은 문서로 '견고한 언약'을 세워 인봉하기에 이르렀습니다.

그렇다면 그들은 하나님 앞에서, 하나님과 함께, 백성들 모두가 어떤 '견고한 약속'을 했을까요? 그 견고한 약속의 내용은 무엇일까요? 그리고 이제 그들이 하나님 앞에서 그 약속을 어떻게 실천해야 했을까요? 바로 그것이 하나님과 함께 걷는 거룩한 동행의 삶입니다.

그래서 예루살렘 주민들은 '그 말씀을 따라' 살기로 '견고한 약속'을 합니다.

그들은 말씀을 따라 거룩한 가정생활을 하기로 약속했습니다[1]

이제부터는 "하나님께서 '무슨'(what) 말씀을 하시는가?"보다 우리가 "하나님의 말씀을 '어떻게'(How) 실천할 것인가?"의 문제입니다.

우리가 사탄과의 영적 싸움에서 승리하기 위해 '말씀'을 읽는 동시에 말씀을 따라 살아야 한다는 것입니다. 말씀을 읽는 동시에 그렇게 살아야 합니다. 이스라엘 사람들은 지금까지 하나님의 말씀을 들었지만 그리고 읽었지만, 복음을 따라 사는 것과는 분리된 삶을 살았습니다. 그렇기 때문에 지금에 와서 '말씀을 따라' 산다는 것은 그처럼 어렵고 힘든 현실이 되어버렸습니다.

이스라엘 백성이 말씀을 따라서 산 삶을 보면, 가정의 거룩함을 회복하기 위해 '이방 사람들과 절교'(느 10:28)하고, "우리의 딸들을 이 땅 백성에게 주지 아니하고 우리의 아들들을 위하여 그들의 딸들을 데려오지 아니하며"를 실천해야 했습니다. 이러한 것들은 이스라엘 백성들이 언약을 지키기 위해 이방인과의 관계에서 근본적인 조치를 취해야만 했습니다. 그들은 이방인들과 혼인할 수 없었고, 심지어 어떤 경우에는 연합할 수도 없었습니다. 이미 이방인 아내가 있는 이들에게는 더욱 곤란한 일이었습니다. 그렇다면 어떻게 해야 합니까?

그런데 왜 이스라엘 백성들은 이방 사람들과 결혼을 했을까요? 그리고 그들의 이러한 결정과 행위로 생겨난 결과는 무엇일까요? 무엇보다도 그들의 이러한 행위는 편리함과 정욕의 만족 때문입니다. 그들은 지역적, 지방적 그리고 종교적 결탁을 통해서 세상의 물질이나 명성, 권력을 얻고자 했던 것입니다. 심지어 제사장에 속한 사람들마저도 지역의 권세자들과 혼인을 통해 그 세력을 얻고자 했습니다. 느헤미야 13장 23절을 보면, 그들의 가정에서부터 그들의 자녀들이 '유다의 언어'를 잊어버리고 '아스돗 방언'[2]을 하게 되었습니다.

14. 여호와의 말씀을 실천하라 191

이것은 무엇을 의미합니까? 그 자녀들이 '하나님의 말씀'을 잊어버림은 물론이거니와 잃어버렸다는 것입니다. 즉 유대인이 아닌 종족과의 혼합 결혼이 곧 우상숭배로 이어졌습니다. 우상숭배는 이스라엘을 자신의 신부로 선택하신 하나님에 대한 불성실로 간주되었습니다. 솔로몬 시대에도 그랬고, 아합의 시대도 그랬으며, 르호보암 시대도 그랬고, 여로보암 시대에도 그랬습니다. 사실 이스라엘의 시대는 항상 그랬습니다. 분명 우리의 영성과 감성은 하나님의 말씀에 영향을 받는 것처럼 우상의 습관에도 영향을 받습니다.

▲ 아스돗에서 발견된 숫양 머리의 금귀고리3)

우리는 지금까지 실패한 이스라엘 백성들을 바라보면서 우리의 삶의 모습을 비교해 볼 수 있습니다. 우리는 하나님의 자녀라는 신분을 얻었다고 자부심만 가지고 살아왔던 것 같습니다. 그렇지만 '말씀을 따라', '말씀에 인도되는' 삶을 사는 주의깊은 순종을 하지는 않았습니다. 오히려 하나님의 음성보다는 '사람의 음성'이 더 크게 들릴 때가 많았습니다. 우리가 결정해야 할 거룩한 삶의 방향에서 '주님의 말씀'보다는 '우리의 기호와 경험'을 더 의존했던 것이 사실입니다.

바로 이것이 문제입니다. 우리의 영성이나 감성이 말씀에 의지할 때도 있지만 다른 사람을 통해 영향을 받기 때문입니다.

내게 거룩한 영향을 주는 주변 인물들로는 어떤 사람들이 있습니까? 진정으로 그들은 나의 거룩한 삶과 실천에 은혜스러운 영향을 주는 사람들입니까, 아니면 거룩한 삶이 아닌 부정적인 삶을 소개하는 사람들입니까?

우리는 말씀을 따라 삶의 규칙을 정해야 합니다

이스라엘 백성들은 안식일과 관련된 경제적 문제가 항상 있습니다. 쉽게 이해하면, '쉬지 않고 일하면 더 많은 것을 얻을 수 있다'는 생각입니다. 이것은 아마도 가장 단순한 경제 논리일 것입니다. 그렇기 때문에 그들은 안식일에도 물질에 대한 유혹을 버리지 못하고 일했습니다. '내가 이룰 수 있다'는 생각, '내가 할 수 있다'는 생각은 세상이 가지고 있는 인본주의적 행동 양식입니다. 그러나 그리스도인들은 이것마저도 하나님이 주시는 은혜로 여겨야 한다는 것입니다.

그들은 이미 성벽 재건 당시 재정적으로 희생이 따르는 여러 가지를 양보했습니다. 우선, 그들은 안식일에 거래를 하지 않겠다고 동의했습니다. 그들의 가장 큰 재정적 양보는 농사짓는 관행과 관계가 있었습니다. 백성들은 땅의 안식년, 쉼에 관련한 하나님의 명령을 지키기로 결정했습니다(출 23:10-11). 이 율법은 농민들이 7년마다 곡식을 심지 못하도록 하고 있습니다.

이 율법 배후의 사상은, 바로 백성들이 자신들의 수고를 통해서라기보다 하나님께서 하나님의 손으로 그들을 부양하신다는 것을 신뢰하도록 하기 위해서입니다. 상상이 가겠지만 이 말씀은 어느 누구도 열심히 지키지 않았던 말씀이었습니다. 일찍이 그들은 이 말씀에 불순종함으로써 바벨론의 포로가 되었으며, 그 고난의 땅에서 70년간 안식일을 지켰습니다. 하나님께서는 불순종하는 그들에게 축복의 땅에서 쉼을 갖도록 한 것이 아니라, 굴욕의 땅, 절망의 땅에서 안식일을 지키게 하셨습니다.

바울은 아덴의 청중에게(행 17:25) 하나님은 생명과 호흡을 주실 뿐 아니라 만물을 주시는 분이라고 말했습니다. 하나님께서는 자신이 지으신 피조물을 주권적으로 통치하심으로써 우리를 보존하시고, 먹이시고, 양육하십니다. 예수님은 "일용할 양식을 주시고"(마 6:11)라고 기도하라고 말씀하시면서, 우리가 매일 먹는 양식을 위해서도 아버지 하나님을 의지해야 한다고 가르쳐 주셨습니다.

우리는 이 부분에서 알아야 할 것이 있습니다. 바로 일용할 양식을 공급받는 방법입니다. 창세기 3장 19절을 보면, "네가 얼굴에 땀이 흘러야 식물을 먹게 될" 것이라고 말씀하셨습니다. 하나님은 우리에게 노동의 복을 주시고 생산의 복도 주셨습니다. 이렇게 함으로써 필요한 양식과 물건들을 얻을 수 있습니다.

시편 104편 14-15절을 보면, "그가 가축을 위한 물과 사람을 위한 채소를 자라게 하시며 땅에서 먹을 것이 나게 하셔서 사람의 마음을 기쁘게 하는 포도주와 사람의 얼굴을 윤택하게 하는 기름과 사람의 마음을 힘있게 하는 양식을 주셨도다"라고 했습니다.

성경에서 말씀하시는 것은 하나님께서 먹고 마시는 것을 직접 관리하시며 통치하신다는 것입니다. 더욱 자세하고도 분명하게 아모스서 4장 6-9절에서도 말씀하셨습니다.

"또 내가 너희 모든 성읍에서 너희 이를 깨끗하게 하며 너희의 각 처소에서 양식이 떨어지게 하였으나 너희가 내게로 돌아오지 아니하였느니라 여호와의 말씀이니라 또 추수하기 석 달 전에 내가 너희에게 비를 멈추게 하여 어떤 성읍에는 내리고 어떤 성읍에는 내리지 않게 하였더니 땅 한 부분은 비를 얻고 한 부분은 비를 얻지 못하여 말랐으매 두세 성읍 사람이 어떤 성읍으로 비틀거리며 물을 마시러 가서 만족하게 마시지 못하였으나 너희가 내게로 돌아오지 아니하였느니라 여호와의 말씀이니라 내가 곡식을 마르게 하는 재앙과 깜부기 재앙으로 너희를 쳤으며 팥중이로 너희의 많은 동산과 포도원과 무화과나무와 감람나무를 다 먹게 하였으나 너희가 내게로 돌아오지 아니하였으니라 여호와의 말씀이니라."

이 말씀에서 '양식이 떨어지게 하였다', '비를 멈추게 하였다', '팥중이로 너희의 많은 동산과 포도원을 다 먹게 하였다' 등의 구절에서, 하나님은 이 모든 것을 이스라엘 백성들을 위해 간섭하시고 통치하고 계심을 보여주고 있습니다.

우리에게 일할 수 있는 능력을 주시는 분은 바로 하나님이십니다. 또한 하나님께서 주신 환경을 통해 그분께서 원하시는 대로 우리의 수고에 복을 더해 주십니다. 오늘 우리의 삶에서 생명과 호흡과 우리가 가진 모든 것을 하나님께 의존하고 있음을 깨닫는 시간을 가져 보길 원합니다. 그리고 하나님께서 베풀어 주시는 구체적인 은총에 감사드리기를 바랍니다.

우리는 '말씀을 따라' 하나님께 감사해야 합니다

이 감사는 그리스도인들이 예배를 통해 하나님을 만나는 거룩한 실천입니다.

느헤미야 10장 39절에 "그리하여 우리가 우리 하나님의 전을 버려두지 아니하리라"라는 말씀이 있습니다. 하나님께 대한 예배는 그들의 삶의 중심이었고, 다른 모든 민족으로부터 구별된 유일무이한 민족으로서의 그들의 존재 이유였습니다. 따라서 희생 제사를 드리기 위해 장작을 제공하는 세속적인 허드렛일에 이르기까지 예배에 관한 모든 것이 세심하게 계획되었습니다.

우리의 영성과 감성이 우리의 허물과 죄악된 요소를 살피는 한편, 첫 열매와 십일조를 드림으로써 하나님의 집에서 봉사를 풍성하게 하고, 봉사자들의 생활을 돕는 성전 사역을 위해 최선을 다했습니다. 그들의 양심이 각성되고 그들이 '우리 하나님의 모든 전을 버리지 아니하리라'고 결심하자 그 백성들의 빈곤이 전혀 장애가 되지 않았습니다(느 10:32-39).

이 구절은 하나님의 사역을 후원하고 교회를 위해 봉사하는 사람들을 후원하기 위해 체계적인 헌금이 중요함을 가르칩니다. 우리의 청지기 직의 필요성이 그 어느 때보다 크게 부각되는 것은 바로 이때입니다. 느헤미야 10장 32-33절에서 이스라엘 백성들의 봉헌생활을 보면, 환난을 당할 때에도 그들의 헌금이 계속되고 있음을 볼 수 있습니다. "세겔의 삼분의 일"(느 10:32)[4]이라는 낮추어진 비율이었다 하더라도 그들은 이 책임을 지녔습니다.

이 구절은 그들의 재정적인 형편이 어려울 때 헌금 액수를 줄이기 위한 변명을 제공하지 않습니다. 느헤미야 10장 34-39절을 보면, 유대인들이 성전 유지를 위해 "세겔의 삼분의 일"보다 훨씬 더 많은 액수를 바쳤음을 보여줍니다. 그들은 비록 부족했지만 아낌없이 바쳤습니다. 돈이 없을 때 우리는 헌금 액수를 줄이기보다는 오히려 여가 비용을 줄여야 합니다.

10장에 언급된 많은 사람들은 누구입니까? 시편 103편 3절에서 "주의 권능의 날에 주의 백성이 거룩한 옷을 입고 즐거이 헌신하니 새벽 이슬 같은 주의 청년들이 주께 나오는도다"라고 했습니다.

수많은 이름들이 기록되어 있습니다. 3절 이후에 나오는 대부분의 사람들은 누구인지도 모를 것입니다. 발음하기도 어려워 쉽게 잊혀질 수도 있습니다. 그러나 이들은 헌신한 사람들입니다. 그들이 그들의 소출과 소유물의 십일조를 바쳤듯이 이제는 그들 자신 중 십분의 일을 바쳤습니다. 그들 각 사람은 거룩한 성을 견고케 하는 특별한 일에 관여되기를 기뻐했으며, 하나님의 영광이 거하는 곳을 사랑했으며, 그곳에서 거처를 정하기를 기뻐했습니다. 그들은 광야 생활 가운데서 하나님의 감동으로 '자원하는 마음과 총명한 마음을 가진 자들' 이었습니다(출 35:21).

실제로 자원하는 마음을 가지고 봉사하며 헌신하는 사람들은 세상적으로 손해 보는 것이 분명할 것입니다. 그렇지만 그들의 결정이 얼마나 축복인지를 깨닫게 될 것입니다. 주님께 대한 그들의 모든 말과 행실이 그 날에 밝히 드러날 것입니다.

따라서 우리도 우리 자신이 자원하는 심령, 영성과 감성의 지배를 받아 하나님께서 그분의 거룩한 뜻에 관해 우리에게 알려 주기를 기뻐하신 모든 것들을 얼마나 즐거이 순종하고 있는지를 깊숙이 돌아보아야 할 것입니다. 이 문제는 많은 말이 필요한 것이 아니라 진실하고 깊이 있는 노력이 필요한 것입니다.

우리는 하나님과 거룩한 동행을 하는 가운데 반드시 불변의 기준, 즉 진리가 있어야 합니다.

우리의 비전과 목표를 위해 '말씀을 따라서', '견고한 언약'을 했다면, 이 언약, 즉 비전을 유지하는 데 필요한 핵심 실천 강령과 행동에 대한 타협하지 않는 헌신이 필요합니다. 때로 이것들을 짜맞추기는 쉽지 않을 것입니다. 이것은 한순간에 끝낼 수 있는 작업이 아닙니다. 이것은 계속되어야 하는 것들입니다.

그리고 다시 확인하십시오.

하나님께서 나의 손을 붙잡고 계신가?

그리고 다시 확인하십시오.

나는 하나님의 손을 단단히 붙잡고 있는가?

이제 말씀을 따라 걷는 '거룩한 동행자'가 되시길 바랍니다.

15. 너희 하나님 여호와를 찬양하라

또 레위 사람 예수아와 갓미엘과 바니와 하삽느야와 세레뱌와 호디야와 스바냐와 브다히야는 이르기를 너희 무리는 마땅히 일어나 영원부터 영원까지 계신 너희 하나님 여호와를 송축할지어다 주여 주의 영화로운 이름을 송축하올 것은 주의 이름이 존귀하여 모든 송축이나 찬양에서 뛰어남이니이다(느 9:5).

우리가 믿음의 선조들로부터 배워야 할 것이 있다면 그것은 감사하는 생활의 또 다른 모습, 바로 '찬양하는 생활'이라고 생각합니다. 시편 9편 1-3절을 보면, "지존자여 십현금과 비파와 수금으로 여호와께 감사하며 주의 이름을 찬양하고 아침마다 주의 인자하심을 알리며 밤마다 주의 성실하심을 베풂이 좋으니이다"라고 고백합니다.

여기서 우리는 악기를 가지고 '감사'하며 입술로 아침과 저녁으로 찬양하는 것을 볼 수 있습니다. 심지어 시편 119편 164절은 "주의 의로운 규례들로 말미암아 내가 하루 일곱 번씩 주를 찬양하나이다"라고 고백하였습니다. 또 한번 의미 있게 살펴보아야 할 것은, 잠언 13장 2절에서는 찬양을 "입의 열매"라고 말하며 이것으로 복을 누린다고 말하는 것입니다. 이러한 사실을 볼 때, 우리의 신앙생활에서 매우 중요한 것이 '찬양'이라고 하지 않을 수 없습니다. 찬양은 하나님께 감사하는 것인데, 여기에 곡조를 붙여서 하는 것이고, 이 찬양을 통해 '입술의 열매'를 맺고 또 축복을 받기 때문입니다.

하나님은 말씀을 통해 '찬양'을 강조하십니다. 시편에서는 '찬양'이라는 말이 400번 넘게 언급되고, 또한 "찬양하라"는 명령이 50번 나옵니다. 에베소서와 골로새서에서는 우리가 모일 때 '시와 찬송과 신령한 노래를 부르라'고 두 번씩이나 명령하고 있습니다 (엡 5:19; 골 3:16).

하나님은 왜 우리가 모일 때 찬양하라고 명령하실까요? 기도와 설교만 있으면 안 되는 것일까요? 사실 이렇게 생각한 사람도 있습니다. 중세 교회 교부였던 어거스틴(A.D. 354~430년)은 예배 중에 연주하는 음악을 긍정적으로 보지 않았습니다. 왜냐하면 음악이 우리로 말씀에서 눈을 돌리게 하고, 나아가 말씀을 약화시킬 위험이 있다고 생각했기 때문입니다. 심지어 스위스의 목사이며 종교개혁자인 츠빙글리(1484~1531년)마저도 음악의 힘을 지나치게 걱정한 나머지 자신의 집회에서 한동안 음악을 금지했습니다. 어떤 이들은 찬양하는 것은 어느 정도 이해하겠는데, 갑자기 찬양 인도자들이 "우리 다같이 일어나서 하나님을 찬양하겠습니다"라고 말하면 어느새 인상이 구겨집니다. 솔직히 예배드리고 싶은 마음이 달아나버리는 경우도 있습니다.

그러나 성경에는 하나님을 예배할 때 찬양이 빠지지 않습니다. 특히 예배 가운데 찬양이 꼭 있었습니다. 레위기 19장 24절을 보면, "넷째 해에는 그 모든 과실이 거룩하니 여호와께 드려 찬송할 것이며"라고 명령하고 있습니다.

구약 시대에도 하나님의 백성들은 찬양을 했었다는 것을 알 수 있습니다. 그런데 입술로만 찬양하면 되지, 왜 음악도 있어야 합니까? 왜 악기가 있어야 합니까? 더욱이 하나님은 왜 우리에게 찬양하라고 명령하실 정도로 찬양하길 원하시는 것일까요? 한 가지 분명한 것은 하나님 자신이 노래하시길 원하시기 때문입니다. 즉 하나님은 우리의 노래를 좋아하십니다. 스바냐 3장 17절을 보면, "너의 하나님 여호와가 너의 가운데에 계시니 그는 구원을 베푸실 전능자이시라 그가 너로 말미암아 기쁨을 이기지 못하시며 너를 잠잠히 사랑하시며 너로 말미암아 즐거이 부르며 기뻐하시리라 하리라"고 말씀했습니다.

마태복음 26장 30절에 "이에 그들이 찬미하고 감람산으로 나아가니라"라고 했는데, 예수님도 십자가에 달리시기 전날 밤에 제자들과 함께 찬송을 하셨습니다. 하나님도 노래를 부르셨고, 성자 예수님도 성부 하나님을 찬양했습니다.

그렇다면 우리는 어떻게 해야 합니까? 당연히 찬양해야 합니다. 그것도 힘껏 열심히 찬양해야 합니다. 찬양은 입술의 열매이기 때문입니다. 또 찬양을 통해 성령 충만의 사실을 알기 때문입니다. 사도 바울은 "술 취하지 말라 이는 방탕한 것이니 오직 성령으로 충만함을 받으라 시와 찬송과 신령한 노래들로 서로 화답하며 너희의 마음으로 주께 노래하며 찬송하며 범사에 우리 주 예수 그리스도의 이름으로 항상 아버지 하나님께 감사하며"(엡 5:18-20)라고 말했습니다. 찬양과 성령 충만은 관계가 있습니다.

찬양이 우리에게 어떤 유익을 줄까요?

찬양은 '말씀'과 감성적으로 교감하게 해줍니다. 찬양이 하나님과 교감하도록 돕기 때문입니다. 하나님께 집중할 수 있도록 돕기 때문입니다.

> "하나님께서 부리시는 악령이 사울에게 이를 때에 다윗이 수금을 들고 와서 손으로 탄즉 사울이 상쾌하여 낫고 악령이 그에게서 떠나더라"(삼상 16:23).

저는 사무엘상의 이 본문을 보면서 놀라는 것이 한두 가지가 아닙니다. 사울은 한때 여호와의 기름 부음을 받은 자였습니다(삼상 10:1). 심지어 "선지자의 무리가 신당에서부터 비파와 소고와 저와 수금을 앞세우고 예언하며 내려오는 것"(삼상 10:5)을 만난 뒤 "여호와의 영"이 크게 임하여 선지자들과 함께 예언까지 했던 사울입니다.

그런데 지금은 악신이 들렸습니다. 하나님께 감사하지 않고, 하나님께 순종하지 않고, 하나님께 바른 예배를 드리지 않고, 하나님께 찬양하지 않을 때 이렇게 됩니다. 즉 하나님께 교만할 때 이렇게 됩니다. 그런데 성령 충만한 다윗이, 하나님의 마음에 합한 자 다윗이 '수금'이라는 악기를 연주합니다. 놀랍게도 그때 악신이 사울에게서 떠나갑니다.

다윗이 수금을 연주하면서 무슨 노래를 불렀을까요? 사울이 두려워서 공포에 떨고 있었을 때, 다윗은 그를 위해 어떤 노래를 불렀을까요? 아마도 자기의 경험을 바탕으로 연주하며 노래를 불렀을 것입니다. 이전에 광야에서 목동생활을 할 때, 홀로 그 밤을 지킨다는 것은 얼마나 두려운 일이었습니까? 그리고 얼마나 춥고 얼마나 잠을 자지 못했겠습니까? 그렇지만 그는 그때마다 하나님께서 함께 해 주심을 믿었습니다. 항상 가까이 계시는 하나님께서 광야에 홀로 있는 그를 찾아와 주셨습니다. 그렇기 때문에 이런 찬송을 했을 것입니다.

> 오 놀라운 구세주 예수 내 주 참 능력의 주시로다
> 큰 바위 밑 안전한 그곳으로 내 영혼을 숨기시네
> 메마른 땅을 종일 걸어가도 나 피곤치 아니하며
> 저 위험한 곳 내가 이를 때면 큰 바위에 숨기시고
> 주 손으로 덮으시네.[1)]

찬양은 하나님께 드리는 감사의 표현입니다

그러므로 찬양을 싫어하는 것은 감사를 싫어하는 것입니다. 찬양을 하지 않는 것은 감사를 표현하지 않는 것과 동일합니다.

구약의 성도들은 감사를 기념하고 표현함에 적극적이었습니다. 그들은 단을 쌓거나(창 8:20; 수 8:30-31) 기념비를 세웠습니다(수 4:1-7). 이것은 그들이 구체적이고도 물질적인 방법으로 감사를 표현했음을 보여주는 것입니다. 그들은 때로 기념비를 세워 "에벤에셀"(도움의 돌, 삼상 7:12)이라고 찬양하면서 그것에 하나님의 역사를 인정하는 특별한 이름을 붙이기도 하였습니다. 중요한 것은 우리가 하나님의 선하신 행위에 대한 공로를 그분께 돌리는 것입니다.

출애굽기 15장은 이스라엘 백성들이 홍해를 건너면서 "여호와께서 너희를 위하여 싸우시리니 너희는 가만히 있을지니라"(출 14:14)라고 했는데, 모세와 미리암과 이스라엘 백성이 하나님께 찬양합니다. 이 찬양의 효과는 우리의 삶 가운데 역사하시는 하나님의 활동을 상기시키는 데 도움을 줍니다. 또한 하나님께 대한 경외심을 갖게 하며, 죄에서 멀리 떠나게 하는 것에도 유익을 줍니다. 그리고 사망의 음침한 골짜기를 지날 때에도 하나님의 축복이 함께하고 있다는 위로를 줍니다.

아론의 누이 선지자 미리암은 홍해를 건넌 뒤 손에 소고를 잡고 하나님께 찬양했고, 모든 여인이 그를 따라 나오며 소고를 잡고 춤까지 추었습니다(출 15:20). 이러한 찬양은 예배자의 자세이기도 합니다. 미리암도 그랬지만 시편 기자도 하나님을 향한 찬미의 표현으로 손뼉치며 소고를 치며 춤을 추었습니다. 오늘날 우리에게도 음악과 악기는 하나님을 찬송하는 좋은 도구입니다. 물론 악기도 중요하고 노래의 음정도 중요하겠지만, 무엇보다도 우리는 여호와를 찬송해야 하며, 여호와 하나님에 대해 구체적으로 찬송해야 합니다. 뿐만 아니라 하나님의 모든 영광을 노래해야 합니다.

특히 시편 기자는 하나님을 찬양하는 데 손뼉을 치고(시 47:1), 즐거운 소리를 내며(시 66:1), 손을 들어올리고(시 63:4), 심지어는 춤까지 출 것(시 150:4)을 명령하거나 자신이 그렇게 하겠다고 말씀합니다. 그리고 그는 큰 소리 나는 악기를 통해서도 하나님을 찬송할 것을 요구합니다(시 150:3-5).

어떤 이들은 '조용히 찬양하면 안 되는가?'라고 반문할 수 있습니다. 그러나 성경에서 하나님은 우리에게 시청각적인 모든 수단을 동원하여 뜨거운 찬양과 예배의 모습을 보여주고 있습니다. 나의 예배, 나의 찬양은 어떻습니까? 우리도 한번 뜨겁고, 힘차고, 성령 충만하게 찬양해 봅시다.

찬양은 그리스도인의 능력을 행사하는 것입니다

찬양은 모든 환난과 고난과 풍파를 뚫고 갈 수 있게 만듭니다. 사도 바울과 실라가 마게도냐 지방의 첫 성인 빌립보에서 전도를 하고 있었습니다. 그때마다 귀신 들린 여자아이가 바울과 실라를 뒤따라다니며 이런 소리를 합니다. "이 사람들은 지극히 높은 하나님의 종으로서 구원의 길을 너희에게 전하는 자"(행 16:17)라고 말입니다.

귀신 들린 아이의 소리를 어떻게 생각합니까? 전도에 효과가 있을 것이라고 생각합니까? 그러나 사도 바울은 이것 때문에 심히 괴로워했습니다(행 16:18). 사도 바울의 전도의 목적은 무엇입니까? 사도 바울이 높임을 받는 것이 아니라 하나님이 높임을 받는 것입니다. 사탄은 이렇게 속입니다. 그래서 사도 바울은 "예수 그리스도의 이름으로 내가 네게 명하노니 그에게서 나오라"(행 16:18)고 명령하였습니다. 그랬더니 귀신이 지체하지 않고 '즉시' 나왔습니다(행 16:18).

그런데 이 일 때문에 바울과 실라가 곤욕을 치릅니다. 그 귀신 들린 여자아이의 주인이 바울과 실라를 법정에 고발한 것입니다. 이유는 간단합니다. 이 주인은 귀신 들린 여자아이가 점을 치는 것으로 경제적인 수익을 올리고 있었기 때문입니다. 그러나 지금은 귀신이 여자아이에게서 나갔기 때문에 점을 칠 수가 없습니다. 그러니 엄청난 금전적 손해를 본 것입니다. 결국 이러한 그의 고발이 받아들여져서 바울과 실라는 감옥에 갇히게 되었습니다. 이때 바울과 실라가 감옥에서 행했던 행동에 대해 주의해 볼 필요가 있습니다. 그들은 감옥에서 '기도와 찬송'을 했습니다.

"한밤중에 바울과 실라가 기도하고 하나님을 찬송하매 죄수들이 듣더라 이에 갑자기 큰 지진이 나서 옥터가 움직이고 문이 곧 다 열리며 모든 사람의 매인 것이 다 벗어진지라"(행 16:25-26).

우리는 이 본문에서 우리를 묶고 있는 장소, 우리를 묶고 있는 환경, 우리를 묶고 있는 억압을 깨버리는 방법은 '기도와 찬송'임을 알 수 있습니다. 더욱이 놀라운 것은, 지금까지 바울과 실라를 묶

어두고 억압했던 감옥이 더 이상 억압의 장소가 아니라 말씀의 장소, 은혜의 장소, 구원의 장소, 하나님의 말씀이 있는 강단이 되었다는 사실입니다. 지금까지 말씀을 듣는 회중이 없었는데, 지금은 하나님께서 그곳에 묶여 있는 죄수들을 동원해서 하나님의 자녀가 되게 했습니다. 성도의 '기도와 찬송'은 감옥이라는 장소도 하나님의 구원 역사가 나타나는 장소로 변화시켜 줍니다.

아직 그들의 말씀이 끝나지도 않은 상태에서, 하나님의 능력을 체험한 그리고 그들의 기도와 찬송을 들은 죄수들이 사도 바울에게 이렇게 묻습니다. "내가 어떻게 하여야 구원을 받으리이까?"(행 16:30). 그러자 바울이 대답합니다. "주 예수를 믿으라 그리하면 너와 네 집이 구원을 받으리라"(행 16:31).

그리고 그곳은 더 이상 슬픔과 고난과 핍박과 환난이 있는 곳이 아니라 "온 집안이 하나님을 믿으므로 크게 기뻐"(행 16:34)하는 장소가 되었습니다.

우리에게 이런 장소가 있지 않습니까?
환난의 장소, 고난의 장소, 핍박의 장소, 억압의 장소…….
그렇다면 기도하십시오. 찬송하십시오. 이제부터 이곳이 "온 집안이 하나님을 믿어 크게 기뻐"하는 천국이 될 줄 믿습니다.

하나님이 기뻐하신 찬양, 하나님도 부르신 노래…….
우리가 그것을 따라해 보면 어떨까요? 하나님이 우리를 기뻐하시면서 불렀던 노래, 이제는 우리가 하나님을 기뻐하며 부를 찬양

말입니다. 하나님께서는 찬양을 하는 자녀에게 복 주시기 위해 준비하고 계십니다. 크게 소리 높여 하나님을 높이며 찬양하여 하나님의 기뻐하심의 축복을 받는 귀한 자녀가 되길 축복합니다.

16. 여호와의 모든 계명과 규례와 율례를 지켜 행하라

그 남은 백성과 제사장들과 레위 사람들과 문지기들과 노래하는 자들과 느디님 사람들과 및 이방 사람과 절교하고 하나님의 율법을 준행하는 모든 자와 그들의 아내와 그들의 자녀들 곧 지식과 총명이 있는 자들은 다 그들의 형제 귀족들을 따라 저주로 맹세하기를 우리가 하나님의 종 모세를 통하여 주신 하나님의 율법을 따라 우리 주 여호와의 모든 계명과 규례와 율례를 지켜 행하여 우리의 딸들을 이 땅 백성에게 주지 아니하고 우리의 아들들을 위하여 그들의 딸들을 데려오지 아니하며 혹시 이 땅 백성이 안식일에 물품이나 온갖 곡물을 가져다가 팔려고 할지라도 우리가 안식일이나 성일에는 그들에게서 사지 않겠고 일곱째 해마다 땅을 쉬게 하고 모든 빚을 탕감하리라 하였고 우리가 또 스스로 규례를 정하기를 해마다 각기 세겔의 삼분의 일을 수납하여 하나님의 전을 위하여 쓰게 하되 곧 진설병과 항상 드리는 소제와 항상 드리는 번제와 안식일과 초하루와 정한 절기에 쓸 것과 성물과 이스라엘을 위하는 속죄제와 우리 하나님의 전의 모든 일을 위하여 쓰게 하였고 또 우리 제사장들과 레위 사람들과 백성들이 제비 뽑아 각기 종족대로 해마다 정한 시기에 나무를 우리 하나님의 전에 바쳐 율법에 기록한 대로 우리 하나님 여호와의 제단에 사르게 하였고 해마다 우리 토지 소산의 맏물과 각종 과목의 첫 열매를 여호와의 전에 드리기로 하였고 또 우리의 맏아들들과 가축의 처음 난 것과 소와 양의 처음 난 것을 율법에 기록된 대로 우리 하나님의 전으로 가져다가 우리 하나님의 전에서 섬기는 제사장들에게 주고 또 처음 익은 밀의 가루와 거제물과 각종 과목의 열매와 새 포도주와 기름을 제사장들에게로 가져다가 우리 하나님의 전의 여러 방에 두고 또 우리 산물의 십일조를 레위 사람들에게 주리라 하였나니 이 레위 사람들은 우리의 모든 성읍에서 산물의 십일조를 받는 자임이며 레위 사람들이 십일조를 받을 때에는 아론의 자손 제사장 한 사람이 함께 있을 것이요 레위 사람들은 그 십일조의 십분의 일을 가져다가 우리 하나님의 전 곳간의 여러 방에 두되 곧 이스라엘 자손과 레위 자손이 거제로 드린 곡식과 새 포도주와 기름을 가져다가 성소의 그릇들을 두는 골방 곧 섬기는 제사장들과 문지기들과 노래하는 자들이 있는 골방에 둘 것이라 그리하여 우리가 우리 하나님의 전을 버려 두지 아니하리라(느 10:28-39).

그리스도인으로서 가장 쉬운 일은 어떤 것일까요? 그것은 '듣기만 하는 것' 입니다. 그렇다면 그리스도인으로서 가장 어려운 일은 어떤 것일까요? 그것은 '듣고 실천하는 것' 입니다. 왜냐하면 예수님은 좋지만, 십자가는 불편하기 때문입니다.

믿음의 조상들의 신앙 이야기 가운데 어려웠던 일들을 살펴보면, 대개가 믿음의 조상들이 하나님의 말씀을 듣고 실천하지 못한 것입니다. 대표적으로 아담과 하와가 그렇습니다. 하나님께서는 아담에게 분명히 말씀하셨습니다. "동산 중앙에 있는 나무의 열매는 하나님의 말씀에 너희는 먹지도 말고 만지지도 말라 너희가 죽을까 하노라 하셨느니라"(창 3:3).

그러나 아담과 하와는 '그 말씀' 을 잊고 맙니다. 그 이후로 인간의 역사에 죄가 들어옵니다(롬 5:12). 그 이후로 인간은 죄의 종으로 전락해버렸습니다(롬 6:19).

예수님의 공생애 기간에 한 율법 교사가 찾아왔습니다. 그가 예수님을 찾아온 본질적인 이유는 '예수님을 시험' 하기 위함이었습니다. 율법 교사가 이렇게 질문했습니다. "내가 무엇을 하여야 영생을 얻으리이까"(눅 10:25). 또한 그 율법 교사는 율법책에 기록된 "네 마음을 다하며 목숨을 다하며 힘을 다하며 뜻을 다하여 주 너의 하나님을 사랑하고 또한 네 이웃을 네 자신같이 사랑하라 하였나이다"(눅 10:27)라고 말했습니다.

그러나 예수님은 "네 대답이 옳도다 이를 행하라 그러면 살리라"(눅 10:28)고 말씀하셨습니다. 뒤이어 제자들에게 '선한 사마리아 사람'에 대한 이야기를 통해 "누가 강도 만난 자의 이웃이 되겠느냐"고 물으신 뒤 "너도 이와 같이 하라"고 말씀하셨습니다(눅 10:36-37).

우리는 어떤 것이 옳은 것인지를 알기에 옳은 말들을 하며, 어떤 사람이 강도 만난 사람의 이웃인지를 알기에 그런 사람에 대해 말을 합니다. 그러나 그와 같이 행하기는 쉽지 않습니다. 이처럼 우리는 '듣기만 하는 신앙', '알기만 하는 신앙'에 익숙해 있습니다. 그러고는 그 말씀조차 잊어버리고 맙니다. 왜냐하면 영생은 좋지만 십자가는 불편하기 때문입니다.

성벽 재건 후 이스라엘 백성들의 문제점은 '율법'을 몰랐다는 것이 아니라, 그 율법을 지키지 않았다는 것입니다. 결과적으로 그들의 내면의 악습은 사라지지 않았으며, 그들의 악행으로 죄와 사망에 이르게 되었습니다. 그들의 인생은 무너져버렸습니다. 그들은 더 이상 '하나님의 백성'으로서 합당한 삶을 사는 자들이 아니었습니다. 결과적으로 그들은 그 땅에서 종이 되었고, 하나님이 주신 축복을 누리지 못하고 모든 이방인들에게 조롱거리가 되었습니다.

"우리가 오늘날 종이 되었는데 곧 주께서 우리 조상들에게 주사 그것의 열매를 먹고 그것의 아름다운 소산을 누리게 하신 땅에서 우리가 종이 되었나이다 우리의 죄로 말미암아 주께서 우리 위에 세우신 이방 왕들이 이 땅의 많은 소산을 얻고 그들이 우리의 몸과 가축을 임의로 관할하오니 우리의 곤란이 심하오며"(느 9:36-37).

그렇다면 그들은 어떤 악과 죄를 지었을까요? 그들은 왜 여호와 하나님의 계명과 규례와 율례를 지키지 않았을까요? 느헤미야의 영성 부분에서 이것이 중요합니다. 바로 '무엇이 잘못되었는가?'를 바로 아는 것입니다. 느헤미야는 하나님을 향한 이스라엘 백성들의 흐려지고, 어그러지고, 망가진 영성에 대해서 분명히 지적합니다.[1]

이스라엘 백성들은 당시 암몬과 모압 족속의 여성 가운데서 아내를 많이 취했습니다(느 13:23)

그들은 모세를 통하여 주신 하나님의 율법에 따라 '우리의 딸들을 이 땅 백성에게 주지 아니하고 우리의 아들들을 위하여 그들의 딸들을 데려오지 아니할 것'을 지키지 아니하였습니다(느 10:29-30). 그들은 그 땅 사람들과 통혼을 하였습니다. 이스라엘 백성들은 왜 그 지역 이방인들과 결혼을 했을까요?

그것은 정치적 관계의 우위성을 차지하기 위한 인간적인 수단일 뿐입니다. 예를 들면, 대제사장 엘리아십이 암몬 사람 도비야와 친분 관계가 있었습니다. 심지어 도비야를 위하여 레위 사람들을 위한 십일조 방을 내어주기까지 하였습니다(느 13:5). 분명히 모세의 책에는 암몬 사람과 모압 사람이 영원히 하나님의 총회에 들어오지 못하도록 되어 있습니다(느 13:1). 뿐만 아니라 엘리아십의 손자 요야다의 아들 하나가 호론 사람 산발랏의 사위가 되었습니다(느 13:28).

이 상황에서 이스라엘 백성들에게 매우 중요한 것은 하나님의 율법을 실천하는 것으로, 공동체의 청결과 이방인들을 분리시켜야 합니다. 하나님의 율법과 관계의 갱신은 그분의 율법에 대한 순종에서부터 시작되기 때문입니다.

이스라엘 백성들은 안식일을 지키지 않았습니다

왜냐하면 그들은 더 좋은 경제 생활을 위해 안식일을 지키지 않았습니다. 그들은 '그날' (안식일)에 온갖 곡물을 가져다가 팔았습니다. 심지어 일곱째 해마다 땅을 쉬게 하지도 않고 빚도 탕감하지 않았습니다(느 5장, 10:31; 출 20:8-11, 23:10-11; 민 5:12-15, 15:1-3). 왜냐하면 그들은 페르시아 왕을 위한 페르시아의 세금과 이방 제사에 관한 자금을 제공해야 했기 때문입니다. 실제로 남겨진 예루살렘 사람들이 페르시아의 문호와 제의를 위해 이러한 자금을 모은다는 것은 커다란 짐이었습니다.[2] 그렇기 때문에 용기가 필요합니다. 하나님과의 새로운 관계, 즉 안식일을 지킨다는 것은 열악한 환경 가운데서도 하나님을 의지한다는 믿음을 근거로 하는 것입니다.

그들은 예루살렘 성전을 위한 제사장과 레위인들의 활동을 지원하지 않았습니다(느 10:32-36)

그들은 왜 예루살렘 성전을 위해 그리고 제사장과 레위인들을 위해 지원하지 않았을까요? 그들은 파괴된 성전을 보면서 성전의 중요성과 그것이 자기들의 정체성과 연관된 의미를 찾지 못했기 때문입니다. 그렇기 때문에 이스라엘 백성들의 선민으로서의 정체성을 찾기 위해 '규례'를 스스로 정해 "해마다 각기 세겔의 삼분의 일을 수납하여 하나님의 전을 위하여" 쓰게 했습니다(느 10:32).

▲ 당시 유대 지역에서 사용된 페르시아 동전3)

16. 여호와의 모든 계명과 규례와 율례를 지켜 행하라

그런데 출애굽기 30장 13절에서 "무릇 계수 중에 드는 자마다 성소의 세겔로 반 세겔을 낼지니 한 세겔은 이십 게라라 그 반세겔을 여호와께 드릴지며"라고 기록하고 있습니다. 느헤미야 시대에는 페르시아의 영향으로 '반 세겔'이 '삼분의 일 세겔'로 변했습니다. 그만큼 그들의 삶이 어려웠기 때문입니다. 사실 이스라엘 백성들의 언약 내용은 지극히 당연한 것이었습니다. 그들의 처지와 상황을 고려해 본다면 이 약속이 얼마나 큰 결심을 요구하는지 알 수 있습니다. 그러나 중요한 것은 정해진 의무이기보다는 그들에게 살아 있는 실제적인 의무입니다. 왜냐하면 이것은 주님과 살아 있는 관계 속에 들어와 있다는 계약 갱신이기 때문입니다.[4]

뿐만 아니라 지금까지 무너진 예루살렘 성전의 회복을 통해서 하나님과의 관계 갱신을 새롭게 하였습니다. 그들은 성전에서 제사를 드리는 데 필요한 제단에 불사를 나무, 곡식과 과실의 첫 열매 등을 바쳤습니다. 특히 느헤미야는 성전 예배의 회복을 위해 불을 지펴야 했습니다. 성전 예배의 회복, 성전 예배가 계속된다는 상징은 성전 제단의 불이 붙어 있어야 합니다. 그러나 지금까지 성전의 불은 꺼져 있었습니다. 그렇기 때문에 성전의 불을 붙이기 위해서는 무엇보다도 '나무'가 필요했습니다. 그래서 예루살렘 백성들은 레위기 1장 17절과 6장 12-13절의 말씀을 실천해야 했습니다.

"또 그 날개 자리에서 그 몸을 찢되 아주 찢지 말고 제사장이 그것을 제단 위의 불 위에 있는 나무 위에서 불살라 번제를 드릴지니 이는 화제라 여호와께 향기로운 냄새니라"(레 1:17).

"제단 위의 불은 항상 피워 꺼지지 않게 할지니 제사장은 아침마다 나무를 그 위에서 태우고 번제물을 그 위에 벌여 놓고 화목제의 기름을 그 위에서 불사를지며 불은 끊임이 없이 제단 위에 피워 꺼지지 않게 할지니라"(레 6:12-13).

아브라함은 하나밖에 없는 아들을 제물로 바쳤습니다(창 22:16). 그리고 그 일을 어떻게 설명했습니까? '예배' 라는 말로 설명했습니다. 그는 자신에게 가장 중요한 것을 제단에 올려놓기 위해 산꼭대기로 향해 나아가며 그것을 '예배' 라고 말했습니다. 우리는 보통 찬양하고 기도하고 헌금하는 것을 예배라고 생각합니다. 그러나 아브라함에게는 자기 아들을 바치는 것이 예배였습니다. 그는 자신에게 중요한 것을 하나님께 드렸습니다.[5]

느헤미야에게 성전이 중요한 것처럼, 이스라엘 백성에게도 성전 예배의 회복은 유대 공동체의 연결과 하나님의 백성의 의미를 계속 보여주는 것이었습니다. 더욱이 이러한 '드림' 의 예배가 의미하는 것은, 모든 것이 하나님께서 주신 선물이며 하나님께 속한다는 것을 기억하는 것입니다.

그들은 하나님께 '십일조' 를 드리지 않았습니다

십일조는 무엇입니까?(민 18:21-28; 신 26:12; 말 3:6-15) 가나안 땅 분배 때 기업을 받지 못했던 레위인들은 백성들이 바치는 십일조로 생활했습니다. 백성들은 땅이 기업이 되었지만, 레위인들은 십일조가 그들의 삶의 기초가 되었습니다. 그런데 백성들이 왜 십일조를 드리지 않았을까요? 아니, 왜 그들은 십일조를 드릴 수 없었을까요?

당시 그들의 경제적 사정이 어려웠기 때문입니다. 생계의 어려움을 느낀 백성들은 십일조를 바칠 수가 없었고, 이 때문에 레위인들 또한 십일조를 받을 수 없으므로 성전 봉사를 충실히 할 수 없었던 것입니다. 본질적으로 사람들은 대개 돈에 욕심이 많고 자기 것에 대한 소유욕이 강합니다. 그래서 그들은 여전히 하나님이 주신 것을 심중에 자기 것이라고 오해하며 착각했습니다. 그렇기 때문에 동시대에 활동했던 말라기 선지자도 십일조를 드릴 것을 강조했습니다.

"만군의 여호와가 이르노라 너희 조상들의 날로부터 너희가 나의 규례를 떠나 지키지 아니하였도다 그런즉 내게로 돌아오라 그리하면 나도 너희에게로 돌아가리라 하였더니 너희가 이르기를 우리가 어떻게 하여야 돌아가리이까 하는도다 사람이 어찌 하나님의 것을 도둑질하겠느냐 그러나 너희는 나의 것을 도둑질하고도 말하기를 우리가 어떻게 주의 것을 도둑질하였나이까 하는도다 이는 곧 십일조와 봉헌물이라 너희 곧 온 나라가 나의 것을 도둑질하였으므로 너희가 저주를 받았느니라 만군의 여호와가 이르노라 너희의 온전한 십일조를 창고에 들여 나의 집에 양식이 있게 하고 그것으로 나를 시험하여 내가 하늘 문을 열고 너희에게 복을 쌓을 곳이 없도록 붓지 아니하나 보라 만군의 여호와가 이르노라 내가 너희를 위하여 메뚜기를 금하여 너희 토지 소산을 먹여 없애지 못하게 하며 너희 밭의 포도나무 열매가 기한 전에 떨어지지 않게 하리니 너희 땅이 아름다워지므로 모든 이방인들이 너희를 복되다 하리라 만군의 여호와의 말이니라"(말 3:7-12).

말라기 선지자는 하나님께 드리는 십일조를 잘 드릴 때와 그렇지 않을 때의 차이를 결과적으로 분명히 설명하고 있습니다. 느헤미야도 마찬가지였습니다. "주께서 그들에게 베푸신 큰 복과 자기 앞에 주신 넓고 기름진 땅을 누리면서도 주를 섬기지 아니하며 악행을 그치지 아니하였으므로……우리가 종이 되었나이다……우리의 죄로 말미암아 우리의 곤란이 심하오며"(느 9:35-37).

십일조는 하나님의 사랑과 은혜를 감사하는 예배 행위입니다. 이에 대한 감사의 응답으로 오늘 내가 하나님께 드릴 신앙적 결단이 십일조이며, 그것은 내 삶의 순종과 헌신의 서약입니다. 이스라엘 백성들의 언약의 회복은 감사의 회복이며, 신앙의 회복이며, 삶의 회복입니다.

지금까지 내가 바르게 신앙생활을 하지 못했던 것들은 과거나 현재 그리고 미래에도 변함없이 동일할 것입니다. 그렇기 때문에 지금 우리의 신앙 상태를 재정비하는 것은 매우 중요한 일입니다. 본문 말씀을 통해 그 당시 백성들이 잊고 있었던 말씀, 어기고 있었던 율법들 그리고 상관하지 않았던 하나님과의 관계를 재확인할 수 있었습니다. 이제 우리에게 새 언약은 새로운 언약이 아니라 새로운 각오로 지금까지의 말씀을 기억하고, 말씀대로 실천하는 새로운 삶입니다.

단순히 은혜받는 말씀으로만 만족해서는 안 될 것입니다. 다시 한 번 실천하지 못했던 말씀들을 살피면서 하나님과의 약속된 말씀을 지켜 나가는 삶을 새롭게 해야 할 것입니다.

17. 너의 이름을 거룩한 곳에 기록하라

백성의 지도자들은 예루살렘에 거주하였고 그 남은 백성은 제비 뽑아 십분의 일은 거룩한 성 예루살렘에서 거주하게 하고 그 십분의 구는 다른 성읍에 거주하게 하였으며 예루살렘에 거주하기를 자원하는 모든 자를 위하여 백성들이 복을 빌었느니라(느 11:1-2).

하나님은 자녀의 이름을 부르십니다. 예를 들면, "아담아", "아브라함아", "야곱아"라고 말입니다. 하나님은 아담과 결혼하도록 하와를 부르셨고, 동물들을 방주 안으로 불러들이셨으며, 다윗을 불러 왕으로 세우셨고, 이스라엘 백성들을 광야로 불러 예배하도록 하셨습니다. 그리고 느헤미야와 백성들을 불러 예루살렘 성벽을 재건하도록 하시고, 그 안에서 살도록 하셨습니다.[1]

하나님은 하나님의 자녀들을 집으로 데려오기 위해 할 일이라면 그 어떤 일이라도 기꺼이 행하십니다. 그리고 그분이 부르시는 이름은 바로 우리의 이름입니다.[2]

공관복음(마 10:2-4; 막 6:7-13; 눅 9:1-6)에는 예수님의 열두 제자의 부르심이 기록되어 있습니다. 마태복음 10장 2-4절에서는 제자들의 이름을 상세하게 기록하고 있습니다.

"열두 사도의 이름은 이러하니 베드로라 하는 시몬을 비롯하여 그의 형제 안드레와 세베대의 아들 야고보와 그의 형제 요한, 빌립과 바돌로매, 도마와 세리 마태, 알패오의 아들 야고보와 다대오, 가나나인 시몬 및 가룟 유다 곧 예수를 판 자라"(마 10:2-4).

그런데 이들의 이름이 예수님의 부활 승천 이후에는 약간의 변화가 생깁니다(행 1:12-14). 또 다른 사람이 기록되기도 하지만, 그 이름이 삭제된 사람도 있습니다. 그들의 인생에 변화가 있었던 것입니다.

"제자들이 감람원이라 하는 산으로부터 예루살렘에 돌아오니 이 산은 예루살렘에서 가까워 안식일에 가기 알맞은 길이라 들어가 그들이 유하는 다락방으로 올라가니 베드로, 요한, 야고보, 안드레와 빌립, 도마와 바돌로매, 마태와 및 알패오의 아들 야고보, 셀롯인 시몬, 야고보의 아들 유다가 다 거기 있어 여자들과 예수의 어머니 마리아와 예수의 아우들과 더불어 마음을 같이하여 오로지 기도에 힘쓰더라"(행 1:12-14).

그런데 마태복음에는 기록되었지만 사도행전의 부활의 증인에서는 기록되지 못한 가룟 유다는 어떻게 된 것일까요? 사도행전 1장

15-26절에서 이런 상황에 대해 매우 자세히 언급합니다.

"봉사와 및 사도의 직무를 대신할 자인지를 보이시옵소서 유다는 이 직무를 버리고 제 곳으로 갔나이다 하고 제비 뽑아 맛디아를 얻으니 그가 열한 사도의 수에 들어가니라"(행 1:25-26).

분명히 예수님을 배반한 가룟 유다 대신에 맛디아가 부활의 증인으로 하나님 나라의 '봉사와 직무'를 대신할 사람으로 기록되었습니다. 초대 교회 당시 이들의 이름이 기록된 것은 사도의 자리가 거기에 따른 희생과 섬김이 요구되는 직분이기 때문입니다. 단순히 하나님 나라의 회원을 모집한 것은 아니었습니다.

느헤미야는 예루살렘 성벽을 재건하였지만 또 다른 새로운 문제에 부딪치게 되었습니다

첫째, 이미 7장 4절에서 예루살렘 성읍의 상황은 "광대하고 그 주민은 적으며 가옥은 미처 건축하지 못하였음이니라"라고 언급하였기 때문입니다. 느부갓네살 왕이 예루살렘 성을 B.C. 586년에 파괴한 이후, 142년 동안 성벽이 없는 도시로 방치되어 있었습니다.[3] 그곳 사람들은 "사로잡힘을 면하고 남아 있는 자들이 그 지방 거기에서 큰 환난을 당하고 능욕을 받으며 예루살렘 성은 허물어지고 성문들은"(느 1:3) 불탔기 때문에 주변의 대적들에게 약탈당하기가 쉬웠습니다.

둘째, 예루살렘은 지역적으로 고지대에 있었기 때문에 농사짓기에 부적합한 땅이었습니다. 농사와 목축을 해서 사는 백성들에게는 예루살렘이 살기 좋은 장소가 아니었습니다. 그래서 예루살렘은 이스라엘의 어느 지역보다도 살기 어려운 지역이며, 백성들이 부유하게 살기에 어려운 곳이었습니다.

그러나 예루살렘 성벽과 성전 그리고 성 안팎의 가옥과 주민들을 보호하기 위해서는 그곳에 주민들이 있어야 했습니다. 예루살렘 성벽은 다 재건되었지만 정작 사람들은 성 안에서 별로 살지 않았습니다. 당시 예루살렘 성 둘레는 약 64킬로미터[5]나 되었으므로 유사시에 방어를 하기 위해서는 많은 인원이 필요했습니다. 그렇기 때문에 느헤미야는 그곳에 살기를 자원하는 사람과 제비뽑기를 통해 뽑습니다.

"백성의 지도자들은 예루살렘에 거주하였고 그 남은 백성은 제비 뽑아 십분의 일은 거룩한 성 예루살렘에서 거주하게 하고 그 십분의 구는 다른 성읍에 거주하게 하였으며 예루살렘에 거주하기를 자원하는 모든 자를 위하여 백성들이 복을 빌었느니라"(느 11:1-2).

그렇지만 분명한 사명, 곧 '거룩한 성 예루살렘'에 거주한다는 것은, 성벽을 지켜야 한다는 것과 예루살렘 성전과 함께 삶을 계속 해야 한다는 것입니다. 그렇기 때문에 여기에는 의무가 따르는 것입니다.

당시 예루살렘은 주변 대적들의 쉽고도 편리한 주요 공격 목표였습니다. 내적으로는 성문이 불타고 가옥이 폐허가 된 황무지와 다르지 않았습니다. 그렇기 때문에 백성들은 대부분 예루살렘에 거주하기를 꺼려 했습니다. 그렇지만 지금 자원하는 사람은 물론이거니와 제비 뽑아 거주자를 정해야 했습니다.

지금까지 느헤미야의 성전 재건축은 수많은 사람들의 동역이 있었기에 가능했습니다. 그들은 이름도 알 수 없는 일반 백성들, 제사장들, 레위인들 그리고 성전 봉사자들이었습니다. 느헤미야는 하나님의 일을 하는 데 이름 없이, 빛도 없이 동참했던 사람들의 수고와 희생을 기억하고 그들의 이름을 기록했습니다.

예루살렘에 이주해 온 다양한 그룹과 사람들은 각각 역할을 맡아 은사대로 하나님의 일을 감당했습니다

첫째, 모든 지파에서 각 사람들을 뽑았습니다. 그들은 각 지파를 대표했습니다. 그들은 예루살렘을 지키는 대표자요, 신앙과 믿음을 대표하는 자들이었습니다(느 11:1-4). 그들은 어디에 있든지 하나님 나라의 대표자입니다.

둘째, 제사장들도 뽑았습니다. 왜냐하면 근본적으로 예루살렘 성에서 예배를 회복하는 것이 중요하기 때문입니다. 무엇보다도 제사장들의 숫자가 1,192명으로 가장 많습니다. 이것은 예루살렘이 단순히 사람들이 사는 거주 지역이 아니라 그들의 삶은 물론이거니와 신앙을 지켜 주는 거룩한 성 예루살렘이기 때문입니다.

셋째, 레위 사람도 뽑았습니다(느 11:15-18). 특히 "또 아삽의 증손 삽디의 손자 미가의 아들 맛다냐이니 그는 기도할 때에 감사하는 말씀을 인도하는 자"(느 11:17)가 제비 뽑혔습니다. 하나님께서는 열악한 예루살렘의 환경 가운데서도 '감사'를 잊지 않게 하셨습니다. 그동안 예루살렘이 폐허가 된 뒤로 그들이 잊고 있었던 감사, 잊지 않아야 할 감사입니다.

넷째, 성전 봉사자들이 제비 뽑혔습니다(11:19-24). 어떤 사람은 성 문지기가 되었고, 어떤 사람은 성읍에 흩어져 각자의 거룩한 영향력을 끼치며 살았고, 또 어떤 사람은 노래하는 자가 되었고, 어떤 사람은 감독이 되어 하나님의 전 일을 맡아 감독자가 되었습니다.

다섯째, 그 밖의 거주자들이 뽑혔습니다(느 11:25-36).

그러나 어떤 일을 맡았느냐 얼마나 오랫동안 그 일을 했느냐보다 더 중요한 것은, 맡은 일을 어떻게 감당하고 있느냐 하는 것입니다.

지금 나의 공동체 안에서 감당하고 있는 사역은 무엇입니까?

지금 나는 공동체 안에서 나의 사역을 어떤 마음으로 감당하고 있습니까?

다른 사람의 사역과 섬김에 대해 어떻게 생각하고 말하고 있습니까? 사도 바울은 봉사자들의 마음가짐과 각오를 이렇게 말씀했습니다.

"그러므로 그리스도 안에 무슨 권면이나 사랑의 무슨 위로나 성령의 무슨 교제나 긍휼이나 자비가 있거든 마음을 같이하여 같은 사랑을 가지고 뜻을 합하여 한마음을 품어 아무 일에든지 다툼이나 허영으로 하지 말고 오직 겸손한 마음으로 각각 자기보다 남을 낫게 여기고 각각 자기 일을 돌볼 뿐더러 또한 각각 다른 사람들의 일을 돌보아 나의 기쁨을 충만하게 하라"(빌 2:1-4).

분명히 내가 맡은 봉사 직분을 통해서 나의 기쁨을 채우는 것이 아니라 '다른 사람들의 일을 돌보아 다른 사람의 기쁨을 충만' 하게 하는 것입니다.

베드로도 확실하게 섬김과 봉사 사역의 자세에 대해 말씀했습니다. 베드로는 "……같이"라는 직유법을 통해 봉사자의 자세와 목적을 분명하게 말했습니다. 나 자신의 만족과 기쁨을 위해서 봉사하고 섬기는 것이 아니라 하나님의 영광을 위해서라는 것입니다.

"각각 은사를 받은 대로 하나님의 여러 가지 은혜를 맡은 선한 청지기같이 서로 봉사하라 만일 누가 말하려면 하나님의 말씀을 하는 것같이 하고 누가 봉사하려면 하나님이 공급하시는 힘으로 하는 것같이 하라 이는 범사에 예수 그리스도로 말미암아 하나님이 영광을 받으시게 하려 함이니 그에게 영광과 권능이 세세에 무궁하도록 있느니라 아멘"(벧전 4:10-11).

이제 느헤미야는 위대한 하나님의 일에 함께 동참한 수많은 사람들의 이름을 기록했습니다. 그러나 지금 여기에 기록된 이름 뒤에 있는 그들의 삶에는 또 다른 수고와 희생이 요구됩니다. 그렇기 때문에 어떤 이들은 자기 이름이 여기에 기록되는 것을 부담스러워했을 것입니다.

그러나 그들의 자원하는 마음은 결단의 시간이었으며, 제비뽑기 시간은 하나님의 선민으로서 다시금 선택받는 축복의 시간이었습니다. 백성들은 제비뽑기를 통해 하나님의 뜻에 순종하였습니다. 자신의 뜻이 하나님의 뜻과 어긋나더라도 기꺼이 받아들였습니다. 지금까지 성 밖의 터전이 있었지만 모든 생활의 기반을 내려놓고 성 안으로 이주하였습니다. 이것이 믿음입니다. "……말씀대로 내게 이루어지이다……"(눅 1:38).

이것이 믿음의 실천입니다. 이것이 사명자의 자세입니다.

그렇다면 여러분의 이름을 어디에 기록하겠습니까?

하나님의 교회에 당신의 이름이 기록되기를 힘쓰십시오.

그리고 예수님이 70인 제자들에게 말씀하신 것을 다시 한 번 상기해 보십시오.

"예수께서 이르시되 사탄이 하늘로부터 번개같이 떨어지는 것을 내가 보았노라 내가 너희에게 뱀과 전갈을 밟으며 원수의 모든 능력을 제어할 권능을 주었으니 너희를 해칠 자가 결코 없으리라 그러나 귀신들이 너희에게 항복하는 것으로 기뻐하지 말고 너희 이름이 하늘에 기록된 것으로 기뻐하라 하시니라"(눅 10:18-20).

18. 하나님께 올바른 예배자가 되라

이날에 무리가 큰 제사를 드리고 심히 즐거워하였으니 이는 하나님이 크게 즐거워하게 하셨음이라 부녀와 어린아이도 즐거워하였으므로 예루살렘이 즐거워하는 소리가 멀리 들렸느니라(느 12:43).

교회에서 신앙생활을 하다 보면, 하나님께만 신경 쓰는 사람들이 있습니다. 즉 '하나님만 바라보고 신앙생활을 하라'는 것입니다. 어떤 이들은 이것이 극히 정상적인 신앙이라고 생각할 수도 있습니다.

그러나 하나님께 나아가는 것만으로 한정되지는 않습니다. 예배의 완성이나 성공은 관계에 달려 있습니다. 그 관계는 하나님과 예배자의 관계 그리고 사람과 사람의 관계입니다. 하나님께 드리는 바른 예배는 서로 간의 관계를 소홀히 여기지 않습니다. 호세아서에 "나는 인애를 원하고 제사를 원하지 아니하며 번제보다 하나님을 아는 것을 원하노라"(호 6:6)라고 하였습니다.

이것을 볼 때, 하나님께서는 '예배와 이웃 사랑' 그리고 '예배와 하나님을 아는 지식'을 먼저 강조하고 있음을 알 수 있습니다. 즉 예배는 하나님 사랑과 이웃 사랑을 같이 생각하고 있습니다. 그렇기 때문에 예수님께서도 "그러므로 예물을 제단에 드리려다가 거기서 네 형제에게 원망 들을 만한 일이 있는 것이 생각나거든 예물을 제단 앞에 두고 먼저 가서 형제와 화목하고 그 후에 와서 예물을 드리라"(마 5:23-24)고 하였습니다. 하나님께 드리는 예배에는 하나님 사랑과 이웃 사랑이 동시에 있음을 잊어서는 안 될 것입니다.

느헤미야와 예루살렘 주민들에게 '예루살렘 성벽 봉헌' 날은 매우 중요합니다. 그렇다면 느헤미야와 예루살렘 주민들에게 있어서 성벽 재건은 어떤 의미가 있는 것일까요? 그들에게 있어서 주변의 열악한 상황과 궁핍한 생활 가운데서도 '소망의 인내'를 하면서 예루살렘 성벽을 봉헌하는 것은 어떤 의미가 있는 것일까요?

벽돌 한 장 한 장마다 그들의 애환과 기쁨 그리고 감사가 묻어 있습니다. 그렇기 때문에 그 봉헌은 '하나님을 사랑한다'는 의미가 있습니다. 그들이 '무너진 성벽'을 보며 마음 아파했던 이유는 무엇이었습니까? 하나님께서 우리를 버리셨고, 우리가 하나님을 배반했다는 증거를 항상 눈으로 보았기 때문입니다. 그러나 성벽 재건 이후에는 '예루살렘 성벽'을 통해 하나님을 사랑하며 하나님께 대한 헌신을 다짐할 수 있습니다.

그 의미를 구체적으로 살펴보면서, 지금 우리가 온전히 쌓아야 할 성벽은 어떻습니까? 우리는 어떻게 다시 하나님을 의뢰하며, 하나님을 기념할 수 있을까요? 본문은 그 방법을 우리에게 제시하고 있습니다.

우리는 하나님 앞에서 '정결' 해야 합니다. 하나님이 예배자에게 요구하시는 것은 정결입니다

올바른 예배자는 하나님 앞에서 정결을 지키려고 합니다. 즉 '정결함'을 통해서 대적들에게 우리가 하나님의 자녀임을 선포할 뿐 아니라, 이 '정결함'을 통해서 하나님과의 관계를 다시 시작하는 것입니다.

하나님께서 강조하시는 것은 정결입니다. 이것을 다른 말로 표현하자면, '거룩' 입니다. 성경에 나타난 정결 예식은 '금식', '성적 절제', '번제', '옷 빨기', '목욕' 그리고 '성문과 성벽 대청소'가 있습니다(느 12:30).[1] 하나님께서는 항상 그의 백성에게 '거룩함'을 요구하셨습니다. 왜냐하면 그것은 하나님과의 관계의 시작이기 때문입니다. 레위기 19장에서 하나님은 모세에게 "이스라엘 자손과 온 회중"이 지켜야 할 규례에 대해 말씀하실 때, "너희는 거룩하라 이는 나 여호와 너희 하나님이 거룩함이니라"(레 19:2)라고 말씀을 시작합니다. 동일하게 신약의 데살로니가전서 4장 1-3절에서는 '하나님을 기쁘시게 하는 그리스도인의 생활'을 '거룩함'에서 시작합니다.

"그러므로 형제들아 우리가 끝으로 주 예수 안에서 너희에게 구하고 권면하노니 너희가 마땅히 어떻게 행하며 하나님을 기쁘시게 할 수 있는지를 우리에게 배웠으니 곧 너희가 행하는 바라 더욱 많이 힘쓰라 우리가 주 예수로 말미암아 너희에게 무슨 명령으로 준 것을 너희가 아느니라 하나님의 뜻은 이것이니 너희의 거룩함이라 곧 음란을 버리고"(살전 4:1-3).

즉 '정결'과 '거룩함'은 하나님 앞에서 그 백성의 정체성을 증거하는 것이며, 하나님을 기쁘시게 하는 이 거룩함에서 우리의 능력이 나타납니다. 그러므로 이것을 통해서 우리는 분명히 도비야와 산발랏과 같은 세상 사람들에게 선포해야 합니다. 이것을 통해서 세상과 사탄에게 선포해야 합니다.

느헤미야는 전례 없는 '예루살렘 성벽'을 봉헌합니다. 이것은 하나님께 드리는 제물이나 예물을 바치는 행위입니다. 그는 제사장들과 레위인들로 하여금 자신들은 물론 모든 백성들과 성문과 성벽을 정결케 하는 의식을 행하도록 했습니다. 그들이 지금까지 쌓았던 성벽의 돌들이 거룩해지며, 그 돌을 만진 예루살렘 사람들도 거룩해지는 순간입니다. 그리고 앞으로 그 성벽 안에서 살 모든 백성들이 하나님 앞에서 거룩한 백성이 될 것입니다.

지금까지 우리의 삶을 인도하신 하나님께 감사해야 할 이유가 여기에 있습니다. 우리는 지금까지 우리 삶 가운데 역사하신 하나님을 찬양해야 합니다. 과연 성벽 재건의 역사가 그들의 힘만으로 된 것일까요? 지금까지 황폐했고, 혹자들은 앞으로도 무너져 있을 것이라고 생각하지 않았습니까? 그렇기 때문에 어떤 이들은 성벽 재건을 비웃었고, 처음부터 끝까지 방해와 협박을 하지 않았습니까? 사탄은 산발랏과 도비야 같은 사람을 불의의 병기로 사용했습니다.

"산발랏이 우리가 성을 건축한다 함을 듣고 크게 분노하여 유다 사람들을 비웃으며 자기 형제들과 사마리아 군대 앞에서 일러 말하되 이 미약한 유다 사람들이 하는 일이 무엇인가, 스스로 견고하게 하려는가, 제사를 드리려는가, 하루에 일을 마치려는가 불탄 돌을 흙무더기에서 다시 일으키려는가 하고 암몬 사람 도비야는 곁에 있다가 이르되 그들이 건축하는 돌 성벽은 여우가 올라가도 곧 무너지리라 하더라"(느 4:1-3).

그들의 비웃음은 하나님의 역사를 비웃는 것이었으며, 그들의 협박은 하나님의 백성을 업신여기는 소리였습니다. 그들의 영적 도전은 멈추지 않았고, 성벽을 쌓는 동안에도 계속되었습니다. 그들은 쉬지 않고 그들을 공격했습니다.

창조 이후 지금까지 하나님의 백성을 향한, 우리를 향한 사탄의 공격은 멈추지 않았습니다. 하지만 하나님도 우리를 향한 구원의 계획, 우리를 향한 사랑의 회복을 멈추지 않으셨습니다. 이것은 하나님의 사랑이 변함없으신 것을 증거한 것이었습니다. 단지 우리의 사랑이 변했던 것이었습니다.

그럼에도 하나님은 지금까지 우리를 사랑의 끈으로 묶으셨고, 놓지 않으셨습니다. 하나님은 신실하신 약속대로 이 백성을 이방 땅에 돌아오게 하셨습니다. 그들로 하여금 거룩한 성을 둘러싸도록 허락하셨습니다. 그것으로 그들이 전에는 심판받지 않은 죄로 인해 그 민족을 흩으신 그분의 돌보심 아래 있다는 것을 이웃과 대적들 모두에게 증거하도록 하셨습니다.[2] 심지어 유다 방백들은 성벽 위에 올라 '감사 찬송'을 하며 대오를 지어 걸어다녔습니다(느 12:31). 산발랏과 도비야가 이렇게 놀리지 않았습니까? '여우가 올라가도 무너질 것 같다'고 말입니다. 그러나 우리의 성벽은 그렇지 않습니다. 우리가 하나님께 드리는 성벽은 그렇지 않습니다.

우리가 드리는 예물, 우리가 드리는 봉헌, 우리가 드리는 예배는 사탄의 놀림감이 될 수 없습니다. 이 봉헌은, 이 정결함은 하나님께서 우리를 향한 기쁨을 받으시는 행위입니다. 사탄은 이것을 알고 우리를 조롱하며 놀리는 것입니다.

사탄의 어떠한 조롱과 놀림에도 굴복하지 않고, 이 정결함과 봉헌을 하나님께 드리는 백성으로 승리하길 축원합니다.

우리는 하나님 앞에서 '감사 찬송'을 계속해야 합니다.[3] 올바른 예배자에게는 반드시 '감사 찬양'과 '감사 고백'이 있습니다(느 12:31, 38, 40, 42)

무엇보다도 성령 충만한 사람의 가장 큰 특징은 '감사'일 것입니다. 성령 충만한 사람은 하나님을 향하여 감사의 심정을 품고 있으며 풍성한 하나님의 은혜에 대한 찬양이 넘쳐 흐릅니다. 그렇기 때문에 하나님의 백성이 아닌 사람들은 하나님께 감사하지 않습니다. 만일 이런 사람들이 하나님의 이름에 대해 말한다면, 불평과 불만과 비평을 하려는 의도일 것입니다. 그들은 하나님에 관해 말하지 않고, 어떤 은혜에 대해 감사하거나 하나님을 경배하지도 않습니다. 그들은 하나님을 비난하거나 하나님의 백성을 조롱할 뿐입니다(느

4:1, 7).

산발랏이 그랬습니다. 도비야가 그랬습니다. 아라비아 사람들이 그랬습니다. 암몬 사람들과 아스돗 사람들이 그랬습니다. 그들은 하나님께 제사를 드리려는 느헤미야와 예루살렘 사람들을 비난했습니다(느 4:2). 그들은 하나님을 예배하지 않았고, 감사하지 않았고, 찬양하지 않았습니다. 그들은 하나님과 전혀 관계가 없는 사람들이었습니다. 반면에 예루살렘 사람들은 하나님과 관계 있음을 고백하며 찬양하려고 합니다.

성벽 봉헌이 외적으로 드러나는 하나님과의 관계라면, '감사 찬송'은 내적인 심령에서부터 드러나는 하나님과의 관계를 고백하며 선포하는 것입니다. 히브리서 기자도 "그러므로 우리는 예수로 말미암아 항상 찬송의 제사를 하나님께 드리자 이는 그 이름을 증언하는 입술의 열매니라"(히 13:15)라고 증거하였습니다. 뿐만 아니라 사도 바울은 입술의 고백을 믿음과 구원의 증거로 매우 중요하게 여겼습니다.

> "네가 만일 네 입으로 예수를 주로 시인하며 또 하나님께서 그를 죽은 자 가운데서 살리신 것을 네 마음에 믿으면 구원을 얻으리라 사람이 마음으로 믿어 의에 이르고 입으로 시인하여 구원에 이르느니라"(롬 10:9-10).

그러므로 어떤 은혜도, 축복도 당연한 것으로 여겨서는 안 됩니다. 아버지 하나님께서 사랑하는 자녀에게 주시는 것이기 때문입니다. 하나님께서는 아무 공로 없는 우리를 여전히 사랑하셨으며, 지금까지 존재하게 하셨습니다. 이 얼마나 감사한 일입니까? 하나님께서는 우리를 여전히 기억하시고 여기까지 인도해 주셨으며, 자기 아들을 보내사 우리를 위하여 조롱과 수치를 대신 받게 하여 죽게 하셨습니다. 우리는 이 축복을 감사해야 하며 찬양해야 합니다. 이것 또한 하나님을 기쁘시게 하는 것이기 때문입니다.

"그리스도의 말씀이 너희 속에 풍성히 거하여 모든 지혜로 피차 가르치며 권면하고 시와 찬송과 신령한 노래를 부르며 감사하는 마음으로 하나님을 찬양하고"(골 3:16).

이것은 우리의 음악적 재능을 자랑하는 것이 아니라 하나님의 말씀과 성품 그리고 우리를 위해 지금까지 역사하신 것들을 감사하고 기념하라는 것입니다.

우리는 하나님 앞에서 이웃과 함께 기뻐할 수 있어야 합니다. 진정한 예배자는 하나님께만 예배하는 것이 아니라 이웃과도 함께 기뻐할 수 있는 사람들입니다

예루살렘 사람들의 과거를 보면, 무너진 성벽 가운데서 원망과 시비가 참으로 많았습니다(느 5:1). 심지어 성벽을 재건할 당시에도 서로를 믿지 못했습니다. 서로의 어려움을 이해하거나 돕지 않았습니다. 그렇기 때문에 굶주리기도 하였고, 땅을 팔고 자녀들도 노예로 팔았습니다. 같은 유대인들끼리 있을 수 없었던 일들이 일어난 것입니다.

그러나 지금은 "이날에 무리가 큰 제사를 드리고 심히 즐거워하였으니 이는 하나님이 크게 즐거워하게 하셨음이라 부녀와 어린아이도 즐거워하였으므로 예루살렘이 즐거워하는 소리가 멀리 들렸느니라"(느 12:43)라고 합니다.

무엇보다도 중요한 것은, 이 기쁨을 하나님이 주셨다는 고백입니다. 그러므로 우리는 교회 공동체 안에서 이 기쁨과 즐거움을 지킬 수 있어야 합니다. 그리고 그것을 누릴 수 있어야 합니다. 가난한 사람들과 음식을 나누는 것도 예배의 한 행위입니다. 위로가 필요한 사람에게 친절한 말을 건네주는 것도 예배의 한 행위입니다. 누군가에게 하나님의 말씀으로 격려해 주는 것도 예배의 한 행위입니다.

지금까지 예루살렘 사람들이 가지고 있었던 원망과 비방 그리고 노여움은 누구의 것이었습니까? 하나님의 역사를 방해하는, 느헤미야의 비전을 조롱하는 산발랏과 도비야 그리고 사탄의 것들이 아닙니까?

하나님의 권위를 인정한다면, 하나님을 예배하는 우리는 모든 관계 속에서 지켜야 할 것들이 있습니다. 그것은 하나님을 경외함으로 다른 사람을 먼저 존중하는 것입니다. 하나님을 경외함으로 손님을 대접해야 합니다. 하나님을 경외함으로 선으로 악을 이겨야 합니다.

우리는 일반적으로 '술 취함', '부정', '부도덕', '낙태', '동성

연애' 등을 죄로 규정할 때가 많습니다. 그래서 우리 주위에서 일어나는 범죄는 심각하게 보지만 이웃과의 관계 속에서 내 안에 있는 '비판적인 자세', '이기심', '소문', '험담', '자기가 원하는 대로 하려는 고집', '다른 사람을 통제하고 위협을 가하려는 우리 마음' 속에 있는 죄는 보지 못하는 경우가 대부분입니다.

특히 바울이 '성령을 근심하게 하지 말라' 고 언급하며 경고한 성경 구절은, 개인적인 부정이거나 부도덕을 다루고 있는 본문이 아니라 다른 사람들과의 관계를 다루고 있습니다(엡 4:29-32). 예를 들어, "무릇 더러운 말은 너희 입 밖에도 내지 말고 오직 덕을 세우는 데 소용되는 대로 선한 말을 하여 듣는 자들에게 은혜를 끼치게 하라"(엡 4:29)고 말했습니다.

더러운 말에는 저속한 말뿐 아니라 다른 사람을 헐뜯는 의도를 가진 불평, 소문, 중상, 비난, 거칠고 급하게 내뱉는 말 등이 모두 포함됩니다. "무릇 더러운 말은 입 밖에도 내지 말고 오직 덕을 세우는 데 소용되는 대로 선한 말을 하라"는 것은 절대적인 명령입니다. 그리고 이 명령에 이어 바울은 곧 "하나님의 성령을 근심하게 하지 말라"(엡 4:30) 고 했습니다. 정직하지 못하고 부도덕한 행동을 통해서 뿐만 아니라 소문을 퍼뜨리고 불평하고 날카롭게 비난하는 말로 우리는 성령을 근심하게 합니다.

여러분은 하나님을 예배하는 자입니까? 그렇다면 이웃과 함께 기뻐하십시오.

하나님께 진정으로 헌신할 수 있어야 합니다. 예배는 반드시 헌신을 필요로 합니다

헌신 없는 예배는 온전한 예배가 될 수 없습니다. 이것은 예배자의 가장 큰 희생과 사랑과 책임입니다.

우리 주변에서 일어나는 무서운 범죄들이 갈수록 더 흉악해지고 있습니다. 게다가 그런 범죄가 교회 안까지 슬며시 기어 들어오고 있습니다. 이런 문제를 해결할 수 있는 가장 큰 능력은 바로 사랑입니다.

"간음하지 말라, 살인하지 말라, 도적질하지 말라, 탐내지 말라 한 것과 그 외에 다른 계명이 있을지라도 네 이웃을 네 자신과 같이 사랑하라 하신 그 말씀 가운데 다 들었느니라"(롬 13:9-10).

"형제들아 너희가 자유를 위하여 부르심을 입었으나 그러나 그 자유로 육체의 기회를 삼지 말고 오직 사랑으로 서로 종노릇 하라 온 율법은 네 이웃 사랑하기를 네 자신같이 하라 하신 한 말씀에서 이루어졌나니 만일 서로 물고 먹으면 피차 멸망할까 조심하라"(갈 5:13-14).

바울은 이 사랑의 계명을 그의 서신서에서 강조하고 있습니다. 그는 두 서신서에서 "네 이웃을 네 몸같이 사랑하라"는 명령이 모든 율법을 대신한다고 말했습니다. 예수님께서 하신 말씀과 비슷한 말씀을 하고 있는 것입니다. 마찬가지로 야고보도 "이웃 사랑하기를 네 몸과 같이 하라"고 한 계명을 "최고의 법"(약 2:8)이라고 말했습니다.

그런데 현대 교회는 이 말씀을 심각하게 받아들이지 않는 것 같습니다. 이는 그리스도인의 가장 중요한 의무가 다른 사람을 사랑하는 것임을 깨닫지 못하기 때문입니다. 우리는 어느덧 가장 큰 계명을 무시하는 것 같습니다. 가장 큰 계명을 무시하고 사소한 범죄에 관심을 모으기 시작하고 있습니다. 그러나 하나님은 가장 큰 계명을 말씀하십니다. 그것은 서로 사랑하는 것입니다.

왜 우리는 하나님께서 말씀하시는 가장 큰 계명, 가장 큰 명령을 놓치는 것일까요? 왜 사랑을 제외하고 다른 명령과 다른 말씀에 더 관심을 갖는 것일까요?

그것은 사랑에 희생과 책임이 따르기 때문입니다. 사랑으로 용서하려면 우리의 정의감을 희생시켜야 합니다. 사랑으로 섬기려면 시간을 내야 합니다. 사랑으로 나누려면 돈이 필요합니다. 하나님께서 우리를 사랑하셨을 때처럼 사랑으로 무엇을 하려면 어떤 형태든 책임이 따릅니다. 그것이 희생입니다. 그리스도께서는 우리를 사랑하셨기 때문에 우리를 위해 자신을 십자가에 내주는 희생을 감수하셨던 것입니다.

레위기에서는 "원수를 갚지 말며 동포를 원망하지 말며 이웃 사랑하기를 네 자신과 같이 하라"(레 19:18)고 했습니다. 그런데 우리는 언제부터인가 레위기 19장 18절 말씀의 앞문장을 생략하고, "이웃 사랑하기를 네 자신과 같이 사랑하라"라고만 외웁니다. 그러나 전체 문장을 이웃 사랑하기와 관련지어야 합니다. 이웃을 내 몸처럼 사랑하라는 말은 원수를 갚거나 이웃을 원망하는 것을 다루는 문맥 속에 들어가 있습니다. 즉 사랑은 늘 용서해야 합니다. 때로는 원수에게, 때로는 원망 들을 만한 사람에게 말입니다.

하나님은 이미 이런 삶의 모습을 우리에게 보여주셨습니다. 하나님은 우리를 사랑하시기 위해 그분의 독생자를 희생하는 엄청난 대가를 지불하셨습니다. 그러므로 그런 사랑을 받은 우리 역시 큰 희생을 감수하더라도 이웃을 사랑해야 합니다. 때때로 그 희생이 중상모략을 받고 우리의 명성에 금이 갈 수도 있습니다. 또한 용서는 했지만 정의가 이루어지지 않을 때도 기꺼이 감수해야 합니다.

살다 보면 용서해야 할 일들이 얼마나 많습니까? 살다 보면 용서받아야 할 일들이 얼마나 많습니까? 그래서 예수님은 이렇게 말씀하셨습니다. "무엇이든지 남에게 대접을 받고자 하는 대로 너희도 남을 대접하라 이것이 율법이요 선지자니라"(마 7:12).

사랑에는 희생과 책임이 따릅니다. 우리는 흔히 누군가를 바라봅니다. 하나님께서 우리를 용서해 주길 바랍니다. 그렇지만 하나님은 또한 우리가 다른 사람을 용서해 주길 원하십니다. 그렇기 때문에 예수님은 이렇게 기도하셨습니다. "우리가 우리에게 잘못한 사람을 용서하여 준 것같이 우리 죄를 용서하여 주십시오." 분명한 것은 하나님께 순종하고 싶다면 우리 또한 그렇게 해야 합니다.

그런데 이 문제에 대해 고민합니다. 힘들어합니다. 분명히 이것이 옳고 이렇게 해야 한다는 것을 알고 있지만 이것이 안 됩니다. 그렇기 때문에 사도 바울은 성령 충만 받지 못했을 때 이렇게 고민하였습니다.

"내 속 곧 내 육신에 선한 것이 거하지 아니하는 줄을 아노니 원함은 내게 있으나 선을 행하는 것은 없노라 내가 원하는 내 선은 행하지 아니하고 도리어 원하지 아니하는 바 악을 행하는도다"(롬 7:18-19).

그리스도인으로 성숙해 가면서 우리가 익숙하게 배워야 할 가장 중요한 것은 '우리에게 책임'이 있다는 것입니다.
즉 하나님께 드리는 예배, 하나님 앞에 서는 예배 그리고 하나님과 함께하는 예배는, 우리 성도들이 공동체의 삶 안에서 함께 나누면서 구체적인 행위를 통하여 열매가 드러나야 하는 것입니다.

하나님께 올바른 예배자가 되고 싶습니까?
스스로가 하나님 앞에서 정결한지를 돌아봅시다.
하나님께 신실한 예배자로 서고 싶습니까?
하나님 앞에서 '감사 찬송'을 멈추지 맙시다.
하나님께 진정한 예배자가 되길 원합니까?
이웃과 형제를 기뻐하십시오.
하나님께 올바른 예배자가 되길 원합니까?
희생과 책임을 동반한 헌신자가 되십시오.

19. 구원, 그 이후의 삶을 지켜라

이전에 우리 하나님의 전의 방을 맡은 제사장 엘리아십이 도비야와 연락이 있었으므로 도비야를 위하여 한 큰 방을 만들었으니 그 방은 원래 소제물과 유향과 그릇과 또 레위 사람들과 노래하는 자들과 문지기들에게 십일조로 주는 곡물과 새 포도주와 기름과 또 제사장들에게 주는 거제물을 두는 곳이라(느 13:4-5).

신학자 리처드 칼슨은 영혼을 지키는 두 가지 방법에 대해서 이렇게 말했습니다. "첫째, 사소한 것에 마음을 빼앗기지 말라. 둘째, 세상의 모든 것은 사소한 것임을 알라."

세상에 영원한 것은 아무것도 없습니다. 세상에는 반드시 필요한 중요한 일도 없습니다. 그렇지만 사탄은 세상의 물질과 가치없는 것들로 하나님의 백성들을 비틀거리거나 절뚝거리게 하였고, 심지어 바른 길로 가는 성도들을 어그러진 길로 가게 하였습니다. 그래서 어떤 사람들은 영혼의 가치보다 육체의 가치에 더 치중하게 되었습니다. 그러나 분명히 알아야 합니다. 세상의 쾌락은 달콤하지만 그 영혼을 잃게 됩니다. 세상에서 영원한 쾌락은 없습니다. 그 사실을 깨달아야만 세상의 물질과 가치로 유혹하는 마귀의 유혹을 이겨 낼 수 있습니다.

하지만 사탄은 태초 이후로 지금까지 세상의 물질과 가치로 우리를 유혹해 왔습니다. 사탄은 태초 이후로 지금까지 쉼 없이 영적인 침략을 계속해 왔습니다. 즉 사탄과 싸우는 영적 전쟁은 지금도 계속되고 있음을 알아야 합니다. 그러므로 우리의 영은 항상 깨어 있어야 합니다.

사도 바울은 영적 싸움의 실제적인 묘사를 '군인의 모습'(엡 5:11 이하)에서 찾으려 했습니다. 뿐만 아니라 군인의 자세, 즉 그리스도인이 악과 싸우는 신앙적 자세를 "항상 기뻐하라 쉬지 말고 기도하라 범사에 감사하라 이것이 그리스도 예수 안에서 너희를 향하신 하나님의 뜻이니라"(살전 5:16-17)라고 하였습니다. 예수님 또한 영적 군사인 우리에게 "내가 세상 끝 날까지 너희와 항상 함께 있으리라 하시니라"(마 28:20)라고 말씀하셨습니다.

만약 우리가 이러한 영적 전쟁의 실제를 바르게 알지 못하면 승리 이후에 곧 패할 수 있는 가능성이 항상 있습니다. 우리 주님께서 십자가 사건을 통해 사탄을 완전히 이기셨지만, 아직까지 사탄은 믿는 자들을 넘어뜨리기 위해 "우는 사자처럼"(벧전 5:8) 돌아다니고 있습니다. 그러기에 사도 바울은 "그런즉 선 줄로 생각하는 자는 넘어질까 조심하라"(고전 10:12)고 하였습니다.

느헤미야는 모든 사명을 마쳤다고 생각한 것 같습니다. 그가 그렇게 바랐던 성벽 재건을 마쳤습니다. 더불어 이스라엘 백성들의 신앙도 재건하였습니다. 벽돌 한 장 한 장을 쌓는 것처럼 그들의 말씀 회복도 되었습니다. 또한 그들의 신앙이 회복된 것처럼 그들의 가정도, 공동체도 회복되고 있었습니다. 모두 이러한 삶을, 이러한 회복을 기뻐했습니다. 뿐만 아니라 그들은 하나님 앞에서 배역과 배반이 없는 '견고한 언약'을 세웠습니다. 행복한 결론이 나온 것 같습니다.

이제 유다의 총독 느헤미야는 아닥사스다 왕의 궁전으로 돌아가는 길고 지루한 여행을 하기 위해 짐을 꾸릴 수 있었습니다. 느헤미야에게는 바벨론으로 돌아가는 것이 쉼을 얻는 것이었습니다.[1]

예루살렘 성벽을 재건하기 위한 느헤미야의 12년의 세월에서 모든 곤경과 수고는 가치 있는 것들이었습니다. 모두 수고했습니다. 때로는 먹는 것, 입는 것, 외부의 험난한 협박도 있었지만 모두가 잘 견뎠습니다. 이제 남은 것은 잘살기만 하면 됩니다. 행복한 삶이 남아 있는 것처럼 보입니다.

그런데 결코 사탄은 포기하지 않습니다. 사탄의 방해 공작은 끝이 없습니다. 사탄은 절대로 우리의 믿음과 행복한 삶을 허락하지 않습니다. 그렇기 때문에 우리의 현실이나 이스라엘 백성들의 삶의 현실에는 끊임없는 싸움과 문제와 씨름이 존재합니다. 그리스도인의 생활은 행복한 결말이 예정되어 있지만 아직은 아닙니다.

느헤미야는 얼마 후 유다로 다시 돌아올 수밖에 없었습니다. 이스라엘 백성들이 우상을 숭배하는 이방인들과 다시 결혼을 하고 있었습니다. 그의 철천지 원수인 도비야가 성전에 들어와 살았습니다. 레위인들은 하나님의 백성들이 재정적인 후원을 제대로 해주지 않아 세속적인 직업을 찾고 있었습니다. 그리고 예루살렘에서는 안식일에 시장이 개설되었습니다. 예루살렘 주민은 어느새 자신들의 이기적인 이익을 위해서 의도적으로 '거룩한 언약', '견고한 언약'을 깨버렸습니다.

느헤미야가 예루살렘을 떠나 있는 동안 하나님에 대한 이스라엘 백성들의 신실함이 변질되었습니다. 즉 또 다른 영적 싸움에 노출되기 시작했습니다. 사탄은 이스라엘 백성들이 성벽 재건을 하는 동안 잠시 숨어 있었을 뿐이었습니다. 결코 사탄은 도망가지 않았습니다. 사탄은 결코 성벽 밖으로 쫓겨간 것이 아니었습니다.

어떻게 이런 일들이 다시 반복될 수 있을까요? 느헤미야가 페르시아로 떠나 있을 때 서기관인 에스라와 느헤미야의 형제요 예루살렘의 지도자인 하나니는 어디에 있었을까요? 13장에서는 이들의 이름이 나오지 않습니다. 아마도 그들은 죽지 않았나 싶습니다. 결국 거룩한 영향력을 줄 수 있는 사람이 그들에게 남아 있지 않았다는 결론을 내릴 수 있습니다.

만약 하나니가 살아 있었다면, 만약 느헤미야가 계속 머물러 있었다면 과연 도비야가 예루살렘 성전에 들어올 수 있었을까요? 그들이 또다시 안식일을 위반하고 이방인과의 혼합 결혼을 허락할 수 있었을까요?

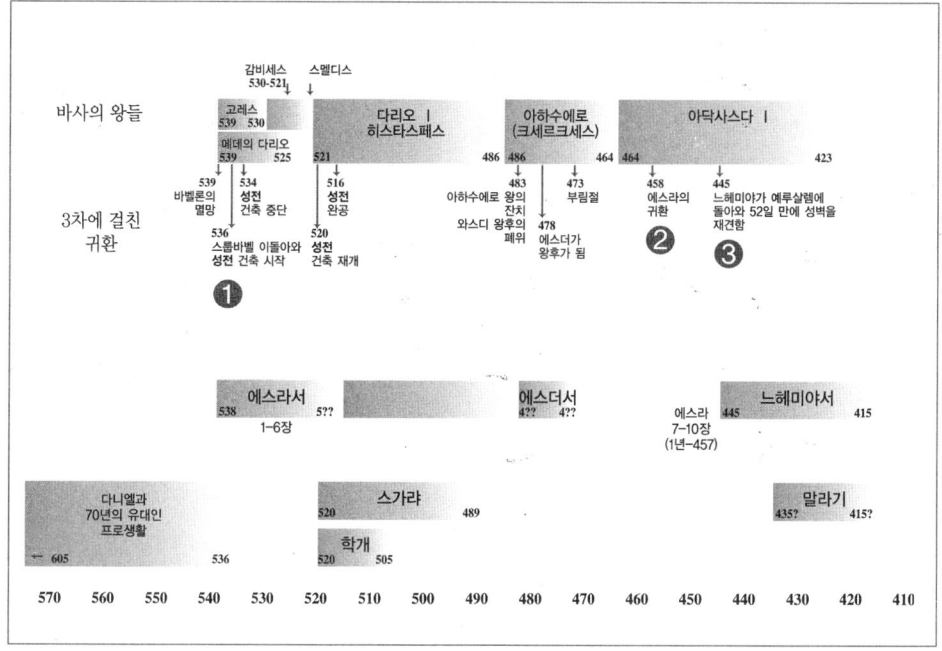

▲ 포로 귀환과 예루살렘 지도자 2)

왜 이스라엘 백성들에게 또다시 이런 문제가 생겨나는 것일까요? 이 문제를 해결하기 위해서는 어떻게 해야 할까요? 우리 그리스도인은 구별된 정체성을 잃지 않도록 행동 기준을 더 이상 낮추어서는 안 됩니다. 우리의 기준은 세상의 기준보다 높아야 합니다.

13장 1절 이하의 말씀을 보면, 또다시 느헤미야는 말씀을 낭독합니다. "그날에"라는 의미는 또 다른 말씀, 또 다른 복음을 전하는 것이 아니었습니다. 그때 우리가 '견고한 언약'을 하나님과 체결했

19. 구원, 그 이후의 삶을 지켜라 247

던 것처럼 "그날에" 다시 하나님의 율법을 읽으며 낭독할 때 그것은 동일한 말씀이었습니다. 느헤미야는 "모세의 책을 낭독하여 백성에게 들렸다"라고 말합니다. 왜 이들에게 다시 말씀을 낭독하며 들리게 하는 것일까요?

잃어버린 기준, 잊어버린 삶의 원칙 때문입니다. 왜 하나님과의 견고한 언약을 기뻐했으며, 하나님과의 초막절을 지켰던 그들에게 이 말씀이 또다시 필요한 것일까요?

약 120년간 아름답고 평화로운 삶을 누리던 이스라엘 백성들에게 점차 좋지 않은 징조들이 나타나기 시작했습니다. 그들은 또다시 하나님의 말씀을 잊었고, 잃어버리고 있었습니다. 그들은 하나님과의 견고한 약속을 지키지 않고 세속적인 일들에 관심을 갖기 시작했습니다. 결국 이스라엘 백성들은 또다시 잘못된 길로 빠지기 시작하였습니다. 지금까지 느헤미야의 노력과 열정으로 볼 때, 마지막 장이라고 할 수 있는 13장은 아름다운 결론을 내려야겠지만, 또다시 '죄의 습관'에 빠지는 이스라엘 백성들의 모습을 보여주고 있다는 것에 대해 우리는 주의해야 합니다.

이스라엘 백성들이 어떻게 다시 세속화되어 가고 있는 것일까요?

이스라엘 백성들은 성전을 세속화시켰습니다. 요즈음 말로 하면 교회가 세속화되었습니다

구약성경에서는 성전이라는 건물을 중심으로 하나님께 대한 그들의 신앙과 종교적 의무가 행해졌던 예배 공동체가 형성되었습니다. 그런데 느헤미야가 예루살렘으로 다시 돌아왔을 때, 제사장 엘리아십이 도비야와 교제를 하고 있었으며, 심지어 도비야에게 성전의 큰 방을 내주고 있었습니다. 이 큰 방은 원래 소제물과 유향과 기명과 또 레위 사람들과 노래하는 자들과 문지기들에게 십일조로 주는 곡물과 새 포도주와 기름과 또 제사장들에게 주는 거제물을 보관해 두는 곳이었습니다(느 13:5).

어떻게 제사장 엘리아십이 성전에서 가장 거룩한 것을 보관하는 장소를 도비야에게 내어줄 수 있단 말입니까? 도대체 도비야는 누구입니까? 지금까지 예루살렘 성벽의 재건을 가장 심하게 반대하며 방해했던 사람이 아닙니까? 그는 언제나 하나님의 역사를 방해했던 인물이었습니다.

그런데 왜 엘리아십은 도비야에게 이렇게 한 것일까요? 심지어 대제사장 엘리아십의 손자가 산발랏의 딸과 결혼까지 했습니다(느 13:28). 왜 대제사장 엘리아십은 이렇게 변해 가고 있었을까요? 왜 그는 '견고한 언약'을 지키지 않고 세속화되어 가고 있었을까요?[33]

엘리아십의 정책은, 어떤 대가를 치르더라도 '평화'를 갖기 원했던 것입니다. 심지어 느헤미야의 정책과 상당한 차이가 있다 하더라도 말입니다. 그 정책이 하나님과의 견고한 언약에 해를 끼치더라도 말입니다. 그 사람들과 평화롭게 살 수만 있다면 무엇이든 희생할 수 있다는 그의 생각이 옳을까요?

예수님은 "평안을 너희에게 끼치노니 곧 나의 평안을 너희에게 주노라 내가 너희에게 주는 것은 세상이 주는 것과 같지 아니하리라 너희는 마음에 근심하지도 말고 두려워하지도 말라"(요 14:27)고 하셨습니다. 그러나 그는 하나님과의 약속도, 지금까지의 신앙적 회복도 개의치 않았습니다.

예루살렘 사람들은 더 이상 하나님의 일꾼들을 돕지 않았습니다. 이스라엘 백성들은 하나님의 일에 전심전력하는 레위인들을 돕지 않았습니다. 그러나 근본적인 이유는, 하나님에 대해 관심이 없어져 가고 세속적인 일들에 몰두하기 시작했기 때문입니다. 당연히 하나님의 일에 대해 관심이 없으므로 하나님의 일꾼들에게 관심을 가질 리가 없었습니다. 본문 13장 10절 말씀을 보면, "내가 또 알아본즉 레위 사람들의 받을 몫을 주지 아니하였으므로 그 직무를 행하는 레위 사람들과 노래하는 자들이 각각 자기 밭으로 도망하였기로"라고 증거합니다.

느헤미야는 이스라엘 백성들의 신앙과 믿음생활을 위해서 성전의 일을 전적으로 도맡아 할 수 있는 전담 사역자들을 세웠습니다. 하나님과의 견고한 언약을 성실하게 실천하기 위해서는 이런 일꾼들이 필요했기 때문입니다. 느헤미야 당시에는 예배에 관한 전문적인 사람들이 얼마나 많이 있었느냐면, 오직 예배을 위해 봉사하는 레위인들은 물론이거니와 오직 찬양만을 담당한 사역자들도 있었습니다.

그런데 본문에서 레위 사람들의 생활과 그 직무를 위해, 찬양하는 사람들의 직무와 생활을 위해 이스라엘 사람들이 물질적으로 돕지 않았다는 것입니다. 쉽게 설명하면 전적으로 하나님의 일을 맡아서 해야 할 찬양대원들과 제사장들이 성도들의 도움을 받지 못하자 모든 사역을 할 수 없었고, 급기야 중단할 수밖에 없었으며, 이들은 살기 위해 다른 직장을 찾을 수밖에 없었다는 것입니다. 결과적으로 이스라엘 백성들의 신앙은 세속화되었으며, 다시 그들의 삶은 쇠퇴하는 악순환 속에 빠지고 말았습니다.

본문 말씀에서 이스라엘 백성들이 잊어버린 십일조는 무엇입니까? 봉헌은 무엇입니까? 하나님께 왜 이런 것을 드려야 합니까? 도대체 하나님이 왜 이런 것을 필요로 합니까?

하나님께서 제정하신 십일조는 하나님과 나 사이에 중요한 의미가 있습니다. 그것은 하나님 앞에서 '나는 청지기'라는 신앙 고백의 의미가 있습니다. 십일조를 드리는 행위는 내가 소유한 모든 것이 다 하나님의 것이라는 구체적인 신앙의 행위입니다. 이것은 곧 하나님이 내게 맡기신 소유물을 하나님의 청지기로서 잘 관리하겠다는 것을 나타내는 신앙고백입니다. 또한 십일조는 내가 하나님께 구체적으로 헌신하겠다는 신앙고백입니다. 내가 땀 흘려 벌어야 하는 이 세상을 살면서 우리가 애정을 쏟고 있는 이것들을 하나님의 사역을 위해 구체적으로 드림으로써 내가 하나님의 사역과 복음, 하나님 나라에 관심을 가지고 있음을 주님께 보여드리는 행위입니다.

이런 의미에서 나는 하나님 나라에 전력하는 일꾼들을 돕는 일에 주춤하거나 인색한 것은 없습니까? 아니면 하나님의 일과 하나님에 대해 관심이 없는 것입니까? 선교사를 후원하든, 목회자를 후원하든, 선교사를 위해 기도하든, 목회자를 위해 기도하든 이런 돕는 일에 머뭇거리지 마십시오. 하나님의 일꾼들을 돕지 못해 일어난 이스라엘 신앙 공동체의 비극을 우리는 잊지 말아야 합니다.

이스라엘 공동체는 하나님이 주신 은혜의 날을 잊어버렸습니다. 그 이유는 세속주의의 하나인 물질주의 때문입니다. 이스라엘 백성들이 처음에 안식일을 지키지 않았던 이유는 무엇입니까? 그날에 더 큰 장사를 할 수 있기 때문입니다. 이날은 그들에게 물질의 풍성함을 더 많이 얻을 수 있는 날이기 때문입니다.

중국의 고전 《열자》에는 탐욕과 관련된 이야기가 있습니다. 옛날 중국의 한 고을에서 환한 대낮에 한 남자가 금을 훔쳐 달아나다가 붙잡혔습니다. 판관이 붙잡힌 남자를 보며 말했습니다. "환한 대낮에 사람들이 그렇게 많은 시장에서 금을 훔쳐 달아나다니 제정신인가? 도대체 무슨 생각으로 그런 일을 저질렀는가?"

그러자 그가 대답합니다. "금을 보자 너무 갖고 싶어서 사람들이 눈에 보이지 않았습니다."

이 말을 들은 판관은 "욕심에 눈이 어두우면 다른 것은 눈에 보이지 않는다"라는 말을 남겼습니다. 욕심이 많은 사람은 양심의 소리를 듣지 못합니다. 탐욕에 눈이 멀어 사리를 옳게 분별하는 힘을 잃습니다. 또한 욕심이 많은 사람은 교만해집니다. 결국 하나님 앞에서 범죄하게 되고 소중한 인생을 허비하게 됩니다.

하나님께서 우리에게 안식일을 주신 이유가 무엇입니까?

하나님은 우리의 유익을 위해서 안식일을 주셨습니다. 예수님은 이렇게 말씀하셨습니다. "안식일이 사람을 위하여 있는 것이요, 사람이 안식일을 위하여 있는 것이 아니니"(막 2:27).

하나님이 왜 우리에게 안식일을 주셨는지 그 참뜻을 알아야 합니다. 근본적으로는 우리에게 쉼을 주시기 위함입니다. 그 쉼은 두 가지 개념인데, 하나는 영적인 휴식이며, 다른 하나는 육체적인 휴식입니다. 예수님께서 이 땅에 오신 것도 우리에게 안식을 주시기 위함이었습니다. 그래서 예수님께서는 이런 말씀을 하셨습니다. "수고하고 무거운 짐 진 자들아 다 내게로 오라 내가 너희를 쉬게 하리라"(마 11:28).

느헤미야가 떠난 뒤 이스라엘 백성들이 또다시 영적인 위기에 빠진 이유가 무엇입니까? 그들이 가지고 싶었던 인생의 유익은 무엇이었습니까? 그들이 잃어버린 영적인 것들은 어떤 것들이었습니까? 결과적으로 그들은 모두를 잃어버렸습니다.

예수님은 우리에게 두 가지 중 하나를 선택하게 하셨습니다. 우리는 예수님을 나의 구주와 주인으로 받아들일 수도 있고, 아니면 단순하게 내 삶의 일부분으로 남겨둘 수도 있습니다. 다른 선택은 있을 수 없습니다. 세상의 가치들과 세상의 것들을 즐기면서 살든지, 아니면 예수님을 선포하며 살 것인지 결정해야 합니다. 예수님에게 등을 돌리고 떠날 수도 있고, 그분 앞에 무릎을 꿇고 경배드릴 수도 있습니다. 그 중간의 선택은 없습니다. 그것은 모든 이스라엘 백성들이 하나님 앞에서 다짐한 '견고한 약속'을 지키는 것입니다. 분명한 것은 하나님의 백성답게, 하나님의 자녀답게, 하나님의 사역자답게 행동하는 것입니다.

ISI(Image Solution Inc.)는 현재 미국에서 가장 주목받고 있는 IT 기업 중 하나입니다. 이 기업은 '이윤 추구'라는 기업의 기본 목표가 아닌 '하나님 중심'이라는 경영 원칙을 가지고 운영되고 있습니다. 이 회사의 설립자이자 CEO인 김진수 장로님은 삶의 고비마다 도우시는 하나님의 손길을 느끼고 경험했기 때문에, 이윤이 전부가 아니라는 사실을 확실히 알고 있었습니다.

그렇기 때문에 회사 문화도 성경적입니다. 모두가 평등한 분위기에서 회사의 토론이 진행됩니다. 직원들의 고민을 위해서 중보기도도 합니다. 회사가 얻은 이윤의 10퍼센트는 사회로 환원합니다. 100퍼센트 성실하게 세금을 냅니다. 회사의 이런 문화를 싫어하는 사람도 있습니다. 왜냐하면 회사의 구조가 흔들릴 수 있으며, 회사의 재정이 어려워질 수 있다는 이유 때문입니다. 그럼에도 불구하고 회사는 계속해서 성장하고 있습니다.

모든 그리스도인들이, 하나님이 우리의 중심이라고 고백하지만 그것을 삶에서 실천하는 경우는 많지 않습니다. 당장 눈앞에 닥친 현실이 우리의 믿음을 약하게 만들기 때문입니다. 하지만 하나님은 우리의 모든 것을 알고 계십니다. 단지 지금 우리가 해야 할 것은, 하나님을 향한 믿음으로 우리 삶의 중심을 하나님께 내어드리는 것입니다.

◆ 미주

1. 하나님과 함께 거룩한 동행에 참여하라(느 1:1-3)

1) "미 아프간의 전쟁 영웅," 〈동아일보〉(2011년 9월 17일, A2.)
2) 느헤미야의 의미는 '하나님이 위로하시다'(the Lord comforts)이다. Edwin M. Yamauch, *Persia and Bible* (Grand Rapids: Baker Books, 1996), 242, 251, 281. 고고학의 자료를 보면, 느헤미야는 주전 464년부터 424년까지 통치했던 아닥사스다 1세의 술 관원으로 섬겼다는 것이 정확하다. 왜냐하면 407년에 기록된 엘레판틴 파피루스(Cowly #30)가 느헤미야의 적인 사마리아 총독 산발랏의 아들에 대해 언급하기 때문이다.
3) Edwin M. Yamauch, *Persia and Bible*, 281. 수산 궁의 이야기는 다니엘, 에스더, 에스라, 그리고 느헤미야서에서 찾아볼 수 있다. 다니엘(단 8:2)은 스스로 을래 강변의 엘림 지역 수산 성에서 환상을 보았으며, 또한 을래 강변으로부터 사람의 목소리를 들었다(단 8:16). 수산은 아하수에로 왕 시대 에스더의 이야기에 나오는 곳이기도 하다(에 1:2, 5, 2:3, 5, 8, 3:15, 8:14, 9:6, 11, 12).
4) 토머스 V. 브리스코, 《두란노 성서지도》 강사문 외, (서울: 두란노서원, 2008), 176; Alfred J. Hoerth, *Archaeolgy and the Old Testament* (Michigan: Baker Books, 1988), 397.
5) Edwin M. Yamauch, *Persia and the Bible*, 251.

2. 그들의 아픔, 그들의 시대를 공감하라(느 1:1-4)

1) 제러미 리프킨, 《공감의 시대》, 이경남 역(서울: 민음사, 2010). 리프킨(Jeremy Rifkin)은 시카고 사우스사이드에서 성장했으며, 펜실베이니아 대학교를 졸업했다. 1994년부터 펜실베이니아 대학교의 워튼 경영대학원 최고경영자 과정의 교수로 재직하면서 과학 기술의 새로운 조류와 그로 인한 세계 경제, 사회, 환경에 미치는 영향에 대해 강의하고 있다. 또한 비영리 조직인 '경제 교류 재단'을 설립하여 사회의 공공 영역을 수호하기 위한 계몽 운동 및 감시 활동을 펼치고 있다. 이 밖에 《엔트로피》, 《육식의 종말》, 《생명권 정치학》 등의 저서가 있으며, 20여 개 언어로 번역된 리프킨의 저서들이 세계적으로 큰 영향력을 미치고 있다.
2) 페르시아에서 예루살렘까지는 약 1,400km이다. 걸어서 5개월이나 걸리는 거리이다.
3) F. Charles Fensham, *The Books of Ezra and Nehemiah NICOT* (Grand

Rapids: Wm. B. Eerdmans, 1982), 157. 최근 연구에 의하면, 고대 근동 왕궁의 술 관원은 왕에게 직접 다가갈 수 있는 자이며, 매우 중요하며 영향력 있는 자로 간주되었다.
4) Edwin M. Yamauchi, *Persia and Bible*, 260-261; Alfred J. Hoerth, *Archaeolgy and the Old Testament*, 397. Ecbatana(페르시아 제국의 도시)에서 발견된 금잔으로서 높이가 4인치 정도가 된다. 금잔의 섬세함과 예술적 감각은 그들의 부유한 생활을 짐작하게 한다.

3. 느헤미야처럼 기도하라(느 1:4-11)

1) 기슬르(Chisleu) 월은 그해의 아홉 번째 달로, 우리의 역법으로는 12월에 해당된다.
2) 수산은 B.C. 3000년 무렵에 엘람의 수도였다(느 1:1; 에 1:2, 5, 2:3, 5, 8, 3:15, 4:8, 16, 8:14, 15, 9:6, 11, 12, 13, 14, 15, 18; 단 8:2). 후에 바사의 고레스 왕(초대 왕)이 이곳을 정복하였으며, 바사의 다리오 왕은 이곳을 바사의 수도로 정하고 이곳에 궁전을 건설했다. 바사 왕들은 겨울을 보내기 위해 이곳에 왔었고, 다니엘이 환상을 본 곳도 이곳이었다. 다니엘 8장 2, 6절에서는 이곳을 을래 강으로 불렀다. 아하수에로 왕(에스더 왕비) 당시 수산에는 이스라엘의 멸망으로 인해 포로로 잡혀간 유대인이 많이 살고 있었다(에 4:16, 9:18). 후에 이곳의 사람들이 집단으로 사마리아로 이주되었다(스 4:9). B.C. 330년 알렉산더 대왕은 수산을 정복하고 이곳에서 바사의 여인들과 마케도니아의 군인들을 결혼시켜 문화의 혼합을 꾀하기도 했다. 수산의 현재 지명은 이란의 슈스(Shush)이다. 이곳 슈스 마을에는 다니엘의 것으로 추정되는 무덤이 있는데, 이것은 이슬람 교도 시아파의 숭배 대상이 되고 있다.
3) F. Charles Fensham, *The Books of Ezra and Nehemiah NICOT*, 151. "사로잡힘을 면하고 남아 있는 자"에 관한 두 가지 해석이 가능한데, 첫째는 이들이 바벨론 포로로 잡혀가지 않은 자들이라는 견해이다. 그 이유는 2절에서 "그 사로잡힘을 면하고 남아 있는 유다와 예루살렘 사람들의 형편을 물은즉"에서 알 수 있다. 둘째, 에스라 8장 35절, 9장 8절, 9장 13-14절의 본문을 볼 때, 이들은 먼저 귀환한 자들이라는 견해이다. 이들은 한때 느헤미야와 동고동락했을 것이라고 추측할 수 있고, 그렇기 때문에 예루살렘에 도착하여 정착한 그들의 삶에 대해 관심이 있었을 것이다.
4) C. F. Keil & F. Delitzsch 《카일, 델리취 구약성서 주석 10, 에스라, 느헤미야, 에스더》, 최성도 역(서울: 기독교문화사, 1988), 181. 이 파괴는 옛날에 바벨론에 의한 것이 아니라 극히 최근에 또 다른 민족과 침입자로 말미암아 발생한 것으로 본다. 예루살렘의 파괴는 계속되고 있었음을 알 수 있다. 이것 때문에 느헤미야는 극히 상심했을 것이다.

4. 두려움, 믿음으로 이겨라(느 2:1-8)

1) 존 월튼, 빅터 매튜스, 마크샤발라스, 《구약-성경 배경 주석》, 정옥배 외 공역(서울: IVP, 2004), 675. 수산에서 예루살렘까지 가는 느헤미야의 여행 경로는 아마도 '왕의 대로'를 통과했을 것이라고 추정한다. 이 거리는 약 1,400km였고 약 4개월이 소요되었을 것이다. 토머스 V. 브리스코, 《두란노 성서지도》, 174-75. 성경은 구체적인 경로를 언급하지 않고 있지만, 아마도 가장 빠른 경로는 다드몰의 사막 도시-유프라테스 강 서쪽-알레포 쪽으로 향하는 대상로-유다로 향하는 주요 도로를 따라 남하했을 것이다. 전체 여행 경로는 약 1만 6,000km 이상 되는 긴 거리였다. 에스라 2장과 느헤미야 7장은 귀환자들의 수가 4만 2,360명이라고 밝히고 있다. 하지만 이 귀환자의 숫자가 첫 번째 귀환자만을 가리키는 것인지 아닌지는 확실치 않다.
2) F. Charles Fensham, *The Books of Ezra and Nehemiah*, 150; 제임스 보이스, 《느헤미야의 지도력 연구》 이건일 역 (서울: 생명의말씀사, 1994) 30. 유대인의 첫 달은 아빕(Abib) 월이다. 그러나 바벨론 포로 이후에는 첫 달이 니산(Nisan) 월로 바뀌었다(느 2:1; 에 3:7). 이 달은 우리가 사용하는 달력의 봄에 해당하는 3~4월경이다. 아빕 월은 곡식의 이삭이 여물어 가는 달을 뜻하는 '이삭월'을 뜻한다. 유월절이 있는 달에 관해 '달의 시작, 곧 해의 첫 달'이라고 언급하는 것은 이중적인 의미로 이해할 수 있다. 1년 중 첫 번째 달이라는 것과 동시에 유월절에 대한 신학적 중요성을 강조하려는 것이다. 유월절은 이스라엘이 자유를 얻게 된 것을 기념하는 달이다. 그러나 지금 느헤미야는 유월절이 있는 '니산 월'에도 고국을 방문하지 못하고 왕 앞에서 얼굴에 수심을 감출 수 없었다. 느헤미야의 이 수심은 고국에 대한 소식과 유월절과 관련 있는 것으로 보인다.
3) 에스더 4장 1-2절.
4) 마르크 반 드 미에롭, 《고대 근동 역사》 김구원 역(서울: CLC, 2010), 416, 425, 428, 432- 433. 페르시아 제국은 매우 강한 중앙 집권적 조직을 가졌으나 동시에 피지배 백성들의 다양한 언어, 문화, 경제, 사회 조직을 존중하여 성공적으로 융화시켰을 뿐 아니라, 근동에서 처음으로 백성들 내의 다양성을 인정하는 국가가 되었다. 뿐만 아니라 왕은 각 지배 지역에 총독을 임명하고 토지를 하사하는 등 모든 결정을 내렸다. 따라서 시간이 흐름에 따라 페르시아 통치가 지역 문화에 영향을 주기 시작했고, 페르시아 관습들이 퍼져 나갔다. Edwin M. Yamauch, *Persia and Bible*, 90-91. 제국 내에 있는 성전들을 복구시키도록 협조하는 정책은 페르시아 왕들의 시종일관된 것이었다. 아닥사스다 1세 이전의 고레스 왕 때부터 지배받는 민족들의 신들을 회유하는 진보적인 정책을 실시했다. 유대인들을 그들의 본국으로 돌아가도록 허용한 그의 관대함은 유대인들에게만 유일하게 베푼 관용이 아니라 바벨론이나 타 민족들에게도 동일하게 베푼 것이었다. 에스라 6장 8절에 따르면, 유

대인들의 본국 귀환을 허락할 뿐 아니라, 자금 조달을 위해 왕의 재산을 사용할 수 있는 백지수표를 주기도 하였다.
5) 토머스 V. 브리스코, 《두란노 성서지도》, 170. 그 당시의 원통은 이와 비슷한 모양으로서 길이가 9인치 정도의 크기였다. 이 비문에는 민족들을 고국으로 돌려보내고 바벨로니아 통치 하에서 무시되었던 신전들을 재건하도록 하였다.

5. 하나님께 합당한 사람으로 거듭나라(느 2:11-20)

1) 토머스 V. 브리스코, 《두란노 성서지도》, 48.
2) 토머스 V. 브리스코, 《두란노 성서지도》, 48.
3) 한영재 편, 《기독교 백과사전》 (서울: 기독교 교문사, 1993), 848. 고레스가 유대인의 귀환을 허락했을 때, 식민지의 통치자로 임명되어 재차 포로 귀환을 주도했다(스 1:8, 11, 5:14). 그는 예루살렘에 도착했을 때, 제일 먼저 번제단을 세우고 새 성전의 기초를 놓기 시작했다. 그러나 곧 반대가 있어 작업이 중지되었다가 B.C. 520년에 작업이 재개되어 4년 후에 완성되었다.
4) 토머스 V. 브리스코, 《두란노 성서지도》, 174.

6. 모두 힘을 내어 이 선한 일에 동참하자(느 2:17-3:2)

1) 뵈뵈, 브리스가, 아굴라, 에배네도, 마리아, 안드로니고, 유니게, 암블리아, 우르바노, 스다구, 아벨레, 아리스도불로의 권속, 헤로디온, 나깃수의 가족, 드루베나, 드루보사, 버시, 루포와 그의 어머니, 아순그리도, 블레곤, 허메, 바드로바, 허마와 그의 형제들, 빌롤로고, 율리아, 네레오, 그의 자매와 올름바, 디모데, 누기와 야손, 소시바더, 더디오, 가이오, 에라스도, 구아도.
2) F. Charles Fensham, *The Books of Ezra and Nehemia*, 174.

7. 사탄을 대적하라(느 2:12, 4:1-6)

1) 토머스 V. 브리스코, 《두란노 성서지도》, 175.
2) 조병호, 《성경과 5대 제국 - 앗수르, 바벨론, 페르시아, 헬라, 로마》 (서울: 통독원, 2011), 208. 1차 포로 귀환자(B.C. 537년)들이 성전의 기초 공사를 시작하다가 사마리아인들의 방해로 성전 건축을 중단하게 되었다. 사마리아인

들이 유대인 귀환 공동체가 성전을 짓는 것이 아니라 성벽을 짓는다는 거짓 보고를 페르시아의 왕에게 보냈기 때문이다. 이후 중단된 성전 건축은 다리오가 페르시아의 왕이 되고 나서야 다시 재개되었다(스 6:1-4).
3) 데이비드 G. 마이어스, 《기독교를 믿을 수 없는 17가지 이유》, 이창신 역 (서울: IVP, 2011), 17.

8. 비전을 위해 노력하고 헌신하라(느 4:15-18)

1) 제주의 "올레"는 동네의 집들을 연결해 주는 좁은 길을 의미한다. 집마다 연결되어 서로가 소통할 수 있는 '골목길'이다.

9. 사탄의 습성, 원망과 노여움을 대적하라(느 5:1-5)

1) Edwin M. Yamauch, *Persia and Bible*, 265.

10. 예수님처럼 사탄을 대적하라(느 6:1-9)

1) Edwin M. Yamauch, *Persia and Bible*, 265-269. B.C. 722년 사마리아 함락 이후 앗수르 왕들은 "여호와도 경외하고 또 그 민족의 풍속대로 자기의 신들도 섬기도록"(왕하 17:24-33) 메소포타미아와 사마리아 주민들을 사마리아로 이전시켰다. 이러한 새 이민자들의 영향은 이미 오직 여호와를 섬기는 것에서 배교된 북쪽 사람들의 신앙을 더욱더 약화시켰다. 그러나 성벽 재건에 대한 반대는 근본적으로 종교적 차이점보다는 정치적 고려에 그 동기가 있다. 유대의 왕성한 총독의 출현은 사마리아 총독의 권위를 위협했기 때문이다.
2) 오노(Ono)는 베냐민 사람 세벳이 건설한 후 베냐민 부족이 정착한 성읍(대상 8:12; 스 2:33; 느 7:37, 11:35)이며, 욥바의 남동쪽 약 11km 지점에 위치했다. 산발랏과 게셈이 느헤미야를 해치려고 이곳의 한 마을로 유인했다(느 6:2).

11. 우리 함께 걸읍시다(느 7:1-4)

1) F. Charles Fenshem, *The Books of Ezra and Nehemia*, 209. 느헤미야 7장 1-3절은 6장 15-16절과 연결되어 있는 본문이다. 성벽 재건 이후 느헤미야는 지도자(governor)로서 "문지기들"(gatekeepers)과 "노래하는 자들"(singers)과 "레위인들"(levites)과 "영문의 관원"(commander of citadel)을 세웠다. 여기서 문지기와 연결되어 있는 노래하는 자들과 레위인들이 성벽의 성문을 같이 지키는 것이 아니라, 성전의 성문에서 봉사하는 자로 임명되었음에 주의해야 한다.
2) 이 밖에도 충성과 하나님의 구원 사역과 관련된 구절을 찾아보면, 다음과 같다. 단 6:4; 마 24:45, 25:21; 눅 16:11; 갈 5:22; 딤전 3:11; 딤후 2:2; 히 3:2-5 등.
3) F. Charles Fensham, *The Books of Ezra and Nehemia*, 210.

12. 거룩한 성에서 말씀으로 회복하라!(느 8:1-12)

1) F. Charles Fensham, *The Books of Ezra and Nehemia*, 215.
2) 토머스 V. 브리스코, 《두란노 성서지도》, 174.
3) 조병호, 《성경과 5대 제국-앗수르-바벨론, 페르시아, 헬라, 로마》, 219; W. 푀르스터, 《신구약 중간사》, 36에서, 그는 "제사장 에스라는 페르시아 정부로부터 유대인 문제를 맡은 사람으로 관직을 얻었다. 페르시아 왕 아닥사스다 1세(B.C. 465~424년)로부터 조국으로 돌아가기를 원하는 유대인들은 누구나 다 예루살렘으로 데려갈 수 있도록 허락을 받았다(스 7:14). 약 5천 명의 유랑민들이 페르시아 왕과 바벨론의 유대인들로부터 조국을 위하여 바치는 헌물로 금과 은과 기명들을 가지고 돌아왔다(스 8:25 이하). 에스라는 10년 이상이나 조국에서 활동을 하였다"고 한다.
아닥사스다 왕은 2차 포로 귀환 때(B.C.458년) 에스라에게 조서를 내려 예루살렘 성전을 재건하는 데 큰 도움을 주었다(스 7:1-26). 에스라는 예루살렘이 아닌 바벨론에서 태어난 포로민 출신이었다. 그러나 에스라는 훌륭한 학자이며 제사장으로 자신이 아론의 16대 후손임을 스스로 공부해서 밝혀낸 사람이다. 그리고 아닥사스다 왕 재위 20년째에는 느헤미야에게도 성전 재건을 허락하고 도와주었다.

13. 여호와 하나님께 부르짖어라(느 9:4)

1) 존 월튼, 빅터 매튜스, 마크 샤발라스, 《구약-성경배경주석》, 638-664. 금식은 주로 애도하는 상황에서 행한다. 금식은 금식하는 자의 간구가 너무 중요하여 음식을 중단하며 하나님께 집중한다. 굵은 베옷을 입는 것은 구약성경에서 탄식과 회개의 전형적인 표시이다. 이 거친 옷감은 보통 흑염소 털로 만든다.

14. 여호와의 말씀을 실천하라(느 9:38)

1) W. 푀르스터, 《신구약 중간사》, 36-37. 이 일은 에스라 시대부터 율법에 따라 살도록 민중과 백성에게 계속된 것이었다. 에스라 이후 느헤미야가 유대의 통치자로 와서 두 가지 일에 성공하였는데, 첫째는 바벨론에서 돌아온 귀향민들과 후손들과 그 땅에 남아 있던 유대인들로 하여금 율법에 서약하게 하는 것이고, 둘째는 그의 규례와 율례를 지키고 실천하도록 하나님의 말씀을 기록하는 데 성공하였다(느 10:29, 30-39).
2) 《기독교 백과사전》, 945. '아스돗'은 블레셋의 주요 다섯 성읍 중 하나이다(수 13:3). 이곳은 다곤(물고기 신) 예배의 중심지이며, 한때 사무엘 시대에 언약궤를 빼앗아 다곤의 신당에 두었다가 돌려보내기도 하였다(삼상 5:1-7). 이곳은 웃시야에게 정복되었으며(대하 26:6), 아모스에 의해 멸망이 예언되었다(암 1:8). 결국 이곳은 앗수르의 사르곤 2세(B.C. 711년)에 의해 함락되었다(사 20:1). 이곳 사람들은 느헤미야 때 예루살렘 성을 재건하려는 유대인들을 방해하려고 했다(느 4:7-9, 13:23-24). 신약에서는 아소도로 불렸다(행 8:40).
3) 사라코치프, 《고대 성스러운 땅의 영광, 이스라엘》이영찬 역(서울: 생각의 나무), 57. 아스돗에서 발견된 숫양의 머리 형상을 한 금귀고리는 아마도 페르시아에서 세공되었을 것으로 추측된다.

15. 너희 하나님 여호와를 찬양하라(느 9:5)

1) 찬송가 391장.

16. 여호와의 모든 계명과 규례와 율례를 지켜 행하라(느 10:28-39)

1) W. 푀르스터, 《신구약 중간사 - 포로 시대부터 그리스도까지》, 문희석 역 (서울: 컨콜디아사, 1985), 22-23, 37. 그는 포로 이전과 이후에 "이스라엘 백성의 회개 운동은 유대인의 역사와 율법이다. 이 두 가지의 유대교 발전에 계기가 된 회개 운동은 '혼합주의 배척', '할례', '안식일', '부정과 정결' 등을 지키는 것이다. 그러나 회개 운동이 민족 전체의 대중 운동으로 번지게 되면서 사람의 눈만을 피하는 형식적인 일이 되어버렸다. 이러한 계명들이 느헤미야 10장 30절 이하에 나와 있는 요점이다. 곧 백성들이 느헤미야 앞에서 엄숙하게 계명대로 살겠다고 약속했지만, 그 이후와 예수 시대에 이르기까지 서기관들은 있는 힘을 다하여 그러한 외부적으로 드러나는 일들만을 준수하였다. '박하와 회향과 근채' 의 십일조 같은 것은 정확하게 바치면서 율법과 정의와 자비와 그리고 신앙과 같은 더 중요한 문제들은 무시하였다"고 말한다.
2) F. Charles Fensham, *The Books of Ezra and Nehemia*, 239.
3) 사라코치프, 《고대 성스러운 땅의 영광, 이스라엘》, 56. 한쪽 면에는 위엄 있는 독수리가, 다른 한쪽에는 백합이 새겨져 있는 은제 '예훗'(Yohud) 동전. 기원전 6세기경에서 기원전 4세기경의 이 동전은 페르시아 시대에 예루살렘 지역에서 통용되었다. 예훗은 유대의 행정구역을 의미하는 아랍어이다.
4) *Idid*, 241.
5) 맥스 루케이도, 《복 있는 사람》, 마영례 역(서울: 청우, 2005) 147.

17. 너의 이름을 거룩한 곳에 기록하라(느 11:1-2)

1) 맥스 루케이도, 《복 있는 사람》, 37.
2) *Idid*, 62.
3) 제임스 보이스, 《느헤미야의 지도력 연구》, 213. 그 도시는 B.C. 586년에 느부갓네살 왕에게 파괴되었고, 느헤미야는 B.C. 445년에 예루살렘에 돌아와 성벽을 재건하였다.

18. 하나님께 올바른 예배자가 되라(느 12:43)

1) F. Charles Fensham, *The Books of Ezra and Nehemia*, 255. 구체적으로 '성문과 성벽의 정결' 이 무엇을 의미하는지에 대해서는 구체적으로 말하지 않

는다. 필자의 견해로 '성벽과 성문의 정결 의식'은 '대청소' 였을 것이라고 생각한다.
2) H.A. 아이언사이드,《에스라 느헤미야 에스더 강해》, 정병은 역(서울 : 전도 출판사, 1994) 194.
3) 구약에서 '감사 찬송'의 용례를 살펴보면 다음과 같다. 느 12:27, 31, 38, 40- '감사 찬송' ; 레 7:12, 13, 15, 22:29- '화목제의 감사 제물' ; 수 7:19- '죄를 자복' ; 대하 29:31, 33:16- '감사 제물' ; 스 10:11- '죄를 자복' ; 시 26:7, 42:5, 50:14, 23, 56:13, 69:31, 95:2, 100:1, 4, 107:22, 116:17, 147:7- '감사' 또는 '감사제' ; 사 51:3- '감사' ; 렘 17:26- '감사의 희생', 30:19- '감사하는 소리', 39:11- '감사 제물' ; 암 4:5- '수은제' ; 욘 2:10- '감사'

19. 구원, 그 이후의 삶을 지켜라(느 13:4-5)

1) 느헤미야는 예루살렘 성벽 재건 후 12년 후 수산으로 소환되었으나 유다 백성의 정체성을 심각하게 위협하는 사회적, 종교적 문제를 해결하기 위해 유다 총독으로 다시 돌아왔다.
2) 바벨론에 의해 세 차례에 걸쳐 포로로 끌려갔던 유대인들은 제국의 주인이 페르시아로 바뀌면서 다시 1차(1차: B.C. 537년 총독 스룹바벨 인도, 2차: B.C. 458년 학사(제사장) 에스라 인도, 3차: B.C. 445년 총독 느헤미야 인도)에 걸쳐 귀환을 하게 된다. 1차 귀환 때 돌아온 사람들이 성전을 건축하려다 사마리아인의 방해 때문에 16년간이나 성전 건축이 중단됐다. 그때 성전 건축을 독려한 선지자가 '학개'와 '스가랴'이다. 그리고 1차 포로 귀환과 2차 포로 귀환 사이에 일어난 '페르시아 왕비 에스더 사건'이다. 그녀는 유대 민족과 나라를 구함으로써 '부림절'이라는 명절을 만들게 되는 인물이 되었다.
3) W. 푀르스터,《신구약 중간사》, 느헤미야 시대는 '대제사장 직분의 세속화'라는 위험이 있었다. 총독 스룹바벨(슥 4:14)이 죽은 다음에는 총독의 자리가 오랫동안 비어 있었다. 그래서 대제사장이 권력을 잡게 되었다. 대제사장이 권력을 쥔 사람으로서 정치적인 관점을 고려하게 되었고, 귀향한 사람들의 엄격한 원칙에서 떠나는 점도 생기게 되었다. 대제사장의 한 아들은 외국 여자와 결혼도 하였다(느 13:38).

판 권
소 유

느헤미야 영성 따라가기

2013년 1월 25일 인쇄
2013년 1월 30일 발행

지은이 | 박동국
발행인 | 이형규
발행처 | 쿰란출판사

주소 | 서울특별시 종로구 이화동 184-3
TEL | 02-745-1007, 745-1301~2, 747-1212, 743-1300
영업부 | 02-747-1004, FAX / 02-745-8490
본사평생전화번호 | 0502-756-1004
홈페이지 | http://www.qumran.co.kr
E-mail | qrbooks@gmail.com
　　　　　qr9191@daum.net
한글인터넷주소 | 쿰란, 쿰란출판사

등록 | 제1-670호(1988.2.27)

책임교열 | 이화정 · 박신영

값 10,000원

ISBN 978-89-6562-424-0 93230

* 이 출판물은 저작권법에 의해 보호를 받는 저작물이므로 무단 복제할 수 없습니다.
* 잘못된 책은 교환해 드립니다.